Ravageurs et maladies au jardin

Le catalogue des ouvrages publiés par **terre vivante** est disponible sur simple demande chez l'éditeur :
terre vivante, BP 20, 38710 Mens. Tél. 04 76 34 80 80.

Otto Schmid et Silvia Henggeler

Ravageurs et maladies au jardin

les solutions biologiques

traduit de l'allemand par Claudine et Jürgen Bartelheimer

terre vivante

Les auteurs

Otto Schmidt, ingénieur agronome ETH, conseiller agricole à l'Institut de recherches en agriculture biologique, Oberwil/BI, membre de plusieurs organisations d'agriculture biologique.
Silvia Henggeler, chargée de cours du groupe de travail pour le jardinage biologique, membre de plusieurs organisations d'agriculture biologique.

Crédit photographique

Nous remercions vivement les personnes et les organismes qui ont eu l'amabilité de mettre à notre disposition les photos reproduites.

A. Bosse-Platière, 57, 67, 97, 98, 100, 103 ; B. Chaubet, 3, 4, 5, 6, 7, 8, 9, 11, 12, 15, 16, 32, 33, 45, 95, 105 ; W. Baumeister, 24, 25, 27, 35, 44, 102 ; R. Grimm, 31, 65, 72, 89 ; A. Häseli, 68, 69 ; E. Henseler, 91, 92, 94 ; U. Güdemann, 101 ; E. Keller, 29, 31, 48, 66, 87 : S. Keller, 2, 10 ; 0. Schmid, 22, 36, 38, 53, 96, 99 ; A. Pfirter, 55 ; U. Remund, 58, 59, 75 ; H. Steiner, 14 ; L. Tamm, 70 ; U. Struli, 93 ; Hapo Agrar et Naturbild, 23 ; Kantonale Zentralstelle für Obstbau, 78, 80, 84 ; Landesandstalt für Plantzenschutz, 37, 43, 49, 50, 51, 61, 71, 73, 74, 77, 79, 81, 82, 83, 88 ; Eidg. Forschungsanstalt fur Obst-, Wein-und Gartenbau, 13, 17, 18, 19, 20, 21, 26, 30, 34, 39, 40, 41, 42, 46, 47, 52, 54, 56, 60, 62, 63, 64, 76, 85, 86, 96, 99, 104.

Edition originale *Biologischer Pflanzenschutz im Garten*, Ulmer, Stuttgart, Allemagne

ISBN : 2-904082-84-0
ISSN : 0764-020 X

Conception, réalisation : B. Gauge

Sommaire

Avant-propos

Jardiner bio, ce n'est pas seulement s'abstenir d'utiliser des produits chimiques. Car pour avoir des plantes en bonne santé, il est indispensable de s'intéresser de près aux interactions complexes et fascinantes qui se manifestent dans la nature. De fait, la connaissance des ravageurs et maladies des plantes, de leur cycle biologique, de leurs ennemis naturels et de leur dépendance à l'environnement a beaucoup progressé ces dernières années.
Le présent ouvrage s'appuie sur ces données, rassemblées par deux des meilleurs spécialistes de l'agriculture et du jardinage biologique en Suisse, et, notamment, celles issues des nombreuses expérimentations menées par l'Institut de Recherches en Agriculture Biologique de Frick (anciennement situé à Oberwil). Il met donc à la portée de l'amateur les moyens non chimiques les plus récents mis au point par la recherche pour les professionnels.
Sa grande originalité est d'y associer un très large éventail de mesures préventives que chacun pourra adapter à son propre jardin en fonction de ses observations. Car bon nombre de connaissances n'ont pas encore fait l'objet de recherches systématiques et résultent d'observations ou d'expériences effectuées dans des conditions très variables (sol, climat, rotations ...).
La pratique du jardinage biologique montre qu'au bout d'un certain temps, un nouvel équilibre s'établit, et que l'usage de nombreux produits de traitement devient inutile. Ce livre aidera les jardiniers à identifier la cause des dégâts observés, et leur proposera des solutions efficaces qui permettent de renforcer les processus de régulation naturels.

Pour cette nouvelle édition, un soin particulier a été apporté à la qualité des photos, plus nombreuses et d'un plus grand format afin de faciliter cette identification.
Un nouveau et important chapitre est consacré au jardin d'ornement. certes, nous ne mangeons pas les fleurs, mais cette partie du jardin accueille et nourrit un grand nombre d'animaux utiles, insectes pollinisateurs, papillons, oiseaux insectivores, etc., et l'usage des produits chimiques y est tout aussi dévastateur qu'au potager.
Ce livre n'est pas un manuel de jardinage biologique, il ne traite que des maladies et ravageurs, même si cette nouvelle édition s'est enrichie de conseils de culture. Les lecteurs trouveront en annexe les références de quelques ouvrages spécialisés sur le jardinage biologique, indispensables compléments de celui-ci.

La plupart des produits et des moyens de lutte biologique proposés sont disponibles en France (adresses des fournisseurs en annexe), à l'exception de quelques uns, qui ne sont pas encore homologués en France, mais le seront peut-être bientôt.
L'adaptation de ce livre au contexte français a été faite par l'équipe de rédaction de la revue *Les Quatre Saisons du jardinage*, seule revue française de jardinage biologique.

Antoine Bosse-Platière

Considérations générales

Comment se caractérise l'équilibre biologique ?

Dans la nature, chaque être vivant a sa fonction et est un maillon d'une chaîne. Les parasites et les auxiliaires ont tous leur place dans cette chaîne. Les appellations « parasite » et « auxiliaire » ont donc quelque chose d'arbitraire.

Biologique signifie « relatif à la vie ». Dans un équilibre biologique, les êtres sains, bien armés pour vivre, peuvent se développer, parce que les organismes que nous appelons « parasites » sont là pour détruire ceux qui sont affaiblis, mal adaptés à leurs conditions de vie ou trop âgés. Cet équilibre est d'autant plus stable qu'il s'agit d'un ensemble plus diversifié, c'est-à-dire qu'un plus grand nombre d'organismes différents (virus, bactéries, plantes et animaux) agissent directement ou indirectement les uns sur les autres. Lorsque les processus de destruction viennent perturber nos objectifs culturaux, on peut parler de parasitisme. Nous utiliserons le terme d'auxiliaires pour parler d'êtres vivants qui, par leur comportement ou par leur mode d'alimentation, empêchent le développement massif d'autres êtres vivants qui endommagent les plantes cultivées.

Les problèmes posés par la lutte chimique

Le problème du parasitisme est devenu, au cours des dernières années, de plus en plus préoccupant. En agriculture, nous exigeons, de la part des plantes, des performances qui vont au-delà de leurs possibilités originelles. Les fruits doivent être plus gros, les fleurs plus belles.

Par un travail séculaire de sélection, par l'utilisation de nombreuses substances destinées à stimuler la croissance des plantes, on est parvenu à augmenter considérablement les rendements au cours des dernières décennies. Mais, parallèlement, la sensibilité des plantes cultivées aux maladies et aux parasites s'est souvent accrue. On peut se demander dans quelle mesure les exigences modernes en matière de taille et d'aspect des fruits et des légumes sont raisonnables. Elles ne peuvent être satisfaites que par un emploi massif de produits chimiques. Les variétés de pommes modernes montrent qu'il est souvent impossible de produire des fruits qui soient à la fois beaux, gros, sains et savoureux. C'est au consommateur de prendre conscience de cette réalité et de modifier ses exigences.

La lutte chimique contre les parasites a posé toute une série de problèmes, dont, même à long terme, on n'entrevoit toujours pas la solution :

– Le danger que représentent les pesticides pour la santé humaine subsiste, en dépit d'un contrôle officiel plus strict. On sait encore très peu de choses sur les effets à long terme des résidus de ces produits, et en particulier sur les interactions avec les très nombreux polluants d'origine non agricole qui se trouvent dans notre environnement. Certains pesticides ne se dégradent que très lentement.
– Bien que les produits de traitement chimiques éliminent les parasites et les maladies, on voit apparaître des formes ou des races résistantes, ce qui pousse à développer sans cesse de nouveaux agents actifs. Le cas s'était déjà présenté pour le doryphore de la pomme de terre, les acariens et le psylle du poirier, par exemple.
– De nombreux auxiliaires sont détruits ou voient disparaître – de par l'emploi des insecticides, des fongicides et des herbicides – leur source de nourriture.
– De plus, l'utilisation de pesticides modifie toujours l'écosystème et se répercute négativement sur la vie du sol.

Il est évident qu'avec de telles méthodes, nous agissons contre la nature et que nous devons chercher d'autres moyens. Le problème n'est pas tant l'apparition à répétition des parasites dans nos cultures, mais plutôt notre incapacité à contrôler leur multiplication, en raison de nos techniques de production, de l'insuffisance de nos connaissances et du non-respect des contraintes écologiques.

La vaste gamme de produits de traitement et d'engrais offerts aux utilisateurs a conduit à la perte de savoirs et savoir-faire transmis de père en fils depuis des siècles (les connaissances sur les interactions naturelles par exemple). Dans nos jardins familiaux, où, contrairement aux maraîchers, nous sommes libérés des contraintes économiques, nous pouvons plus facilement sortir du cercle infernal.

Règles générales pour renforcer la santé des plantes

Comment obtenir des plantes capables de résister d'elles-mêmes aux maladies et aux parasites ? Tel est un des objectifs essentiels de l'agriculture biologique. Le but est de créer des conditions optimales, de sorte que la lutte directe contre les parasites et les maladies ne devienne nécessaire que dans des cas exceptionnels ; cela suppose que l'on tienne compte des données naturelles, que l'on adopte des techniques agricoles adéquates et que l'on favorise les auxiliaires.

Quelles sont les techniques qui permettent d'arriver à une situation aussi proche que possible de cet optimum ?

Des techniques culturales appropriées

Au jardin, nous devons éviter la spécialisation propre à la grande culture et favoriser le développement d'une diversité aussi grande que possible de plantes et d'animaux. Il est bien connu que les rotations trop peu variées favorisent le parasitisme. De même, si on plante ou si on sème trop serré, les attaques de parasites ou de maladies peuvent être favorisées. Les cultures associées et les engrais verts permettent d'avoir une grande variété de plantes sur un espace restreint. En organisant son jardin sur le modèle de la nature, et de manière diversifiée, on crée des milieux de vie pour de nombreux êtres vivants, et l'on endigue le développement disproportionné de certains ravageurs, ce qui est bien appréciable.

Les soins donnés au sol sont d'une importance essentielle : des façons culturales améliorantes, la couverture du sol (mulching) avec de la matière organique et une fertilisation organique équilibrée favorisent la vie du sol. De cette vie dépendent non seulement une circulation optimale de l'air et de l'eau dans le sol, mais également le déroulement harmonieux des cycles biologiques. Le but de la fertilisation biologique n'est pas seulement de nourrir directement la plante, mais d'abord de nourrir les êtres vivants du sol. C'est pourquoi on utilise principalement des fertilisants qui ne deviennent disponibles pour les plantes que par l'intermédiaire des organismes vivants du sol.

Des travaux scientifiques ont montré que les plantes absorbent par le sol des molécules organiques complexes comme des acides aminés (matériaux de construction des protéines) et des antibiotiques, qui participent à la formation des substances responsables de la résistance des plantes. C'est pourquoi on utilise principalement comme fertilisants du compost, du fumier et des engrais organiques du commerce, en tenant compte des besoins en éléments nutritifs des différentes cultures. On tiendra compte de la composition des engrais organiques du commerce, par exemple des teneurs élevées en calcium et en phosphore du fumier de poules. Les poudres de roches et les algues calcaires favorisent l'activité des microorganismes et apportent au sol d'importants oligo-éléments.

A l'inverse, les engrais minéraux solubles sont absorbés directement par les plantes, d'où le danger d'une diminution de la qualité par une fertilisation excessive. Il en résulte une augmentation du lessivage des éléments fertilisants et une perturbation de la vie du sol. Une fertilisation excessive, surtout si elle est à base d'engrais azotés solubles, conduit à un affaiblissement des tissus végétaux et à une modification de la composition de la sève. Il en résulte fréquemment une plus grande sensibilité à certaines maladies cryptogamiques et à certains parasites (par exemple, mildiou, acariens). Il est important de vérifier régulièrement l'état du sol par des observations (plantes indicatrices) et par une analyse du sol. Les analyses de sol renseignent sur les quantités d'éléments nutritifs en réserve et disponibles pour les plantes.

En agriculture biologique, les mauvaises herbes ne sont pas systématiquement éliminées, car elles jouent un rôle important. Des recherches récentes ont mis en évidence les grands avantages, pour l'équilibre biologique, du respect de l'enherbement spontané. Les mauvaises herbes recouvrent et protègent le sol. Elles constituent un abri pour de nombreux insectes du sol, par exemple les coléoptères prédateurs, et leurs fleurs constituent une source de nourriture pour de nombreux ennemis naturels des insectes nuisibles.

Cependant, certaines mauvaises herbes peuvent également transmettre des maladies ou servir d'hôtes pour des ravageurs. Malgré cela, on ne prendra des mesures radicales que dans des cas bien précis et seulement si on doit faire face à un problème grave. Par exemple, en cas de hernie du chou, il faut éliminer toutes les crucifères spontanées. Les herbicides ne sont pas autorisés en agriculture biologique.

Les arrosages fréquents sur le feuillage favorisent les maladies cryptogamiques et entraînent la formation d'une croûte à la surface du sol. Comme il est important que la plante sèche rapidement, ne pas arroser le soir mais préférer un arrosage matinal conséquent, suivi d'un léger binage au pied de la plante. Une fine couche de mulch permettra d'éviter le durcissement de la terre. Si l'on se contente de biner, choisir le soir afin que l'humidité de la nuit puisse pénétrer dans le sol.

En plus des soins habituels apportés aux plantes, on peut accélérer la germination des graines par un trempage préalable, stimuler leur croissance et augmenter leur résistance en pulvérisant des purins de plantes ou d'autres préparations à base de plantes médicinales ou aromatiques.

L'élimination et la destruction des parties de plantes malades constituent une mesure préventive importante. En cas de problème grave, on devra renoncer à composter les parties de plantes malades.

Un choix judicieux des emplacements

II faut tenir compte de l'emplacement, voir s'il est ensoleillé ou ombragé, protégé ou exposé. La nature du sol – en particulier sa teneur en calcaire – est également importante. En achetant des plants ou des semences, on doit s'informer de leurs exigences dans ce domaine.

Le choix des variétés

Le jardinier doit s'en tenir aux variétés de fruits et de légumes qui réussissent dans son jardin, c'est-à-dire qui sont adaptées aux conditions de sol et de climat et à la culture biologique. Certaines variétés sont particulièrement adaptées à la fertilisation minérale soluble et se développent mal lorsqu'elles sont fertilisées avec du compost. Il faut aussi savoir que la sensibilité des plantes aux maladies est très variable. La capacité naturelle des plantes à se défendre contre leurs ennemis naturels n'est pas la même pour toutes les espèces et toutes les variétés. Les plantes fabriquent des substances chimiques empêchant la multiplication des ravageurs et des agents pathogènes. Certains caractères morphologiques, comme la présence de poils, de membranes cellulaires épaisses ou d'une couche cireuse sur les feuilles, constituent des moyens de défense. Dans la sélection, on utilise ce type de mécanismes pour créer des variétés résistantes. Il existe, par exemple, des variétés de concombres, de salades ou de roses résistantes à l'oïdium, des variétés de pommes résistantes à la tavelure, des variétés de salades résistantes au puceron des racines. Malheureusement, il y a toujours des cas où cette résistance disparaît en raison de l'apparition de nouvelles races de ravageurs.

Les rotations

Il est important de pratiquer des rotations variées pour diminuer le risque de transmission des maladies et des parasites. En cultivant trop fréquemment les mêmes familles de plantes, au même endroit, on peut favoriser certaines maladies ou certains nuisibles. La rotation est particulièrement importante pour les choux, les poireaux, les oignons, les carottes, les pois, les pommes de terre, le persil et les fraisiers. On recommande en général une rotation de trois ans. Pour certaines maladies, le temps de repos doit être plus long car les organismes nuisibles peuvent survivre dans le sol pendant des années. Cela reste valable lorsque l'on pratique des cultures associées.

Certaines espèces d'une même famille ne doivent pas se succéder sur le même terrain car elles ne sont pas compatibles. C'est le cas des chénopodiacées (épinards, blettes, betteraves...) et des rosacées (fraisiers).

Les époques de semis

Il faut respecter les indications de dates des semis. Dans les anciens calendriers destinés aux paysans, on trouvait des indications sur la position de la lune et des constellations favorables aux semis et à certaines façons culturales. En Allemagne, des expériences de rotations, menées sur de longues années, ont permis de prouver l'importance de ces influences. On peut diminuer certaines attaques en étant attentif, dans le choix des dates de semis, aux époques de vol des ravageurs (par exemple, semis tardifs pour les carottes ou les radis d'hiver).

Le moment de la récolte et le stockage

Le degré de maturité, la récolte par temps chaud et sec, ainsi que des conditions de stockage saines et adaptées influent sur la qualité et la conservation.

Dans le cadre de ce livre, nous ne pourrons donner que des indications sur ces différentes techniques culturales. La connaissance des bases du jardinage biologique est supposée connue.

La protection biologique des plantes suppose une observation constante de la nature dans son ensemble.
L'apparition de maladies ou de parasites sur nos plantes révèle des erreurs culturales ou des conditions de développement défavorables.
Un des buts de l'agriculture biologique est de développer les mécanismes de résistance propres aux plantes et de favoriser les processus de régulation naturels.

BIOLOGIE DES ÊTRES VIVANTS LES PLUS IMPORTANTS POUR LE JARDIN

Bases de l'écologie

L'écologie est l'étude des milieux naturels. Elle traite des rapports des êtres vivants entre eux et avec leur environnement.

Les milieux naturels obéissent à des lois nombreuses et complexes ; voici quelques-unes des plus importantes.

1. Toutes les substances naturelles font partie de cycles. En agriculture, il faut être particulièrement attentif au cycle des éléments nutritifs (azote, phosphore, potasse, etc.), de l'oxygène, du carbone et de l'eau.

2. Les plantes servent de nourriture aux animaux phytophages, et ces derniers aux carnivores et insectivores. Les parties de plantes ou les animaux morts sont finalement, après de nombreuses étapes et par l'intermédiaire de diverses espèces d'êtres vivants, décomposés en les éléments simples mentionnés ci-dessus, à partir desquels la reconstruction des substances organiques commence. L'énergie nécessaire à tous ces processus provient essentiellement du soleil.

3. La nature a, au cours des âges, vu apparaître un nombre incalculable de formes de vie, qui sont liées entre elles par des relations complexes. Chaque fois que l'on porte atteinte à la diversité des systèmes naturels, ils perdent leur stabilité.

4. Les écosystèmes s'autorégulent. Pour maintenir un équilibre, la nature utilise les mécanismes les plus divers, comme la prédation – c'est le cas entre coccinelle et puceron – ou le parasitisme, par exemple quand la guêpe parasite dépose ses œufs dans des pucerons ou des chenilles. Les prédateurs sont, eux aussi, touchés par des maladies, et contenus dans les limites territoriales des individus d'une espèce. L'équilibre obtenu est le résultat de fluctuations constantes dans le développement des diverses formes de vie. C'est seulement lorsque certains facteurs naturels décisifs se modifient fortement – conditions atmosphériques devenant extrêmes, par exemple –, ou lorsque l'homme intervient de manière trop brutale, que l'équilibre peut être rompu. C'est une des causes des attaques parasitaires massives.

En agriculture biologique, nous nous efforçons d'être attentifs à ces interactions et de les utiliser. Nous avons besoin, pour cela, d'un sens de l'observation développé et de certaines connaissances sur le mode de vie des êtres vivants de notre jardin.

On les classe en : animaux supérieurs, mollusques, insectes, acariens, nématodes, champignons, bactéries, virus.

Animaux supérieurs et mollusques

En jardinage, nous rencontrons des représentants importants de ces deux groupes. Ils sont à classer aussi bien dans la catégorie « auxiliaires » que dans la catégorie « maladies et parasites ». Nous ne rentrerons pas ici dans le détail de leurs modes de vie très variés.

Insectes

Il existe un très grand nombre d'espèces d'insectes. Ils sont capables de se multiplier très rapidement, d'où la possibilité d'invasion locale massive. Pour certaines espèces, on observe couramment plusieurs générations chaque année. La multiplication des insectes est déterminée par les conditions climatiques, la nourriture disponible et la présence de leurs ennemis naturels. La chaleur favorise leur développement, alors qu'une forte humidité le ralentit fortement.

D'une manière générale, les insectes se caractérisent par la division de leur corps en trois parties : la tête, qui porte des antennes ; le thorax, muni de trois paires de pattes ; l'abdomen.

Selon les espèces, la bouche est munie d'organes capables de lécher, de sucer ou de broyer. La plupart des insectes se multiplient en pondant des œufs. Très souvent, l'œuf ne donne pas directement l'insecte sous sa forme définitive, mais il existe plusieurs stades de développement intermédiaires qui ont chacun leur forme caractéristique et passent de l'une à l'autre par ce qu'on nomme les métamorphoses.

Chez les insectes ayant des métamorphoses complètes, par exemple chez le doryphore de la pomme de terre, l'œuf donne naissance à une larve. Cette larve est incapable de se reproduire et a un aspect très différent de celui de l'insecte parfait. La larve mange voracement et grossit en subissant plusieurs mues. Les larves des papillons portent généralement le nom de chenilles et les larves des mouches le nom de vers. La larve de dernier stade se transforme généralement dans le sol en une nymphe pratiquement incapable de se mouvoir ; de cette nymphe sort l'insecte parfait.

Chez les insectes ayant des métamorphoses incomplètes, le stade larvaire ressemble souvent déjà au stade adulte (par exemple, la sauterelle).

Tous les insectes sont loin d'être nuisibles. Certains d'entre eux jouent un rôle très important dans la fécondation des fleurs. Les plus connus sont les abeilles. De nombreux insectes constituent également la nourriture de base d'autres êtres vivants.

Comment reconnaître les insectes ?

La détermination des insectes est réellement difficile. Beaucoup sont très petits et les confusions sont faciles. Une loupe est, dans la plupart des cas, indispensable. Une pincette rend également de grands services.

Si on prend un insecte sur le fait, sa détermination est grandement facilitée puisqu'on plus de sa description, on dispose d'informations sur le lieu et l'époque de son activité. Si on ne peut observer que les dégâts qu'il a commis, il faut s'en contenter, tout en tenant compte du lieu et de l'époque. On peut placer les dégâts commis par les insectes en deux catégories :

– certains insectes, munis de pièces buccales capables de broyer, mangent les organes végétaux (chenilles, coléoptères) ; dans ce cas, on observe sur les feuilles, les pousses, les fruits, etc., des trous, des fenêtres, des galeries, et quelquefois il ne reste qu'un squelette ;

– d'autres insectes, munis de pièces buccales faites pour piquer et pour sucer, provoquent des dégâts par succion (pucerons, punaises, cicadelles) ; dans ce cas, les organes végétaux se recroquevillent, se gaufrent, se déforment et leur croissance est inhibée.

Comment capturer les insectes pour les déterminer ?

On peut recueillir les insectes directement sur les plantes ou prendre ceux qui sont cachés sous des planchettes, des pierres ou dans la terre, mais on peut également utiliser d'autres méthodes ; en voici quelques-unes.

Les filets à papillons : les insectes ailés adultes volent le plus souvent par temps chaud et sec. Lorsque les températures sont extrêmes, par temps humide ou venteux, ils se tiennent cachés. Certaines espèces ne volent qu'au crépuscule ou la nuit.

Pour faire une chasse fructueuse avec un filet à papillons, il faut choisir une belle journée, éventuellement le matin de bonne heure. On abaisse plusieurs fois verticalement le filet au milieu des plantes atteintes.

Les pièges lumineux : pour les insectes qui volent au crépuscule, on dispose des lampes bleues, violettes ou blanches. Beaucoup d'insectes sont aveugles aux couleurs rouge et orange. La plupart de ces insectes volent les soirs des journées chaudes.

L'appareil le plus simple est une lampe à gaz posée dans un récipient contenant de l'eau savonneuse ou de l'huile. Les insectes tombent dedans et ne peuvent plus partir.

Les pièges attractifs pour insectes volants : disposer des récipients munis d'un liquide sucré, eau miellée, sirop, jus de fruit, dans lequel on dissout de la levure. On peut également badigeonner des troncs d'arbres, des branches ou des planchettes d'un liquide épais comme une compote de fruits, de la mélasse ou du miel. (voir p. 218)

Les pièges à phéromones : les femelles de différentes espèces de papillons attirent les mâles par des substances sexuelles odorantes. Pour certains parasites importants, par exemple le carpocapse de la pomme, ces substances ont pu être synthétisées. Elles sont placées dans des pièges qui servent surtout à déterminer l'importance des vols des parasites.

Quant aux insectes qui ne volent pas, ou à ceux qui se trouvent à un stade dépourvu d'ailes (larves, chenilles), on peut les trouver à n'importe quel moment et souvent pendant des mois.

Le secouage : on dispose des tissus clairs sous les arbustes ou les arbres attaqués et on donne des secousses brèves et brusques.

Les pièges attractifs pour les insectes du sol : on enterre au niveau du sol des récipients à parois lisses et on y met comme appât de la bière, des fruits en train de pourrir, de la mélasse, etc. Si on ne veut pas que l'insecte soit sali par le liquide, on peut placer ce dernier dans un récipient plus petit posé au milieu du premier. On protégera éventuellement le tout contre la pluie.

Ces pièges attractifs, destinés à exterminer les insectes, ne doivent pas être laissés en place plus longtemps que nécessaire car des animaux inoffensifs ou utiles pourraient également s'y faire prendre.

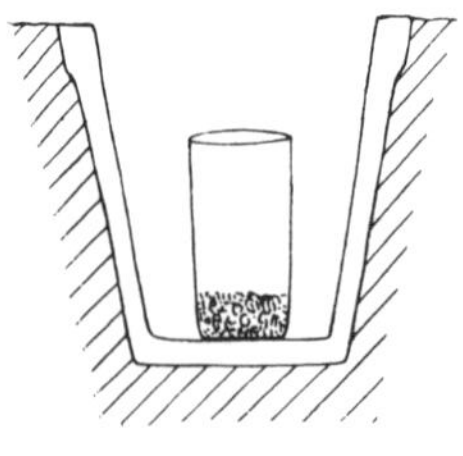

Si l'on veut tuer les insectes pour les étudier de plus près, on utilise, par exemple, l'acétate d'éthyle. On humecte un morceau de papier buvard avec quelques gouttes de liquide et on le met, avec l'insecte, dans un petit récipient en verre fermant hermétiquement. Une autre méthode, dépourvue de danger, consiste à mettre l'insecte dans une petite capsule fermant bien, ou dans un petit tube en verre, et de plonger le tout dans l'eau très chaude. La chaleur tue l'insecte rapidement sans l'endommager.

Arachnides

Au jardin, à côté des grosses araignées, ce sont surtout les acariens qui jouent un rôle important.

A la différence des insectes, les arachnides n'ont pas leur corps divisé en trois parties : ils sont dépourvus d'antennes et d'ailes et la plupart d'entre eux ont quatre paires de pattes. Leur développement passe par différents stades, mais ces stades sont moins nettement reconnaissables que pour les insectes.

Les acariens mesurent moins de 1 mm et on ne peut les déterminer qu'à la loupe.

Importance : les espèces les plus grandes jouent un rôle important, en tant que grands mangeurs d'insectes, dans l'équilibre naturel du jardin. Les acariens divisent la matière organique du sol en petites particules. Ils mangent le mycélium des champignons. Leurs déjections sont des substances préhumiques [1].

Les espèces d'acariens nuisibles se divisent en trois groupes principaux : les Tétranyques (araignée rouge et araignée jaune), les Eriophyidae et les Tarsonemidae.

Il existe également des acariens prédateurs qui se nourrissent des espèces précédentes, et qui doivent donc être protégés.

Nématodes

Les nématodes constituent le groupe animal le plus nombreux et le plus répandu dans le sol. Ils sont dépourvus de membres et de squelette et ont la forme d'un fuseau. Il est impossible de les reconnaître sans loupe. Leurs larves peuvent rester vivantes pendant des dizaines d'années sous forme de kystes. La densité des nématodes dans le sol ou dans les plantes peut devenir très grande, notamment lorsque l'humidité est suffisante.

Importance : les nématodes se nourrissent de matières organiques résiduelles et participent à la formation de l'humus. Certaines espèces attaquent les plantes et provoquent des modifications dans les tissus. Depuis quelque temps, on les utilise pour la lutte biologique contre certains nuisibles. C'est avec succès qu'on a introduit les nématodes de la famille des *Heterorhabditis* et des *Steinernema carpocapsae* pour parasiter les larves d'otiorrhynques. Quant à l'emploi de la famille *Phasmarhabditis hermaphrodita* contre les escargots et les limaces, il a été récemment autorisé (voir p. 221)

Champignons

Le milieu d'origine des champignons est le sol, dans lequel on les trouve en très grand nombre et sous les formes les plus variées.

Les champignons sont des plantes inférieures. Ils ne possèdent pas de chlorophylle (présente dans les feuilles vertes) et sont donc dépendants, pour leur nourriture, de matières organiques vivantes ou mortes. Les organes végétatifs propres aux champignons, que l'on ne peut dans la plupart des cas voir qu'au microscope, sont des filaments uni- ou pluricellulaires appelés hyphes. L'ensemble des hyphes forme le mycélium des champignons. Ces filaments peuvent se développer dans les tissus vivants ou morts et en tirent leur nourriture. Comme en général ils excrètent des substances toxiques, cela peut conduire à la mort des tissus qu'ils envahissent.

Pour se multiplier, de nombreuses espèces de champignons forment des organes de multiplication spécifiques, appelés spores, semblables aux semences des autres

1. Qui évoluent pour donner de l'humus.

plantes. La forme de ces spores et des organes qui les portent est très variable selon l'espèce de champignon et selon la saison (spores d'hiver et spores d'été). La dissémination des champignons est passive et assurée surtout par le vent et par l'eau. Pour germer et pour envahir les plantes, la plupart des champignons ont besoin de beaucoup d'humidité et de chaleur. Les agents pathogènes se trouvant sur des débris végétaux touchés, ou sur des bouts de racines enfouis dans le sol, peuvent survivre sous forme de mycélium, ou sous leur forme inactive, et rester actifs pendant des années même à basse température. Les infections peuvent aussi être transmises par les semences.

Importance : l'importance des champignons dans l'écosystème forestier est bien connue. Dans le sol, les champignons jouent un rôle extrêmement important dans les processus de décomposition et dans la formation de l'humus (voir p. 44 « Organismes du sol »). Il existe également des espèces de champignons pouvant provoquer des maladies chez les insectes et chez les nématodes. Par exemple, il existe des champignons de la famille des *Entomophtora* qui sont spécialisés dans les pucerons. Une forte attaque de pucerons peut être arrêtée en quelques jours par ces champignons, surtout par temps chaud et humide. Il ne reste que des pucerons morts de couleur brunâtre (photo 105).

Les dégâts provoqués par les champignons sont extrêmement variables selon les espèces de champignons et selon les plantes. La plupart se reconnaissent d'abord à des taches colorées sur les organes végétaux, puis, bien souvent, les parties attaquées meurent ou pourrissent. De toute manière, les maladies provoquées par les champignons conduisent à un affaiblissement de la plante et, finalement, à un amoindrissement du rendement et de la qualité.

Les champignons peuvent attaquer toutes les espèces et toutes les parties de la plante. Quelques rares plantes ont une forte capacité de résistance vis-à-vis des champignons, soit en raison de particularités anatomiques (présence de poils, couches cireuses), soit par des mécanismes de défense qui peuvent les protéger contre les infections.

Certaines espèces de champignons attaquent toujours la même famille végétale, tandis que d'autres ont un hôte principal et un hôte intermédiaire, c'est-à-dire qu'ils changent d'espèces en cours d'année.

Bactéries

Les bactéries sont, parmi les êtres vivants, les plus simples. Elles sont présentes dans la nature en nombre presque incalculable. Elles sont unicellulaires et, en raison de leur très petite taille (quelques millièmes de millimètres), on ne peut les voir qu'au microscope. Elles se multiplient par simple division cellulaire. En cas de chaleur ou de froid excessif, des formes résistantes, appelées spores, peuvent apparaître. Les formes des bactéries sont variables ; elles peuvent être rondes et prennent le nom de coques, en bâtonnets (bacilles) ou en spirales (spirilles).

Importance : dans le sol, l'activité des innombrables bactéries joue un rôle fondamental dans le maintien de la fertilité du sol. Elles interviennent dans la plupart des transformations chimiques du sol. Le rôle joué par les bactéries fixant l'azote de l'air est bien connu et particulièrement important.

Les bactéries interviennent également dans de nombreuses fermentations alimentaires bénéfiques (produits laitiers, jus de fruits, etc.).

Chez l'homme et l'animal, des bactéries sont responsables de nombreuses maladies et épidémies, mais leur importance chez les plantes est moindre. Certains types de bactéries sont multipliés et introduits volontairement dans la lutte microbiologique contre les parasites (voir p. 219 et suivantes).

Virus, mycoplasmes

Les virus sont les êtres vivants les plus petits et ils ne sont visibles qu'au microscope électronique. Ils ne peuvent se développer que dans des cellules vivantes. Les mycoplasmes, au contraire, se développent aussi sur des tissus morts.

Importance : les virus provoquent des maladies chez l'homme, chez l'animal, chez les plantes, et sont responsables de dégâts très variés.
En revanche, ils peuvent aussi être utilisés de manière ciblée dans la régulation des nuisibles.

Principaux auxiliaires

La conception même du jardin, et en particulier l'utilisation de plantes locales, joue un rôle essentiel dans la création d'un équilibre naturel. Il nous faut sans cesse faire l'expérience de la manière dont les équilibres naturels s'établissent. Un exemple frappant est la multiplication des coccinelles les années où les attaques de pucerons sont importantes. De nombreux insectes utiles, comme les guêpes parasites ou les acariens prédateurs, sont très petits et passent inaperçus. En règle générale, plus un insecte est petit et plus il peut se multiplier rapidement et jouer un rôle important pour freiner le développement des ravageurs.

De nombreuses espèces d'animaux et de plantes, importantes pour l'équilibre biologique d'un jardin ou d'une région, sont particulièrement menacées. La suppression des haies et l'extension des constructions les privent de leur espace

Fournissons aux oiseaux des lieux où ils peuvent se reproduire et s'abriter, afin d'avoir au jardin une grande biodiversité animale. Quelques exemples : 1. Paon du jour 2. Grimpereau 3. Mésange 4. Coccinelle 5. Forficule 6. Syrphe 7. Rouge-queue 8. Chenille du machaon 9. Hérisson 10. Crapaud 11. Lézard 12. Carabe 13. Bourdon

vital. Beaucoup sont détruites, ou voient leur développement inhibé par les pesticides de synthèse et les engrais chimiques, par la circulation routière et par les lourdes machines agricoles modernes.

Lutter contre cet appauvrissement de notre milieu en plantes et en animaux est une tâche importante. Il ne faut pas non plus sous-estimer le rôle des plantes sauvages (mauvaises herbes) dans l'équilibre d'une région, et pas seulement en tant que plantes hôtes pour différentes espèces d'insectes (voir p. 208 « Associations de plantes et plantes répulsives »). Dans son propre jardin, mais également dans toutes les zones habitées, dans l'ensemble de l'espace communal et avant tout dans les zones forestières et agricoles, il existe de nombreuses possibilités pour créer des emplacements où ces animaux peuvent couver ou se réfugier. Certains biotopes tels que les étangs, les marais, les haies, les lisières de bois, les prairies maigres, etc. doivent être sauvegardés, protégés, voire recréés. Il importe également que ces biotopes soient reliés entre eux ou ne soient pas distants les uns des autres de plus de 200 ou 300 mètres. Dans les jardins, on devrait également ménager de tels espaces plus ou moins naturels.

En matière de lutte anti-parasitaire, des recherches prometteuses sont en cours pour introduire certains auxiliaires (voir p. 219 et suivantes).

Les auxiliaires décrits ci-dessous sont classés par taille décroissante. A l'intérieur de chaque groupe, le classement est alphabétique.

Mammifères

Un certain nombre de mammifères sont de grands mangeurs d'insectes et sont donc importants pour la lutte contre les parasites. D'autres sont utiles contre les souris et contre les limaces.

Belette et hermine *(Mustelidae)*

La belette *(Mustela nivalis)* mesure, queue non comprise, environ 20 cm de long. La limite entre le dos, de couleur brune, et le ventre blanc est dentelée. La queue est courte et les petites pattes sont brunes. Ce n'est qu'en haute montagne qu'elle change de couleur en hiver. Elle met au monde une ou deux portées de 3 à 7 petits, parfois davantage. Son comportement est semblable à celui de **l'hermine** *(Mustela ermines).* Celle-ci, qui mesure jusqu'à 30 cm de longueur, a le dos de couleur brun rouge en été et le ventre blanc, la ligne de séparation étant droite. L'hermine change deux fois de pelage dans l'année. En hiver, elle est blanche comme la neige, seule l'extrémité de sa queue restant noire.

La belette et l'hermine, agiles et craintives, chassent la nuit, mais on les ren-

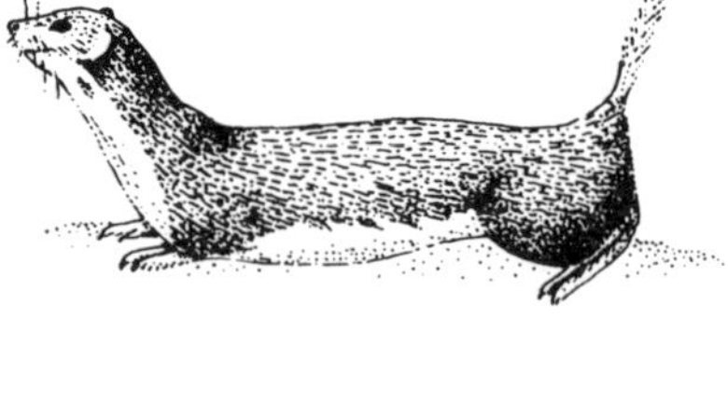

contre également de jour. Peu sociables, elles vivent dans les forêts, dans les parcs, au bord des rivières et aussi à proximité des maisons.

Utilité : la belette et l'hermine, du fait qu'elles chassent les campagnols et les rats, sont très utiles. Bien qu'elles n'épargnent ni les oiseaux, ni les œufs, ni les jeunes lapins, ni les poules, il ne faut pas les pourchasser. Elles sont devenues rares.

Protection : les tas de pierres ou de fagots leur offrent des abris.

Chauves-souris *(Chiropterae)*

Les chauves-souris, dont il existe plusieurs espèces en Europe, sont les seuls mammifères volant. Une membrane, tendue entre leur tronc, leurs membres et leur queue, leur permet de voler. Avec leurs pouces et leurs pieds, elles peuvent grimper aux arbres et le long des murs. Leur corps est trapu.

Leurs yeux sont petits et réduits. Les chauves-souris, qui volent au crépuscule et la nuit, s'orientent par l'écho : elles poussent des cris à très haute fréquence (ultrasons) qui leur reviennent, réfléchis par l'environnement ; c'est ainsi qu'elles détectent les plus petits obstacles et trouvent leurs proies.

Bien qu'elles soient totalement inoffensives, elles sont souvent craintes en raison de leur aspect et de leur comportement. Les chauves-souris s'accouplent, le plus souvent, dès l'automne. C'est seulement après l'hiver – qu'elles passent suspendues la tête en bas, dans des granges ou dans des renfoncements – qu'elles mettent au monde un ou deux petits. Les petits se tiennent fermement accrochés aux mamelles de leur mère, qui les transporte de cette manière. Les chauves-souris ont un vol ondoyant avec de brusques changements de direction.

Utilité : les chauves-souris sont particulièrement utiles parce qu'elles chassent à la tombée du jour et la nuit. Elles mangent des insectes comme les carpocapses, phalènes, noctuelles, tipules et hannetons que d'autres animaux insectivores, par exemple les oiseaux, ne peuvent pas attraper.

Protection : les chauves-souris, qui sont des animaux sensibles, ne doivent pas être dérangées aux endroits où elles dorment dans la journée et en hiver, et aux emplacements où elles mettent bas. Il est important de maintenir des emplacements qui leur sont habituels (grange, plancher, clocher ou vieux troncs d'arbres creux). On trouve dans le commerce des nids à chauves-souris que l'on peut accrocher sur les murs des maisons.

Hérisson *(Erinaceus europaeus)*

Le hérisson mesure 25 à 30 cm. Ses piquants, couleur terre, lui servent à la fois à se dissimuler et à se protéger. En cas de danger, il protège les parties vulnérables de son corps (la tête, les jambes et le ventre) en se mettant en boule. Après avoir hiberné au chaud dans son nid, il s'accouple en mars. Après 7 semaines de gestation, les femelles mettent au monde 3 à 6 petits qui, à leur naissance, sont blancs et mous. Le hérisson reste caché tout le jour et part le soir à la recherche de sa nourriture. Il emmène ses petits avec lui. Ces derniers ne deviennent indépendants qu'à l'automne et ne sont capables de se reproduire que la seconde année.

Utilité : le hérisson est particulièrement utile au jardin. Il le débarrasse des limaces, des chenilles, des souris et d'autres animaux nuisibles. On peut lui pardonner d'aimer les fraises et de manger ça et là un jeune oiseau ou un œuf d'oiseau.

Protection : les ennemis naturels du hérisson sont le renard et le chien, mais il est surtout menacé par le trafic automobile, par les insecticides et par les poisons anti-limaces. On fournit un abri au hérisson en laissant à sa disposition des tas de fagots, des buissons denses ou d'autres cachettes. Il ne doit pas être dérangé pendant son sommeil hivernal.

Musaraignes *(Soricidae)*

II existe de nombreuses espèces de musaraignes. La plus petite, avec ses 4 cm de longueur, est le plus petit mammifère européen.

La **musaraigne des champs** *(Crocidura leucodon)*, longue de 7,5 cm, au museau court, et la **musaraigne domestique** *(Crocidura russula)* se rencontrent le plus souvent dans les granges, dans les jardins et dans les champs. Ces chasseurs d'insectes ressemblent aux souris, mais elles ont un long museau en forme de trompe muni de longs poils tactiles, ainsi que des dents pointues très aiguisées. Les femelles mettent au monde 5 à 10 petits, qui se mettent en chasse dès l'âge de 5 semaines. Les musaraignes, très vives, partent à la recherche de leur nourriture le soir et la nuit. Le jour, elles se cachent dans les trous, dans le sol ou dans d'autres cachettes.

Utilité : les musaraignes détruisent en une journée leur propre poids d'insectes, de larves et de limaces, mais elles mangent également des souris.

Protection : les musaraignes, auxiliaires particulièrement précieux, sont protégées dans plusieurs cantons de la Suisse. Les chiens et les renards les évitent en raison de leur forte odeur musquée. Les chats les attrapent mais ne les mangent pas. On les protégera en laissant sur le sol des tas de branches et de feuillage et

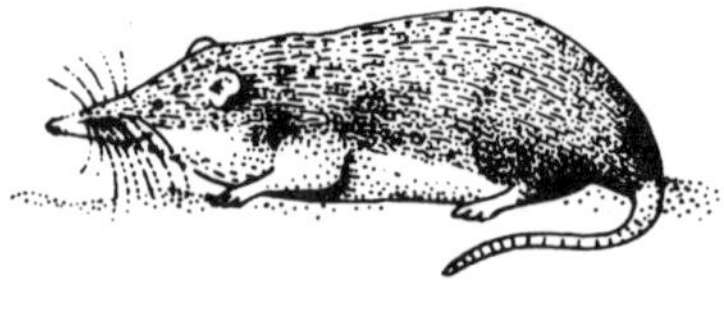

en s'abstenant de détruire les haies et les buissons.

Taupe *(Talpa europaea)*

La taupe mesure jusqu'à 15 cm. Elle est de couleur noire à gris-brun, brillante, et a de fortes pattes fouisseuses. La taupe est un mangeur d'insectes et de vers et trouve sa nourriture par l'odorat et par le toucher. Elle vit seule, ou en couple, dans des galeries souterraines. La terre des galeries est rejetée à la surface et y forme de gros tas. Les galeries, qui courent tout près de la surface, soulèvent la terre. Les galeries des taupes sont également quelquefois utilisées par les campagnols. Les taupes s'accouplent tôt au printemps. La gestation dure 40 jours et la femelle met au monde 4 ou 5 petits qui deviennent indépendants 5 à 6 semaines plus tard. La taupe n'hiberne pas.

Utilité : la taupe mange des vers, des insectes, des larves et des chrysalides. Partout où les parasites du sol sont nombreux, il faut absolument la protéger. Les seuls dégâts qu'elle cause sont les galeries qu'elle creuse. En creusant, elle arrache des plantes ou les retourne. Dans les prairies, les taupinières constituent un danger pour le bétail et sont gênantes pour le fauchage.

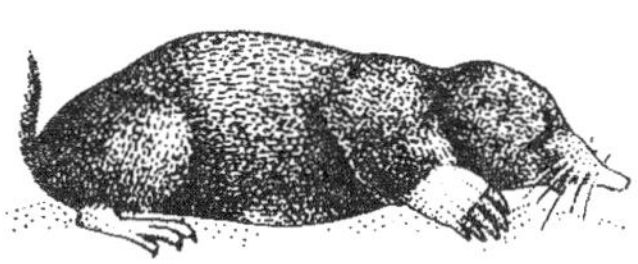

Dans de nombreux pays, la taupe est protégée. On n'a le droit de l'attraper et de la tuer que lorsqu'elle cause des dégâts importants.

On la chasse en mettant dans ses galeries des chiffons imprégnés d'une substance à odeur forte (pétrole, essence de térébenthine, etc.) ou encore de l'ail.

Oiseaux

Pour les oiseaux, les notions d'utile et de nuisible sont très relatives. L'étourneau, par exemple, se nourrit au printemps principalement d'insectes, pour la plupart nuisibles ; mais, lorsque les cerises et les raisins mûrissent, les étourneaux, souvent présents en grand nombre, sont les premiers candidats à la récolte.

Utilité : les oiseaux constituent, pour chaque jardin, un ornement, et nous réjouissent par leurs chants. Ils sont aussi une aide précieuse dans la lutte contre les insectes en tant que moyens de régulation de la population. De nombreux oiseaux nourrissent leurs petits de chenilles ou de larves. D'autres oiseaux mangent aussi des graines de mauvaises herbes.

Le contrôle total d'une attaque d'insectes par les oiseaux n'est guère possible, surtout si elle est brutale et massive, mais les oiseaux peuvent, par exemple au verger, maintenir à un faible niveau les attaques de cheimatobias ou d'hyponomeutes.

Protection : assurer une protection efficace des oiseaux est aujourd'hui une tâche importante. Ces dernières années, l'espace disponible aussi bien que les ressources alimentaires et les possibilités de reproduction de nombreuses espèces d'oiseaux n'ont cessé de diminuer. En même temps, la multiplication de certaines espèces douées de grandes facultés d'adaptation a été favorisée par ignorance (merle, moineau, étourneau).

Un des principaux moyens de protéger les oiseaux est de leur installer des nids ou des refuges : nichoirs, haies, branches, perchoirs pour les rapaces. On veillera aux points suivants :

1. De nombreux oiseaux cavernicoles et insectivores, comme les mésanges, les gobe-mouches, les hirondelles, les grimpereaux, les sittelles et les rouges-queues, se multiplient lorsqu'on installe des nichoirs. Il est donc très utile d'en placer de nombreux, car ils fournissent autant de refuges supplémentaires pour les oiseaux. On veillera particulièrement à la forme des nichoirs et à la grosseur de l'orifice d'entrée, qui doivent être adaptés à chaque espèce. En automne ou en hiver, on nettoiera les nichoirs pour les débarrasser des éventuels parasites dans les matériaux utilisés pour faire le nid. La meilleure saison pour mettre les nichoirs en place est l'automne, car les oiseaux ont le temps de s'y habituer. L'entrée doit être orientée au sud-est.
2. Pour les espèces qui se reproduisent à l'air libre, comme le rouge-gorge, le roitelet, les fauvettes, le pinson, les pouillots, on peut également favoriser leur nidification en plantant des haies, en sauvegardant les bosquets, en entassant des fagots. Les espèces qui nidifient sur le sol, dans les buissons ou dans les arbres, sont aussi importantes pour la lutte contre les parasites que les espèces cavernicoles.
3. Les oiseaux de proie, comme l'effraie, la buse, la crécerelle, font partie des hôtes occasionnels du jardin. L'installation de poteaux munis, à au moins 3 mètres de hauteur, de perchoirs leur fournit des lieux d'observation pour la chasse.

L'apport de nourriture pour les oiseaux en hiver ne se justifie que si les conditions climatiques sont exceptionnelles (épaisse couche de neige, température très basse) et ne doit être fait qu'avec parcimonie.

Dégâts : c'est surtout en arboriculture et en viticulture que les oiseaux peuvent, en mangeant les fruits, constituer un gros problème. Des dégâts importants peuvent également être provoqués par les corneilles au printemps, dans les céréales, au moment de la germination et de la levée, et par les moineaux dans les céréales arrivant à maturité.

Lutte : pour prévenir les dégâts provoqués par les oiseaux, on veillera, par des moyens mécaniques ou autres, à les tenir éloignés des cultures dont ils sont friands ; on s'efforcera aussi de limiter la multiplication excessive de certaines espèces.

Nous décrirons, ci-après, les espèces particulièrement importantes au jardin.

Corneille *(Corvus corone)*

La corneille est entièrement noir brillant et mesure environ 45 cm. Elle a un bec noir puissant et, à l'inverse du grand corbeau des régions de montagne, de plus grande taille, sa queue n'est pas en forme de coin. Le vol est rectiligne avec des coups d'ailes réguliers.

Chant : croassement répété généralement 3 à 4 fois.

Nid : habituellement sur les arbres, parfois dans les fentes des rochers.

Rôle et lutte : les corneilles font partie des rares oiseaux qui mangent les limaces. Elles se nourrissent également de vers, d'insectes et de leurs larves (par exemple, les vers blancs) ; étant omnivores, elles mangent aussi toutes sortes de déchets. Mais elles aiment également les plants jeunes et tendres. Pour empêcher les corneilles de venir au jardin, il suffit de tendre des bandes de plastique en zig-zag. On les tord en spirale pour que le vent les fasse aller et venir. On protège les arbres par le même procédé. On peut aussi effrayer les corneilles en suspendant dans les arbres des corneilles mortes ou des morceaux de chiffons noirs qui leur ressemblent, mais les oiseaux s'y habituent vite. Les corneilles peuvent être chassées aux périodes d'ouverture. En France, elles peuvent être tirées en dehors des périodes d'ouverture, par arrêté préfectoral.

Etourneau *(Sturnus vulgaris)*

L'étourneau mesure 22 cm, il est noir, vert, bronze et pourpre brillant. En hiver, il est moucheté de blanc, surtout la femelle. Il a une queue courte, des ailes pointues et un long bec acéré. C'est un oiseau plus ou moins migrateur, qui revient du sud dès février. En France, il hiverne en grand nombre.

Chant : voix rauque ; enchaînement de sifflements sonores, de claquements et de bruits divers. Imite souvent et bien les autres oiseaux.

Nid : dans des trous et des nichoirs ayant un orifice de plus de 45 mm et une surface intérieure de 15 x 15 cm.

Rôle et lutte : l'étourneau est un oiseau joyeux et intéressant, et il fut partout protégé comme un auxiliaire précieux jusqu'à une époque récente. Outre les insectes, il se nourrit de limaces et d'escargots. Mais sa multiplication a entraîné une forte augmentation des dégâts qu'il commet dans les cultures. Aujourd'hui, on renonce en général à lui installer des nichoirs. Pour l'éloigner, on utilise des bandes de plastique et des appareils à détonations. Pour éviter l'accoutumance, il faut changer fréquemment de méthode. Les filets sont, comme toujours, les moyens les plus efficaces. Les mailles peuvent avoir jusqu'à 7 cm.

Grive litorne *(Turdus pilaris)*

Cette grive mesure 25 cm ; sa tête et son croupion sont gris, son dos est marron et sa queue noire. En vol, son ventre paraît clair. Le bec, jaune, a une pointe noire.

Chant : cri rauque « schnack-schnack-schnack » et doux « tsii » ; le chant est bavard et gazouillant.

Nid : dans les campagnes où se trouvent des groupes d'arbres, en bordure de bois, particulièrement sur les bouleaux et les autres arbres à feuillage léger. En France, elle ne niche que dans l'Est. Ailleurs, c'est un hôte d'hiver.

Rôle et lutte : la grive litorne s'est beaucoup multipliée ces dernières années et peut faire de sérieux dégâts dans les arbres fruitiers à noyaux. Elle mange aussi des limaces et des escargots. Mêmes méthodes de lutte que pour le merle.

Merle *(Turdus merula)*

II mesure 25 cm. Le mâle est tout noir avec un bec jaune orange brillant et des lunettes autour des yeux. La femelle est uniformément marron foncé sur le dessus du corps et marron clair dessous. Elle couve deux ou trois fois par an et pond 4 à 5 œufs chaque fois.

Chant : cri strident lorsqu'il est effrayé ; normalement, chant mélodieux sans répétition des motifs.

Nid : dans les haies, les tas de bois, les remises, sur les arbres et les espaliers, à faible hauteur.

Rôle et lutte ; le merle se nourrit de vers, d'insectes et de leurs larves (chenilles), d'araignées et de myriapodes (mille-pattes) ; en automne et en hiver, il mange des baies, des fruits, des graines et différents déchets. Dans le jardin, le merle cause quelques désagréments car il remue la terre en y cherchant sa nourriture, il mange des baies et endommage les fruits. Il est peu impressionné par les bandes de plastique et autres dispositifs pour effrayer les oiseaux ; le meilleur moyen de protéger les cultures est de les recouvrir par des filets, du grillage ou du plastique.

Mésanges

Mésange charbonnière *(Parus major)*

Avec ses 14 cm, elle est la plus grande des mésanges communes en Europe. Sa tête et son cou sont noir brillant et ses joues blanches. Son ventre est jaune

avec, au milieu, une bande longitudinale noire. Le dos est verdâtre, les ailes et la queue gris-bleu. La mésange charbonnière virevolte avec entrain dans les branches des arbres et des arbustes à la recherche de sa nourriture. Elle pond deux fois par an, jusqu'à 12 œufs. Elle est insectivore. On estime qu'un couple de mésanges avec leurs petits peut manger 30 kg de chenilles. En dehors de la période de nidification (début avril à mi-août), elle mange également des graines, des fruits et des baies.

Chant : au printemps, cri typique « zizibah-zizibah » et aussi « pink-pinkpink », ou encore des gloussements rauques. Les mésanges imitent parfois d'autres oiseaux.

Nid : dans des cavités de toutes sortes, particulièrement dans des nichoirs artificiels (diamètre de l'orifice : 30 mm).

Mésange bleue *(Parus caeruleus)*

Elle mesure 11 cm. Le dessus de la tête, les ailes et la queue sont bleu cobalt brillant. Le ventre est jaune, les joues sont blanches avec des traits noirs autour des yeux et une zone noire limitant le menton bleu noir.

Son comportement est analogue à celui de la mésange charbonnière.

Chant : différents cris d'appel « tsi-tsi-tsi », parfois rauques, ressemblant à des invectives. Le chant commence par « tsi-tsi » et continue par de longs trilles pétillants.

Nid : comme la mésange charbonnière. L'orifice des nichoirs peut être réduit à 26 mm de diamètre.

Protection : la nourriture étant disponible en quantités suffisantes dans les zones cultivées, on peut augmenter la population des mésanges bleues en installant des nichoirs. Les moineaux, qui ont la même taille que les mésanges bleues, peuvent prendre possession des nichoirs. Si on suspend les nichoirs à moins de 2 mètres, ils sont moins souvent occupés par les moineaux et peuvent être contrôlés plus facilement. Les mésanges bleues étant moins nombreuses que les mésanges charbonnières, on installera un nichoir avec orifice de 26 mm pour trois nichoirs avec orifice de 30 mm. Mettre environ 20 nichoirs par hectare.

Moineau *(Passer domesticus)*

On reconnaît le mâle à sa tête grise sur le dessus, à sa nuque brune, à sa gorge noire et à ses joues blanches. La femelle et les jeunes sont gris et brun. Le moineau a trois couvées par an et pond 4 à 6 œufs à chaque fois. Les petits sont nourris d'insectes les premiers jours, puis de graines.

Chant : cris variés ; bavard.

Nid : dans des recoins et des fentes des bâtiments, dans le lierre, rarement dans les arbres.

Rôle et lutte : tout comme pour le merle, il ne faut pas voir seulement les dégâts commis par le moineau. Il a une nourriture très variée et mange toutes sortes de graines de mauvaises herbes et de déchets. Il consomme une grande quantité de hannetons. Les cultures ne peuvent être protégées efficacement qu'avec des filets, ou des grillages à mailles de 26 mm au maximum, ou encore du plastique. On bouchera les niches ou les trous dans lesquels il fait son nid.

Pics

Les différentes espèces de pics que l'on trouve dans nos forêts et dans nos jardins sont les seuls oiseaux qui, à l'aide de leur bec pointu, peuvent aller chercher les insectes et les larves qui vivent sous l'écorce. Ils endommagent d'ailleurs l'écorce par leurs coups de becs. Bien qu'ils ne puissent pas sauver les arbres fortement attaqués, ils empêchent une multiplication excessive des bostryches et d'autres parasites. En plus des insectes, ils mangent également des baies et des graines. Les fourmilières des forêts doivent être protégées contre le pivert !

Pic épeiche *(Dendrocopos major)*

Ce pic, long de 23 cm, a un dos noir et se distingue de l'épeichette par de grandes taches blanches sur les épaules et les sous-caudales rouges. Le ventre est blanc. Les mâles ont une tache rouge sur la nuque, les jeunes ont le dessus de la tête entièrement rouge. Le pic épeiche vit presque exclusivement sur les troncs et dans les branchages des feuillus ou des conifères.

Chant : « kick » sonore répété, tambourinage très rapide.

Nid : dans les trous des arbres.

Pivert *(Picus viridis)*

Ce pic, vert olive, mesure 32 cm. Son ventre est gris vert, le sommet de sa tête rouge et le croupion franchement jaune. Il affectionne les bosquets et les lisières de bois, en bordure des champs.

Chant : « rire » sonore ; tambourine rarement.

Nid : dans les trous des arbres.

Protection : on peut favoriser l'installation des pics avec des nichoirs adaptés. Ne pas abattre les arbres où nichent les pics, ni les vieux arbres fruitiers.

Rouge-gorge *(Erithacus rubecula)*

C'est un petit oiseau de 14 cm, trapu, avec un cou court. Sa poitrine et son front sont rouge orangé, la partie supérieure de son corps brun olive. Le mâle et la femelle ne se différencient pas. Les jeunes n'ont pas la poitrine rouge. Ils sont brun foncé avec des taches crème. Les rouges-gorges sont très familiers, surtout en hiver. Les oiseaux d'hiver sont, pour la plupart, des hôtes venus du grand Nord (migrateurs partiels). Le rouge-gorge aime se baigner. Il vit volontiers à proximité de l'eau et se nourrit d'insectes et d'araignées ainsi que, en hiver, de graines et de baies. Il pond souvent deux fois dans l'année.

Chant : cri souvent répété « tick-tick-tick » ou « zip-zip-zip » ; chant alternativement mélancolique et enjoué. Il continue à chanter tard le soir, et jusqu'à la fin de l'automne.

Nid : le rouge-gorge fait son nid sur le sol, dans une petite cuvette, à l'abri sous des arbustes ou des racines ; dans les zones habitées, il niche souvent dans les trous des murs, ou encore dans le lierre, ou dans des nichoirs.

Protection : suspendre sur les maisons ou dans les granges des nichoirs avec une grande ouverture (50 mm), ou des nichoirs ouverts (environ 16 x 14 x 14 mm, la partie supérieure de la face antérieure étant ouverte).

Rouge-queue *(Phoenicurus ochruros)*

La tête et le corps sont noirs chez le mâle, brun grisâtre chez la femelle. La queue et le derrière sont rouge brique dans les deux sexes. La queue se balance continuellement. Le rouge-queue se tient volontiers sur les toits ou sur d'autres postes d'observation, d'où il part à la recherche d'insectes. Il migre en automne et passe l'hiver dans les pays méditerranéens.

Chant : cri « hid-teck-teck » perçant. Chant rauque, mais trilles mélodieux avec des bruits de verre écrasé.

Nid : dans les trous des murs, dans le sol ou sous les pierres, dans ou sur les constructions.

Protection : le rouge-queue utilise des nichoirs et aussi des boîtes de 14 x 12 x 10 cm ouvertes à leur partie supérieure, ainsi que des nichoirs à hirondelles que l'on installe à environ 5 cm sous l'avancée d'un toit ou sous une poutre.

Reptiles

En France, l'ensemble des reptiles, sauf les vipères, est protégé depuis 1976 (depuis 1966 en Suisse, y compris les vipères). Pour la lutte contre les parasites, ce sont surtout l'orvet et le lézard qui sont intéressants.

Lézard des souches (*Lacerta agilis)*

Ce lézard, plutôt lourd, atteint environ 20 cm. Il a sur le milieu du dos une bande brune avec des taches claires. La partie inférieure du corps est verdâtre chez le mâle, blanche et jaunâtre avec des points noirs chez la femelle. Au printemps, les flancs du mâle sont d'un vert lumineux. Avant l'accouplement, d'avril à juin, les mâles se livrent à des combats. Les œufs, au nombre de 5 à 14, sont blancs et parcheminés ; ils sont pondus dans la terre humide et meuble. Ils éclosent 5 à 9 semaines plus tard. Les lézards sont des animaux diurnes et vivent sur les murs secs, les remparts et les remblais de chemin de fer.

Utilité : le lézard des souches se nourrit d'insectes, de limaces, de chenilles, de vers et de jeunes de son espèce.

Protection : les lézards ont pour ennemis naturels les chats, les martres, les faucons, les buses et les corneilles. Il faut faire attention à ne pas détruire les œufs et à respecter les adultes. Les tas de pierres leur fournissent des abris.

Orvet *(Anguis fragilis)*

L'orvet, qui atteint 50 cm de longueur, n'est pas un serpent mais appartient à la famille des lézards. Il est très allongé et dépourvu de pattes. Sa queue est plus longue que son corps et est arrondie à son extrémité. Il est de couleur gris brun à bronze avec des bandes noires sur le dessus ; son ventre est sombre (photo 1). Il s'accouple de fin avril à mai et donne naissance, trois mois après, à 5 à 25 petits. L'orvet est un animal crépusculaire. Il vit caché dans les prairies humides, en bordure de forêts et dans les jardins.

Utilité : l'orvet vit d'insectes, de limaces et de vers.

Protection : il faut le protéger des chiens et des chats, et son abri doit être respecté.

Batraciens (grenouilles, crapauds, etc.)

Les batraciens (ou amphibiens) sont les bienvenus au jardin. On ne leur connaît pas d'inconvénients. Ils se nourrissent exclusivement de petits animaux vivants. Leurs œufs et leurs larves servent de nourriture aux poissons, et les adultes à certains animaux rampants et aux oiseaux.

Ils sont menacés par le trafic routier, les engrais chimiques et les pesticides utilisés en agriculture, et aussi par la destruction des sites de ponte. Quiconque utilise des produits chimiques sur ses terres ne devrait pas introduire de batraciens chez lui. En Suisse, pour les protéger, une loi de 1966 interdit le ramassage des batraciens, de leurs œufs et de leurs larves sans une autorisation cantonale. Ceux qui veulent mettre des batraciens dans leur étang doivent demander une autorisation au bureau cantonal de protection de la nature. Si les conditions sont remplies, l'autorisation est accordée. Il ne faut jamais introduire des adultes, mais seulement un petit nombre d'œufs ou de larves. Il ne faut attendre aucun retour avant deux ou trois ans.

En France, la loi de 1976 protège tous les batraciens à l'exclusion de la grenouille verte (destructible mais non transportable ou commercialisable). Les petits crapauds (comme le sonneur) semblent avoir été « oubliés » par la loi.

Les espèces sédentaires, comme la grenouille verte, le crapaud sonneur, le triton palmé, le crapaud accoucheur, peuvent être acclimatées en créant un étang adapté. Les espèces fidèles à leur lieu de frai, comme la grenouille rousse ou le crapaud commun, reviennent toujours frayer au même endroit mais se déplacent entre-temps dans un rayon de 2 à 3 km. Un bon étang à amphibiens peut servir à peupler toute une région. Il est intéressant d'observer combien un étang se peuple rapidement de lui-même .

Crapaud commun *(Bufo bufo)*

Le mâle mesure 8 cm et la femelle 13 cm. Le corps est trapu. La tête est large et le museau arrondi. Les pupilles sont horizontales, l'iris jaune à rouge cuivré.

La partie supérieure du corps est brune, parfois vert olive et couverte de verrues. Le crapaud commun hiverne dans des trous du sol et apparaît en mars. Il est difficile de l'installer artificiellement, mais il vient souvent de lui-même.

Utilité : le crapaud commun se nourrit surtout de vers et de limaces.

Grenouille rousse *(Rana temporaria)*

C'est une des espèces de grenouilles les plus communes. Elle mesure 10 cm et est de couleur brune avec des taches sombres. La partie inférieure de son corps est claire, généralement tachetée. La grenouille rousse fraie début mars : le frai flotte en amas à la surface des eaux peu profondes. Les jeunes grenouilles quittent les mares en groupes nombreux. On croyait jadis qu'il avait plu des grenouilles !

Utilité : la grenouille rousse mange des limaces, toutes sortes d'insectes et des larves, des vers, etc.

Triton alpestre *(Triturus alpestris)* [1]

Ce triton, très commun, est peu exigeant et peut être installé dans n'importe quel étang dépourvu de poissons. Le mâle mesure 8 cm et la femelle 11 cm. Le corps est trapu ; la queue est comprimée latéralement. La partie inférieure du corps est orange et la partie supérieure très foncée. La parure nuptiale du mâle est très bariolée. Le triton vit dans les mares pendant sa période de reproduction et sur terre le reste du temps. Il part à la recherche de sa nourriture la nuit.

Utilité : le triton se nourrit de vers, de limaces, de larves et de frai de grenouilles.

Sonneur à ventre jaune *(Bombina variegata)*

Il mesure 5 cm. La partie supérieure de son corps, de couleur gris brun, est couverte de verrues garnies de protubérances cornées pointues. La partie inférieure du corps est jaune avec des taches grises à bleu-noir. Son cri mélodieux est caractéristique. Il hiverne dans le sol mais vit dans l'eau. Si on touche un crapaud, il faut se laver les mains car sa peau secrète des substances toxiques qui peuvent provoquer des inflammations, surtout sur les lèvres et les yeux.

Utilité : il se nourrit surtout d'insectes volants.

1. D'autres espèces, comme le triton vulgaire, peuvent se trouver dans les jardins.

Insectes

Différentes espèces d'insectes jouent un rôle important dans la lutte contre les ravageurs. On distingue les espèces prédatrices, qui se nourrissent d'autres insectes, et les espèces parasites, vivant aux dépens d'un hôte.

Que pouvons-nous faire pour favoriser les insectes utiles ? La première condition est de pouvoir reconnaître leurs nymphes et leurs larves. Si nous constatons une attaque parasitaire, nous devons observer si les auxiliaires ne sont pas déjà au travail.

L'utilisation d'insecticides, de fongicides et d'herbicides détruit un grand nombre de ces insectes. On a recours aux insecticides à base de plantes, comme le pyrèthre ou la roténone, seulement en cas de nécessité et lorsque d'autres techniques se sont montrées inefficaces, et enfin lorsque le niveau de l'attaque parasitaire le rend nécessaire. Une utilisation inconsidérée perturbe les mécanismes naturels de lutte qui se sont mis en place.

Pour protéger les insectes utiles, des plantes pérennes. qui ne sont pas traitées par les pesticides, sont importantes. Les haies brise-vent, les buissons, particulièrement le sureau et le lierre, doivent être préservés à proximité des vergers et dans tout le paysage. On évitera cependant les espèces qui peuvent servir d'hôtes d'hiver aux pucerons. Les prairies permanentes, avec leur flore variée, sont également importantes. Les ombellifères attirent beaucoup d'insectes utiles.

Des essais d'élevage d'insectes utiles, par exemple coccinelles, chrysopes, guêpes parasites (trichogrammes, etc.), en vue de les lâcher dans les cultures, ont donné des résultats intéressants, surtout dans les serres où les conditions climatiques peuvent être contrôlées et dans la culture du maïs (voir p. 219 « Techniques de lutte biologique »).

Carabes *(Carabidae)*

De nombreux carabes, ainsi que leurs larves, sont des prédateurs très utiles (photo 2).

On trouve parmi eux : les **grands carabes** (*Carabus spec.*) Les grands carabes mesurent jusqu'à 40 mm. De nombreuses espèces ont des couleurs chatoyantes (par exemple, le carabe doré, photo 3). Leurs larves, allongées, nettement segmentées, sont généralement foncées. Les carabes hivernent à l'état adulte et cherchent souvent un refuge, en automne, dans les maisons ; on les trouve souvent dans les caves. Au début de l'été, les femelles pondent, échelonnés sur plusieurs semaines, 20 à 60 œufs, pondus généralement isolément dans de petits trous du sol. Après quelques jours, les petites larves voraces sortent ; elles se nymphosent dans des

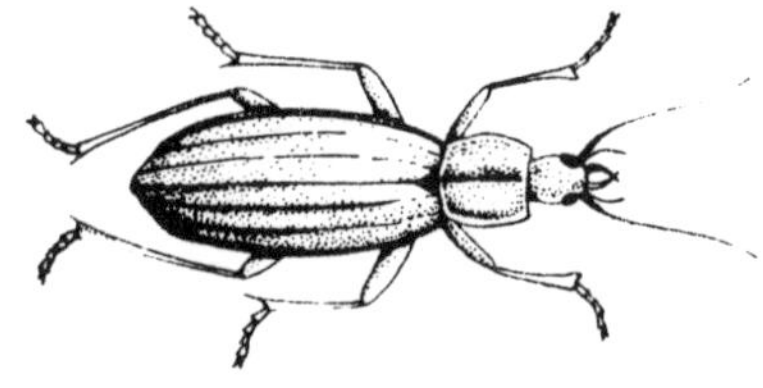

trous du sol au bout de 8 à 10 semaines. Les carabes sont surtout actifs la nuit ; de jour, ils se cachent sous des pierres, des écorces ou des plantes.

Utilité : ils mangent de grandes quantités de nymphes de chenilles et même de limaces dans les champs, les forêts et les jardins.

Protection : ménager des endroits humides et ombragés où ils puissent se réfugier.

Cécidomyies prédatrices *(Aphidoletes aphidimyza et autres)*

Les larves de ces petites mouches prédatrices affectionnent particulièrement les pucerons. Chaque femelle pond jusqu'à 600 œufs dans les colonies de pucerons (à partir de 16 °C, le plus souvent à la tombée de la nuit). Au bout de 2 à 3 semaines éclosent des larves rougeâtres qui sucent surtout de jeunes pucerons. Dans le sol, elles se transforment en pupes qui donnent naissance à une seconde génération. L'insecte parfait hiverne dans le sol.

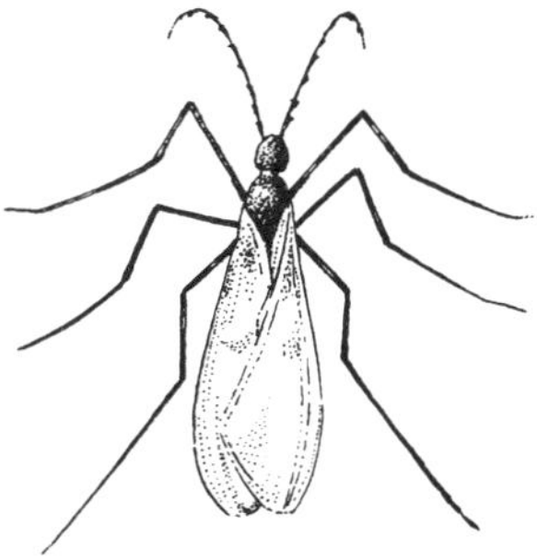

Utilité : les cécidomyies prédatrices se développent aux dépens des pucerons, principalement des arbres fruitiers.

Protection : la couverture du sol et l'enherbement permanent sous les arbres fruitiers protègent les endroits où les insectes hivernent. On peut faire des lâchers de cécidomyies dans les serres.

Chrysopes *(Chrysopa carnea)*

Les chrysopes sont de petits insectes verts, allongés, avec de grandes ailes formant un toit au-dessus de l'arrière du corps. Ils ont des yeux dorés brillants et de longues antennes (photo 4). Ils se nourrissent de miellat, d'eau et de petits insectes. Ils vivent environ deux mois. La femelle pond jusqu'à 20 œufs blancs. Ils sont pondus, isolément ou en groupe, sur des pédoncules de 1 cm de longueur (photo 5) à la face inférieure des feuilles ou sur de petites branches, des poteaux téléphoniques, des fenêtres, etc. Les larves, gris jaunâtre et longues de 7 à 8 mm, sont très actives. Elles ont 3 paires de pattes et de petits mamelons poilus sur les côtés. Elles mangent tout ce que leurs mâchoires en forme de pinces peuvent saisir (photo 6).

Le développement des larves dure jusqu'à 18 jours. Elles tissent alors des

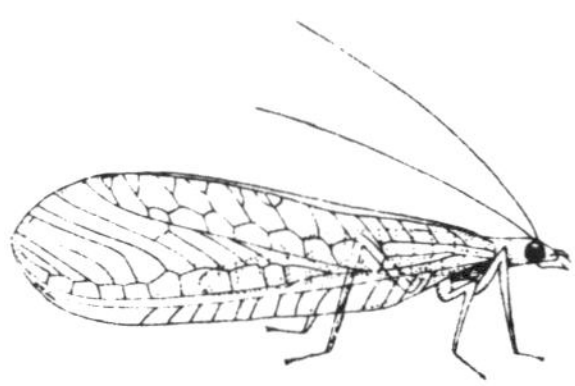

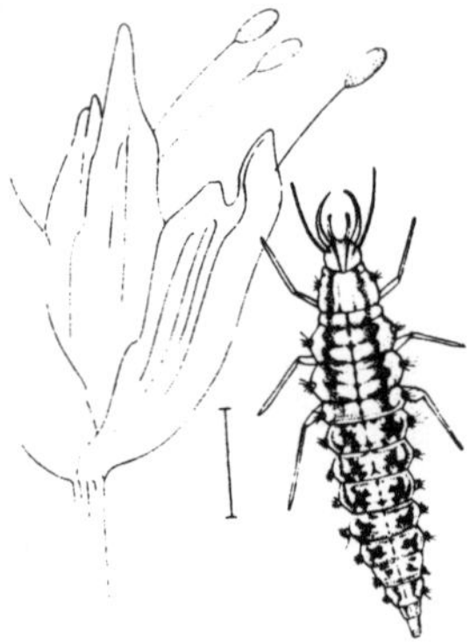

cocons blancs cylindriques dans des endroits protégés entre les plantes. L'ensemble du cycle, depuis l'œuf jusqu'à l'insecte adulte, dure de 22 à 60 jours, selon le temps. Les chrysopes se développent depuis le printemps jusqu'à l'automne. Les insectes adultes hivernent volontiers dans les endroits protégés, dans les maisons et dans les granges.

Utilité : les œufs des chrysopes sont pondus dans les cultures annuelles, tôt au printemps, avant que les pucerons ne s'établissent. Les larves peuvent retarder la formation des colonies de pucerons, dont elles se nourrissent. Pendant son cycle de développement, une larve mange de 200 à 500 pucerons, ainsi que d'autres ravageurs.

Protection : les œufs de chrysopes sont très sensibles aux substances huileuses. De nombreux essais sont effectués en vue d'introduire des larves de chrysopes contre les pucerons, mais ces expériences n'ont pas encore débouché dans la pratique.

Coccinelles *(Coccinellidae)*

Il existe de nombreuses espèces de cet auxiliaire extrêmement connu. Ce coléoptère, de forme arrondie, a des élytres brillants. Leurs couleurs et leurs dessins sont caractéristiques de chaque espèce. A côté de la coccinelle rouge à points noirs (photo 7), on trouve par exemple des coccinelles jaunes à points sombres, ou sombres avec des taches claires, ou entièrement sombres sans taches. Elles mesurent 3 à 8 mm. Les œufs, de couleur jaune, sont pondus verticalement en groupes de 10 à 20 sur la face inférieure des feuilles et des branches (photo 8).

Les larves, allongées, de la grande coccinelle sont gris-bleu foncé avec des points jaunes et des verrues pourvues de poils (photo 9). Pendant leur développement, leur taille passe de 1,5 à 8 mm. Les larves

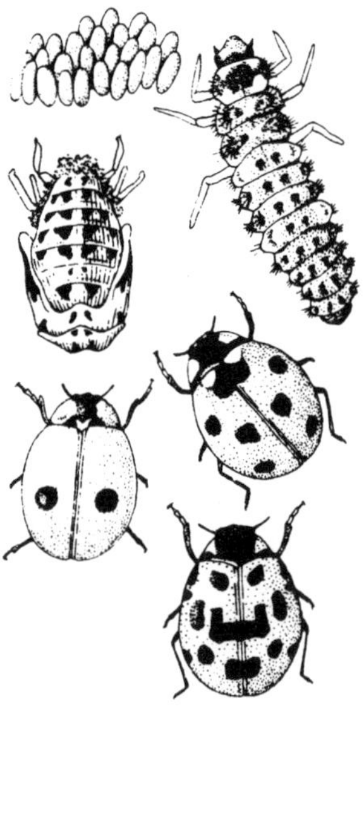

des espèces plus petites atteignent 2,5 mm et sont couvertes d'une sécrétion cireuse blanche. Ramassées en boule, mais sans cocon, les nymphes sont fixées sur les parties des plantes exposées au soleil. Lorsqu'on les touche, elles se déplacent par saccades. Les coccinelles hivernent et partent au printemps à la recherche de pucerons d'abord dans les prairies et les terres en friche. Elles deviennent alors aptes à la reproduction et se multiplient en fonction de la nourriture disponible.

Les œufs sont pondus au voisinage des colonies de pucerons.

Utilité : les coccinelles et leurs larves se nourrissent principalement de pucerons. Chaque larve mange, jusqu'à sa nymphose, entre 200 et 600 pucerons.

Protection : en Europe centrale, il n'y a guère qu'une génération sur les cultures annuelles, ce qui explique que les coccinelles soient fortement décimées par les insecticides, notamment au printemps.

Forficules ou perce-oreilles *(Forficula auricularia)*

Cet insecte, aux ailes courtes, a sa partie postérieure particulièrement développée et de longues antennes. Il est brun, brillant et très mobile. Le forficule adulte hiberne, et la femelle pond ses œufs en automne et au printemps, dans des galeries qu'elle a creusées dans le sol. C'est là qu'elle en prend soin et qu'elle les protège. Les larves restent jusqu'à 6 mois après leur éclosion dans le nid.

Utilité : le forficule mange, surtout la nuit, des matières organiques animales et végétales en décomposition. Mais, comme il mange aussi des pucerons et d'autres petits insectes, il constitue, en arboriculture, un auxiliaire dont il faut favoriser la multiplication. Là où il mange les fleurs, par exemple sur les dahlias, il doit être éliminé.

Protection et lutte : bourrer plusieurs petits pots de fleurs de déchets de bois ou de mousses et les accrocher, à l'envers, aux arbres, ou encore les poser par terre. A partir de juin, un nombre croissant de forficules vient les occuper. Les déchets de bois doivent être remplacés chaque année. On trouve dans le commerce ce qu'on appelle des « sacs de couchage » à forficules.

Si le forficule s'avère nuisible, on installera également des pots. Dans la journée, lorsque les forficules s'y seront réfugiés, on les transportera là où ils sont utiles. Une infusion de tanaisie ou du savon noir délayé dans de l'eau permettent de

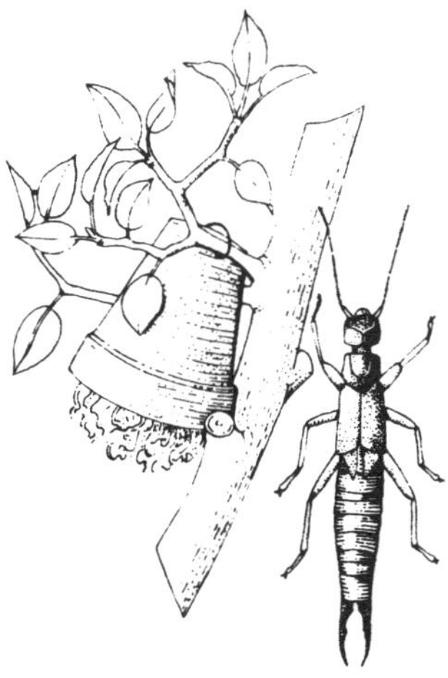

masquer le goût des plantes qu'ils affectionnent et, donc, de les en détourner.

Fourmis des bois *(Formica spec.)*

Il y a plusieurs espèces de fourmis des bois, difficiles à reconnaître par les non-spécialistes. Elles construisent toutes leurs fourmilières à partir d'aiguilles, de brindilles et de différents matériaux qu'elles ont rassemblés. Ces fourmilières se trouvent surtout en bordure de forêt.

Ces fourmis mesurent 5 à 10 mm de longueur et sont, à l'exception de la tête et du thorax, généralement brun rouge. Comme toutes les fourmis, elles forment des colonies constituées d'ouvrières dépourvues d'ailes et asexuées et d'une reine (femelle), auxquelles se joignent, à certaines périodes de l'année, des mâles ailés. Certaines espèces ont une seule reine par colonie, d'autres ont jusqu'à 5 000 reines à côté de centaines de milliers d'ouvrières. Les ouvrières sont responsables de la construction, de l'approvisionnement en nourriture et de l'incubation. Les reines, ailées seulement au moment de leur vol nuptial (femelles fécondées), pondent des œufs fécondés pendant toute leur vie, qui peut durer plus de 10 ans. Lors du vol nuptial, les mâles donnent aux reines la provision de semence nécessaire pour toute leur vie, puis ils meurent après l'accouplement. Les fourmis ne font pas de réserves. Les ouvrières stockent dans leur corps des réserves qu'elles donnent, au printemps, comme nourriture au couvain lorsque les ressources alimentaires sont insuffisantes.

Utilité : les fourmis se nourrissent de toutes sortes de parasites, ainsi que de leurs œufs et de leurs larves. On a estimé qu'une grosse fourmilière pouvait exterminer jusqu'à 100 000 insectes en une journée. Les fourmis sont une source de nourriture importante pour de nombreux animaux, depuis le fourmilion jusqu'aux différentes espèces de pics. En nourrissant et en « élevant » les inoffensifs pucerons des écorces, les fourmis leur font produire davantage de miellat ; ce dernier étant récolté par les abeilles, la production de miel en forêt augmente notablement. Les fourmis des bois sont un élément important de la communauté biologique de la forêt.

Protection : les fourmis des bois sont protégées dans de nombreux pays, dont la Suisse. En bien des endroits, l'homme a presque exterminé les fourmis des bois en ramassant les nymphes, en détruisant les fourmilières directement ou, sans doute, indirectement par les pesticides. Les fourmilières doivent absolument être laissées en paix. Il faut les protéger, dans les endroits où elles sont régulièrement détruites, par du grillage. Lors des travaux d'entretien des forêts, elles doivent être protégées et on favorise leur multiplication en laissant sur le sol des tas de fagots ou de branchages. Si on utilise des pesticides sur les cultures, il ne faut pas traiter les lisières de forêts.

Parmi les nombreux ennemis naturels des fourmis, nous ne mentionnerons que les pics.

Guêpes parasites *(Hymenopera ssp., Térébrants)*

Chacune des nombreuses espèces a ses hôtes spécifiques, par exemple les pucerons, le puceron lanigère, les œufs de papillons, les chenilles, les nymphes.

Les guêpes parasites ressemblent aux guêpes et ont pour la plupart une couleur foncée. Quelques espèces mesurent moins de 1 mm. La plupart des femelles ont une longue tarière pour la ponte. Au moment de la ponte, la partie postérieure de leur corps se replie brusquement sous la tête. La tarière pique un puceron et y dépose un œuf (photo 10). Quelques heures plus tard, la larve éclot dans le corps du puceron et s'y développe. Le puceron parasité s'arrondit et s'assombrit. La larve des guêpes parasites se nymphose dans un cocon à l'intérieur du puceron hôte. Son cycle de développement est court, en sorte que les générations se suivent rapidement, comme celles des pucerons. La guêpe parasite hiverne sous forme de larve dans le puceron hôte. Au printemps, elle éclot en même temps que les pucerons. Les femelles sont bientôt aptes à la reproduction et commencent à pondre.

Les espèces de guêpes qui parasitent les chenilles, etc. ont généralement le même comportement (photo 11).

Utilité : les guêpes parasites se développant au printemps, en même temps que les pucerons, elles freinent leur multiplication. Chaque femelle parasite 200 à 1 000 pucerons en y pondant un œuf. Les plus grandes espèces de guêpes parasites vont pondre leurs œufs, à l'aide de leur tarière, jusque dans les chenilles de l'hyponomeute du pommier, qui vivent dans un nid serré.

Protection : pour protéger les guêpes parasites qui hivernent dans les momies des pucerons, on peut, après la taille d'hiver, rassembler les bois de taille et les stocker dans un endroit protégé, pour les remettre dans le verger au printemps, après les traitements d'hiver. On peut faire la même chose avec les groseilliers. Les guêpes prédatrices font volontiers leurs nids dans la moelle tendre des sureaux. Les plantes à nectar, comme la phacélie ou les ombellifères, sont des sources de nourriture pour les hyménoptères utiles.

Depuis un certain temps, des tentatives sont faites pour élever des guêpes parasites et les introduire pour lutter contre certains parasites (voir p. 219 « Techniques de lutte biologique »).

Punaises

Les deux espèces de punaises les plus importantes comme auxiliaires sont :

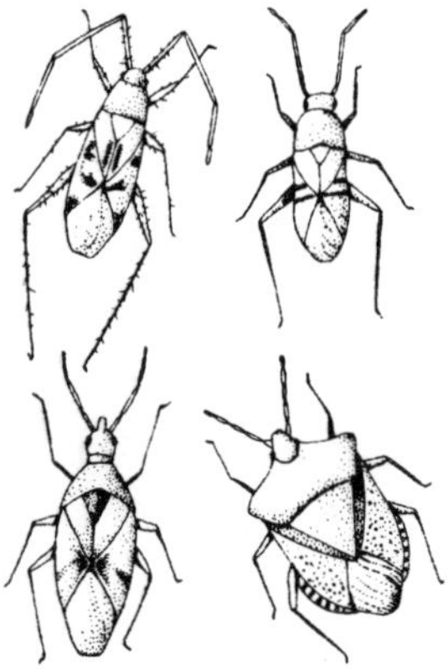

Les anthocorides *(Anthocoridae)*

Ces punaises, de couleur foncée, mesurent 3 à 4 mm. Leurs pattes sont jaunes et leurs antennes, bien développées, sont rougeâtres. Elles pondent leurs œufs par groupes de 2 à 8 dans les tissus foliaires, souvent sur le bord des feuilles.

Utilité : elles mangent surtout des acariens et occasionnellement des pucerons (photo 12), des psylles et de petites chenilles.

Les mirides *(Miridae)*

Les différentes espèces de mirides sont brillantes (rouge ou jaune) et portent des points bien visibles(photo 13). Leur taille varie de 4 à 7 mm. Elles pondent leurs œufs profondément sous l'écorce.

Utilité : Beaucoup de mirides sont des prédateurs se nourrissant de préférence de pucerons mais aussi d'acariens et de petites chenilles.

Syrphes *(Syrphidae)*

Selon les espèces, la taille des syrphes, qui ressemblent à des guêpes, varie de 7 à 15 mm (photos 14 et 15). Leur vol est rapide et silencieux. Chez de nombreuses espèces, les œufs sont pondus individuellement dans les colonies de pucerons. Ils mesurent 1 à 2 mm, sont allongés et blancs. Les larves sont des vers blancs ou jaunâtres, sans tête distincte et sans pattes (photo 16). Les nymphes mesurent jusqu'à 10 mm. Elles sont suspendues, comme des gouttes, à des morceaux de plantes, ou reposent sur le sol.

La plupart des syrphes ont plusieurs générations chaque année. Certaines espèces migrent vers le Sud, comme les oiseaux migrateurs, d'autres sont sédentaires. Selon les espèces, ce sont les larves ou les femelles fécondées qui hivernent. Lorsque l'on contrôle au printemps les foyers de pucerons, on y trouve également des œufs de syrphes. Si plusieurs œufs sont présents, les larves prêtes à éclore pourront fortement freiner la multiplication des pucerons.

Utilité : les syrphes adultes ne causent aucun dégât, se nourrissant de pollen et du miellat excrété par les pucerons. Ce sont les larves qui sont utiles. Elles consomment, jusqu'à leur nymphose, de 150 à 900 pucerons. Elles se déplacent toute la journée, sauf pendant la grande chaleur de midi, dans les colonies de pucerons. Lorsqu'elles attrapent un puceron, elles le soulèvent de la feuille et absorbent son contenu.

Protection : semer des ombellifères comme le persil, le cerfeuil et l'aneth. La présence précoce de pucerons est importante pour leur développement.

Arachnides

Araignées *(Araneae)*

Les araignées, si souvent craintes, jouent un rôle important dans la régulation des populations d'insectes pouvant devenir nuisibles. Des recherches ont montré que, selon les endroits, on pouvait trouver dans les toiles d'araignées, à côté des mouches et des moucherons, une proportion importante (40 à 70 %) de pucerons, ainsi que des thrips, des acariens et divers insectes suceurs. Les faucheux mangent de petits escargots et de petites limaces, et certains acariens parasitent des limaces. Les araignées ne mangent que les proies qu'elles ont tuées elles-mêmes. Les espèces d'araignées sont très nombreuses et souvent difficiles à distinguer les unes des autres.

L'épeire diadème *(Araneus diadematus)*

Cette araignée très connue a un dessin en croix caractéristique sur la partie postérieure du corps. Sa couleur est très variable. Sa toile est ronde et a environ 30 cm de diamètre. Des recherches ont démontré que cette espèce d'araignée peut détruire en une année 2 kg d'insectes par hectare (surtout des mouches).

Acariens prédateurs *(Typhlodromus ssp.* et autres*)*

Les acariens prédateurs ressemblent aux acariens nuisibles (araignées rouges), mais, à l'inverse de ces derniers, ils ne font pas de nids. Ils mesurent environ 0,5 mm, ont une forme de poire et n'ont pas de poils visibles, ni de taches rouges. On les trouve souvent à la face inférieure des feuilles, aux angles des nervures.

Utilité : les acariens prédateurs jouent un rôle important surtout dans la vigne, en maraîchage et dans les serres, pour enrayer les attaques d'araignées rouges.

Protection : on fait des élevages d'acariens prédateurs et on les lâche dans les serres pour combattre les araignées rouges.

Il faut renoncer aux insecticides si l'on veut que des acariens prédateurs coloni-

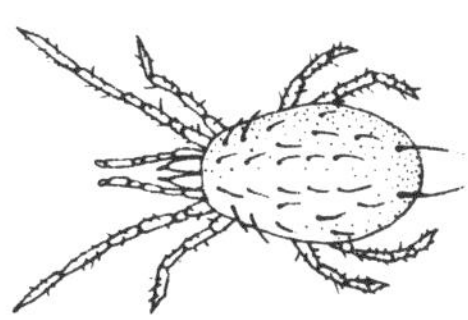

sent à nouveau les vergers ou les vignes. Une bonne méthode consiste à placer, à l'automne, des fagots de bois dans des arbres non traités envahis d'acariens prédateurs, puis de les transporter, l'hiver, vers les sites menacés.

Les acariens prédateurs se développent bien à une température de 20°C, dans les lieux humides.

Microorganismes utiles

Un certain nombre de microorganismes font partie des ennemis naturels des ravageurs. Les maladies cryptogamiques, par exemple, jouent un rôle important chez les pucerons. Le développement de différentes espèces de champignons du genre *Entomophthora* peut anéantir en quelques jours, si la chaleur et l'humidité sont suffisantes, des colonies de pucerons. Des bactéries (par exemple *Bacillus thuringiensis*) et des virus peuvent être utilisés pour lutter contre les chenilles.

Des recherches sont en cours pour trouver de nouveaux moyens de lutte contre les ravageurs à l'aide de microorganismes (voir p. 219 et suivantes).

Organismes du sol

Les organismes du sol font partie des êtres vivants les plus importants en agriculture et en jardinage. On oublie facilement leur prodigieuse activité car ils sont pour la plupart invisibles à l'œil nu. Plus on favorise leur développement et plus les plantes cultivées prospèrent, ce qui diminue d'autant la gravité des attaques parasitaires.

Nous donnons, ci-dessous, une estimation du nombre d'êtres vivants que l'on peut trouver dans les sols cultivés. Un sol de prairie renferme normalement environ 7 % de matière organique, constituée de 85 % d'humus, 10 % de racines et 5 % d'êtres vivants. Les êtres vivants se répartissent normalement en 40 % de champignons et d'algues, 40 % de bactéries et d'actinomycètes, 12 % de vers de terre et 8 % d'êtres vivants divers.

Le tableau ci-contre donne un aperçu du nombre, à peine croyable, d'êtres vivants qui peuplent le sol.

Sur la base de ces chiffres, on voit qu'un hectare peut contenir une tonne de bactéries et d'actinomycètes, une tonne de champignons et 400 kg de vers de terre.

Utilité : nous avons déjà parlé, dans le chapitres précédent, de l'utilité de certains organismes du sol pour l'agriculture et le jardinage. Les êtres vivants du sol sont responsables de la dégradation et de la synthèse des matières organiques destinées à l'alimentation des plantes. Ils participent à l'ameublissement et à l'aération du sol et effectuent ce travail gratuitement ! Parmi ces différents organismes, les cloportes et les myriapodes (mille-pattes), très importants pour la formation de l'humus, peuvent causer des dégâts s'ils deviennent trop nombreux.

Nombre et poids moyen des êtres vivants du sol par mètre carré sur une profondeur de 30 cm (d'après Dunger, 1964)		
Groupe	**Nombre**	**Poids (g)**
Microorganismes		
Bactéries	1 billion (1012)	50
Actinomycètes	10 000 millions	50
Champignons	1 000 millions	100
Algues	1 million	1
Unicellulaires divers	0,6 billions	10
Animaux		
Protozoaires	25 000	0,01
Nématodes	1 000 000	1
Acariens	100 000	1
Collemboles	50 000	0,6
Oligochètes	10 000	2
Limaces, araignées, cloportes myriapodes, insectes	800	10
Vers de terre	80	40
Vertébrés (campagnols, etc.)	0,0001	0,1
Total microorganismes et animaux		266

Les cloportes causent des dégâts notamment aux plantules dans les serres et les pépinières. C'est pourquoi il ne faut pas laisser traîner des sacs ou des planches, sous lesquels ils se multiplient volontiers. Les myriapodes se multiplient rapidement lors de longues périodes de temps humide. Ils peuvent s'attaquer aux fraises, aux courges et aux plantules mal développées.

Protection : les êtres vivants du sol ont besoin d'un apport aussi régulier que possible d'une nourriture qui leur convienne. Il leur faut également de l'air, une température favorable et de l'humidité. Ils doivent être protégés des variations trop brutales du climat (lumière, chaleur, froid, vent, averses).

Le ver de terre, représentant le plus connu et très important de la vie du sol, mérite une description plus détaillée.

Vers de terre

II en existe deux espèces principales :

Le ver du fumier ou ver du compost *(Eisenia foetida)*

Ce ver, rouge clair, a des anneaux jaunes et mesure 6 à 8 cm de longueur. Il peut se multiplier très rapidement, surtout dans le fumier frais et le compost. Il est sensible à la lumière.

Le ver de terre commun *(Lumbricus terrestris)*

II est brun, plus gros et plus long que le ver de fumier ; on le trouve surtout dans les composts mûrs et dans les sols des champs et des jardins. Il est également sensible à la lumière.

Les deux espèces sont bisexuées (hermaphrodites). Les vers s'accouplent la nuit par temps chaud et humide. Ils pondent des œufs de 1 mm. Deux à vingt jeunes vers en sortent après environ 21 jours ; ils sont aptes à la reproduction après 3 à 4 mois.

Les vers de terre ont une grande résistance aux blessures. Ils se nourrissent en digérant de la terre et des déchets végétaux et animaux. Ces matériaux sont mélangés à des substances sécrétées par le tube digestif et rejetés sous la forme de tortillons caractéristiques.

Utilité : les vers de terre transforment les matières organiques en une matière d'une grande valeur fertilisante. Les éléments nutritifs contenus dans les déchets et dans le sol deviennent assimilables pour les plantes. Les déjections des vers de terre contiennent trois à quatre fois plus d'éléments sous forme assimilable pour les plantes que la terre environnante. Les vers peuvent produire en un an 10 à 90 tonnes de déjections par hectare !

Les vers de terre ameublissent le sol par leurs galeries, qui descendent jusqu'à 2 mètres de profondeur ; ils stabilisent ces galeries par leurs excrétions. Ils facilitent la pénétration des racines dans les couches inférieures du sol. Il est également connu que, dans les vergers, les feuilles contaminées par la tavelure et tombées sur le sol sont emmenées dans le sol et digérées par les vers de terre, d'où une diminution des foyers de contamination au printemps suivant.

Protection : l'activité des vers de terre est favorisée surtout par la fumure organique et la couverture du sol. On peut élever des vers de terre et les mettre dans le compost. Les tas de compost doivent être protégés de la volaille.

Ravageurs et maladies

Ce chapitre comprend les divisions suivantes :

– Symptômes de carences
– Dégâts causés par les produits chimiques
– Effets du climat

Les ravageurs et maladies sont ensuite classés comme suit :

– Ravageurs et maladies non spécifiques
– Ravageurs et maladies des légumes
– Ravageurs et maladies des plantes aromatiques
– Ravageurs et maladies des fruits
– Ravageurs et maladies des arbres à baies
– Ravageurs et maladies de la vigne

A l'intérieur de chaque groupe, le classement est alphabétique. Les tableaux récapitulatifs pour chaque plante faciliteront la détermination de la cause du dégât observé.

Après la description des ravageurs et des maladies, les moyens de lutte préventifs et directs sont énumérés.

Symptômes de carences

Certaines colorations des feuilles peuvent indiquer des carences en éléments nutritifs et oligo-éléments. Il faut toutefois rechercher s'il n'y a pas une autre cause, car en jardinage, où les apports de compost sont abondants, les carences marquées sont rares.

Quelques symptômes de carences :

Carences en azote : coloration jaunâtre des feuilles, feuilles petites, plantes restant naines.

Carences en phosphore (photo 17) : coloration vert foncé à pourpre des feuilles, croissance inhibée.

Carences en potasse (photo 18) : coloration brun-rouge des feuilles (surtout partant de l'extrémité des feuilles et entre les nervures). Les feuilles des arbres fruitiers s'enroulent vers le haut et les bordures des feuilles deviennent brunes et se dessèchent.

Carences en magnésium (photo 19) : les feuilles les plus âgées deviennent jaunes, puis brunes, entre les nervures. Chute précoce des feuilles ; croissance ralentie et mauvaise fructification.

Carences en bore (photo 20) : les extrémités des pousses sont rabougries, les fruits à pépins présentent des taches liégeuses dans tout le fruit (dans le cas du bitter-pit, les taches liégeuses se trouvent seulement à la périphérie du fruit). Dans les terres trop calcaires, des carences peuvent apparaître si le bore présent n'est plus assimilable par les plantes. Il arrive par exemple que des abricotiers poussant le long de murs enduits de chaux présentent cette carence, parce que les arrosages ont lessivé le sol. La carence en bore se manifeste surtout sur la betterave, le céleri, le chou-fleur et le chou-rave.

Une carence en bore peut être corrigée avec du Borax, que l'on trouve en droguerie (teneur en bore de 14 %). Au printemps, épandre 20 à 100 grammes de Borax par are. Pour les arbres isolés, dissoudre 5 à 10 grammes dans 10 litres d'eau, et arroser à la racine.

Chlorose : les feuilles prennent une coloration blanc-jaunâtre provoquée par une disparition de la chlorophylle. Cette perturbation du métabolisme peut être liée à une carence en fer ou en manganèse, à une teneur trop élevée en calcaire, à un sol trop compact ou à une humidité stagnante. Elle apparaît surtout vers la fin de l'été, sur les fruitiers, la vigne, les plantes de terre de bruyère, les rosiers de plein air et les plantes en pot. Dans les terres calcaires et compactes, très humides, et arrosées avec une eau trop calcaire, les oligo-éléments nécessaires à l'assimilation chlorophyllienne sont bloqués. La plante se développe mal et devient sensible aux maladies et aux nuisibles. En agriculture biologique, où l'on entretient la vie des microorganismes et la structure du sol par des apports de compost, les chloroses sont rares. Le pH peut être réduit par un travail du sol et par un arrosage avec de l'eau adoucie (eau de pluie par exemple). Pour le court terme, la fertilisation avec des oligo-éléments liquides, ou les pulvérisations de chélates de fer organiques sont efficaces (marques du commerce Optifer et Ferranin).

Une analyse chimique du sol peut indiquer si les carences observées sur la plante sont également décelables dans le sol et si elles peuvent être corrigées par une fertilisation adéquate ou par une amélioration de l'activité biologique du sol. On peut envoyer des échantillons de sol aux laboratoires officiels. Des renseignements encore plus détaillés sur la teneur du sol en éléments nutritifs, en humus et en oligo-éléments, ainsi que sur son activité biologique sont donnés par les analyses de certains laboratoires privés.

Mais les symptômes de carences sur les plantes ne sont pas toujours en relation avec les carences correspondantes dans le sol. Si les nombreuses substances présentes dans le sol ne s'y trouvent pas dans des proportions convenables, ou si l'activité biologique du sol est mauvaise, certaines substances peuvent se trouver bloquées ou disponibles en quantités insuffisantes pour les plantes. Ainsi, le bitter-pit des pommes, qui se traduit par des zones brunes, de saveur amère, sous la peau des fruits, est causé par un manque de calcium dans les fruits. Cette carence est provoquée principalement par des excès de potasse et d'azote, qui perturbent l'alimentation de la plante en calcium. Dans tous ces processus, il s'agit de mécanismes métaboliques très complexes (photo 68).

En jardinage familial, il faut savoir qu'aucune carence ne doit se manifester si l'on pratique une fumure organique suffisante et des apports d'un compost fait d'éléments aussi variés que possible.

Dégâts provoqués par les produits chimiques

Des dégâts peuvent être provoqués sur les plantes par des substances chimiques présentes dans l'air ou dans l'eau, ou par les produits phytosanitaires.

Les herbicides amenés par le vent peuvent provoquer des chloroses et l'enroulement des feuilles. Les crucifères sont particulièrement sensibles ; les choux deviennent incapables de pommer.

Les fongicides, lorsqu'ils sont mal utilisés ou employés à doses excessives, peuvent également endommager les plantes. Les produits à base de cuivre et de soufre provoquent du « russeting » et des brûlures sur les variétés de fruits sensibles et sur certaines fleurs, en particulier par grand soleil. On traitera donc par temps couvert ou le soir.

On évitera d'arroser avec de l'eau chlorée ou fluorée ; l'eau de pluie ne peut plus être recommandée en toute quiétude. Il est conseillé de laisser l'eau reposer avant de l'utiliser, puis d'humidifier la plante au pied, sans mouiller les feuilles. On pourra acidifier l'eau calcaire de la manière suivante : mettre dans l'eau, pendant 12 heures, un sac poreux contenant de la tourbe (2 à 3 kg de tourbe pour 100 litres d'eau).

Les effets de la pollution atmosphérique doivent être pris très au sérieux. Les relations de cause à effet sont souvent très complexes. Les substances toxiques peuvent être transportées sur de longues distances et se transformer en d'autres produits toxiques qui perturbent le fonctionnement des feuilles, des aiguilles des conifères et des racines, et, de ce fait, réduisent l'absorption des éléments nutritifs et de l'eau. Les plantes deviennent alors plus sensibles aux parasites et aux accidents climatiques. A proximité des routes à grande circulation (50 mètres), des aérodromes et de certaines industries, les plantes cultivées sont polluées par le plomb, qui peut atteindre des concentrations dangereuses pour les animaux et pour l'homme. En même temps, le plomb s'accumule dans le sol. Avec le temps, il ralentit la croissance des plantes. La plantation de haies touffues le long des routes diminue la pollution par le plomb.

Le fluor peut provoquer des brûlures. Celles-ci se produisent surtout en automne, à l'occasion de petites pluies survenant après la sécheresse estivale. Parmi les plantes sensibles, on peut citer le pin, la vigne, l'abricotier, le noyer, l'iris, le lis et le glaïeul. L'anhydride sulfureux provoque une décoloration des tissus foliaires de la laitue, de l'épinard et de la rhubarbe. Les métaux lourds, les oxydes d'azote, le gaz carbonique, l'acide chlorhydrique, les résidus des huiles minérales et le sel épandu sur les routes ont également des effets néfastes sur les plantes, les animaux et l'homme.

Si l'on soupçonne des dégâts de ce type, il faudra faire appel à des spécialistes pour en déterminer la cause. On fera notamment effectuer des analyses de sol par des laboratoires spécialisés et on fera vérifier l'équilibre entre les éléments nutritifs présents dans le sol. Les perturbations de la croissance ont, en effet, souvent pour origine des erreurs dans le travail du sol ou dans la fertilisation.

En vue de diminuer les effets négatifs des substances toxiques sur le jardin, on veillera aux points suivants :

– éviter d'utiliser, pour le compost ou le mulching, des matériaux ramassés au bord des routes à grande circulation ;

– n'utiliser, comme engrais du commerce, que ceux ayant été analysés et autorisés par des spécialistes de l'agriculture biologique ;

– si on utilise de la paille ou du fumier provenant d'exploitations conventionnelles, ils doivent être compostés, ce qui accélère la décomposition de certains produits phytosanitaires. Les pailles d'avoine et de seigle contiennent moins de résidus que celles de blé ou d'orge.

Il faut vérifier de temps en temps la teneur en éléments nutritifs et en métaux lourds du compost, surtout s'il provient du commerce.

Effets du climat

Les accidents climatiques peuvent causer divers dégâts sur les plantes cultivées.

Froid

Le froid retarde la croissance des jeunes plantes (particulièrement les haricots, les pommes de terre, les tomates, les courges) et augmente leur sensibilité aux maladies cryptogamiques. C'est pourquoi il faut éviter de semer ou de planter trop précocement, à moins qu'on puisse assurer une température suffisante par un abri en plastique.

Gel

Les légumes qui passent l'hiver en terre sont particulièrement menacés lorsque le sol n'est pas recouvert de neige. L'action du soleil en période de froid provoque le dégel des plantes, dont les cellules gèlent à nouveau la nuit, ce qui peut provoquer leur mort. Les gelées de printemps endommagent les jeunes plantations et les semis et provoquent des altérations, la crispation des feuilles, des anneaux de gel liégeux sur les fruits et un ralentissement de la végétation.

Mesures préventives :

– protection à l'aide d'un tunnel en plastique ;

– couverture des plantes pour les protéger d'un ensoleillement excessif (au moyen de branchages, de paillassons, etc.). En cas de risque de gelée, ne pas travailler le sol ;

– asperger les légumes le soir et, dans certains cas, à nouveau le matin de bonne heure, avant et après le gel. La formation de glace libère de la chaleur, qui est restituée aux plantes ;

– en culture biodynamique, l'après-midi précédant une nuit de gel, on mélange 3 cuillères à café d'extrait de valériane dans 10 litres d'eau, on remue énergiquement et on asperge les plantes avec cette solution. Les plantes ne doivent pas être mouillées abondamment (1 litre pour 5 arbustes).

Chaleur

Une chaleur excessive, surtout pour les cultures sous serre ou sous plastique, peut occasionner des brûlures, notamment si les abris ne sont pas assez aérés ou ombragés. Des températures supérieures à 35 °C peuvent provoquer le flétrissement ou inhiber la fructification. Sur les fruits à pépins, l'insuffisance d'ombre suivant un fort éclairement peut provoquer de grosses taches sombres. L'écorce peut également se fendre, notamment sur les jeunes arbres fruitiers.

Sécheresse

La sécheresse excessive du sol empêche le développement normal des plantes. Le manque d'eau provoque notamment le flétrissement et une alimentation insuffisante des plantes à partir du sol. Les jeunes plants et les graines en germination sont particulièrement exigeantes. La couverture du sol avec des matières organiques ainsi que des binages réguliers (de préférence en fin de journée, pour que l'humidité du soir puisse mieux pénétrer dans le sol), limitent les pertes d'eau. Les plantes de culture supportent mal les variations d'approvisionnement en eau. Les carottes et les choux pommés éclatent, les concombres deviennent amers et les radis filandreux.

Humidité

L'humidité persistante dans le sol endommage les racines, en raison du manque d'air, et fait pourrir les bulbes et les tubercules. Les remèdes sont le sous-solage, le drainage ou le changement d'emplacement.

Pluie

De fortes pluies, après une longue sécheresse, provoquent des crevasses, surtout sur les carottes, les pommes de terre et le céleri. La couverture du sol par une matière organique exerce une action régulatrice.

Manque de lumière

Un éclairement insuffisant conduit à un faible développement des fruits et à des colorations atypiques. Les produits ont une saveur médiocre et se conservent mal. En arboriculture, on veillera particulièrement à ce que l'éclairement soit suffisant pour éviter d'avoir des fruits poussant à l'ombre.

Grêle

Les dégâts causés sur les fruits et les feuilles favorisent les maladies cryptogamiques. Les fruits sont déformés et il se forme des taches liégeuses.

Ravageurs et maladies non spécifiques

Acariens

On reconnaît les acariens et les autres arachnides au fait que leur tête et leur thorax ne font qu'un, et à la présence de quatre paires de pattes. Cependant, les larves n'ont que trois paires de pattes, Les acariens mesurent 0,5 à 0,75 mm. Ils sont incolores, verts, jaunes ou rouges. Leur développement passe par plusieurs stades. Ils sont capables de se multiplier très rapidement.

Certains acariens prédateurs se révèlent bien utiles, mais les tétranyques tisserands, acariens des bulbes, tarsonemidae, eriophydae etc. peuvent nuire aux plants de culture et d'ornement. La lutte est souvent ardue car les acariens développent très vite une résistance aux produits chimiques.

L'espèce la plus nuisible aux jardins est le **tétranyque tisserand** *(Tetranychus urticae)*. Cet acarien jaune hiverne sous forme adulte dans des cachettes variées : sol meuble, restes de feuilles, fentes des tuteurs de haricots, piquets, arbres fruitiers, le plus souvent sous l'écorce ou au départ des racines. Il est très résistant au froid.

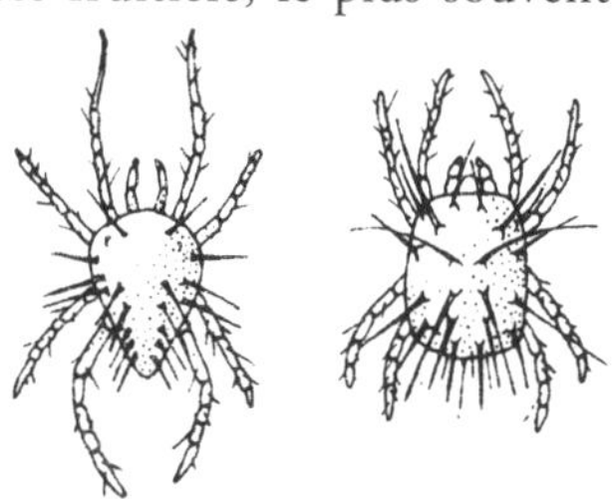

En arboriculture et en viticulture, c'est surtout **l'araignée rouge** *(Panonychus ulmi)* qui fait des dégâts. Cet acarien, rouge brillant, hiverne au stade œuf et reste sur les arbres. Ses œufs sont également rouges.

Le développement des acariens est favorisé par la chaleur, la sécheresse, une fertilisation surabondante et le manque d'humus.

Certains produits phytosanitaires chimiques favorisent la multiplication des acariens.

Plantes attaquées : les acariens s'attaquent aux légumes, aux arbres fruitiers, à la vigne, aux plantes ornementales (hortensia, cyclamen, etc.) ; ils peuvent faire des dégâts importants sur les courgettes, surtout en serre (photo 36).

Dégâts : les acariens vivent surtout sur la face inférieure des feuilles. Les tissus des feuilles sont détruits par la succion. Les acariens se nourrissent du contenu des cellules externes de la feuille, qui se remplissent d'air. Les feuilles prennent un aspect plombé et tombent prématurément. Le tétranyque tisserand recouvre son habitat d'un filet fin et dense qui empêche le développement des bourgeons et des tiges.

Lutte préventive :
- il est très important de protéger et de favoriser le développement des ennemis naturels des acariens, les acariens

prédateurs *(Phytoseiides)* et les punaises prédatrices *(Anthocorides)*;
- limiter les apports d'azote ;
- en apportant un compost riche en éléments fertilisants (addition d'algues calcaires ou de poudre de roche) et des fertilisants foliaires à base de purin d'ortie et de décoction de prèle, les attaques d'acariens sont très rares ;
- veiller à maintenir une humidité suffisante dans le sol par des arrosages et la couverture du sol ;
- bien aérer les cultures sous abri.

Lutte directe :
- introduction de Typhlodromus dans les serres ;
- brûler ou composter soigneusement les parties des plantes atteintes ;
- traiter avec un jet d'eau froide dirigé vers la face inférieure des feuilles ;
- pulvériser les deux côtés des feuilles avec une infusion bien corsée d'épluchures d'oignon, un traitement à renouveler plusieurs fois ;
- traiter 2 à 3 fois en 10 jours avec du purin d'ortie en cours de fermentation additionné éventuellement de bentonite (3 à 5 %) ;
- en cas de fortes attaques, traiter avec un produit à base de pyrèthre ou d'un mélange pyrèthre et roténone ;
- pour détruire les œufs d'hiver, traiter les arbres avant le bourgeonnement, avec de l'huile de colza ou une émulsion d'huiles minérales, et badigeonner les troncs des arbres fruitiers ; l'utilisation de produits à base de soufre inhibe le développement des acariens.

Tarsonidae *(Eriophydae)*

Ces petits acariens invisibles à l'œil nu se logent dans les plantes pour y pondre leurs œufs. Leurs petites larves à 6 pattes y éclosent. Les tarsonidae aiment beaucoup l'humidité mais ne supportent pas bien la chaleur.

Certains traitements chimiques favorisent la prolifération d'acariens.

Plantes attaquées : les tarsonidae s'attaquent à de nombreuses plantes d'ornement (surtout dans les serres), mais aussi aux mûres, aux fraises et aux ifs *(taxus)*.

Dégâts : les tarsonidae sucent les cellules de l'épithélium des plantes dont le tissu végétal se ratatine. Les pousses, les fleurs et les feuilles se développent mal, ces dernières se recroquevillant fréquemment vers le haut. Les mûres, elles, restent alors rouges et acides.

Lutte préventive :
- pour les cultures menacées, maintenir dans les serres une température élevée et une atmosphère sèche. Faire en sorte que les plantes puissent sécher rapidement après l'arrosage (choisir par exemple d'arroser au petit matin) ;
- pour connaître les autres mesures de protection, se reporter ci-dessous.

Acariens des bulbes *(Rhizoglyphus spec.)*

Ces rhizoglyphus blanchâtres, en forme de poire, de 0,75 mm de longueur, se développent sur l'appareil souterrain de la plante, et plus particulièrement sur les bulbes et oignons des plantes d'ornement. On peut les trouver sur des légumes-racines entreposés pour la conservation. Ils prolifèrent particulièrement vite l'hiver lorsque le degré hygrométrique de l'air est élevé.

Plantes attaquées : dahlias, lys, amaryllis, narcisses, jacinthes...

Dégâts : Les acariens montent dans le bulbe à partir de sa base en creusant des galeries de couleur marron dans lesquelles ils laissent des traces de déchets alimentaires. Dans les dahlias, d'importantes plaques crevassées sur l'épiderme signalent les endroits attaqués. Les acariens sont visibles à la loupe, et même à l'œil nu. Ils consomment non seulement les tissus endommagés mais aussi les tissus sains.

Lutte préventive :

- chercher les traces de galeries et de déchets alimentaires dans les bulbes et oignons stockés ;
- entreposer dans un endroit frais et sec.

Lutte directe :

- plonger les bulbes 10 à 30 minutes dans de l'eau savonneuse ou dans une infusion de tanaisie ;
- détruire les débris végétaux très touchés ;
- pulvériser ou saupoudrer avec un produit à base de roténone.

Campagnols *(Microtidae)*

Le campagnol des champs *(Microtus arvalis)* et le campagnol terrestre *(Arvicola terrestris)* sont les deux espèces les plus nuisibles.

Le campagnol terrestre atteint 18 cm de longueur et est jaune-brun à noir. Ses oreilles sont presque cachées dans sa fourrure, sa tête est trapue. Sa queue atteint 10 cm. Il vit dans tous les types de sol et préfère la proximité de l'eau. Il est actif nuit et jour. Il aménage ses nids à 30 à 50 cm de profondeur. Contrairement à celles de la taupe, ses galeries sont ovales dans le sens vertical. La terre est rejetée en tas irréguliers. Le campagnol terrestre mange des végétaux mais aussi des insectes, des mollusques, des amphibiens et des œufs d'oiseaux. Il a 2 à 7 petits par portée et 2 à 4 portées par an ; il est apte à la reproduction à l'âge de 2 mois. Le campagnol terrestre n'hiberne pas et vit environ 2 ans.

Le campagnol des champs *(Microtus arvalis)* mesure 10 à 12 cm sans sa queue. Il est jaune-gris ; ses oreilles sont bien visibles. Il vit en groupe. Il construit ses abris dans le sol à 50 cm de profondeur et creuse plusieurs sorties. Le sol paraît, pour cette raison, plein de trous. Les trous sont reliés par de petits sentiers. Il n'y a pas de tas de terre à l'extérieur. Le campagnol des champs a 4 à 6 portées de 5 à 10 petits.

Les deux types de campagnol ont tendance à se multiplier rapidement, puis les populations diminuent à nouveau. L'absence de leurs ennemis naturels (renards, rapaces, belettes) favorise leur multiplication.

Zones envahies : jardins, champs, prairies.

Dégâts : le campagnol terrestre mange les racines, le campagnol des champs mange l'écorce des arbres et des rosiers, ainsi que les légumes et les fraisiers. A l'inverse des vers blancs, ils laissent des traces de dents. Les monticules de terre qu'ils constituent gênent le fauchage. Ils transmettent des maladies infectieuses.

Lutte préventive :

- il est important de protéger les rapaces (installer des perchoirs) ;
- avoir des chats ;
- ménager des abris pour les belettes en laissant des tas de pierres ;
- faucher l'herbe régulièrement ;
- bien contrôler les endroits couverts de mulch (notamment autour des arbres, en automne) ;
- semer, entre les cultures, des plantes qui éloignent les campagnols (par exemple mélilot, couronne impériale, langue-de-chien, ail, euphorbe ; voir p. 209). L'effet de ces plantes est plus faible dans les sols argileux et insuffisant en cas de forte invasion ;
- lors de la plantation des jeunes arbres, entourer les racines, jusqu'à leur point de départ, de grillage serré ;
- couvrir avec des feuilles de noyer ou du tourteau de ricin ;
- mettre dans les galeries du purin de sureau, des copeaux de genévrier ou de thuya, de l'ail ou des déchets de poisson ;
- enterrer à moitié des bouteilles ; le vent produit un sifflement qui dérange les campagnols.

Lutte directe :

- la lutte doit être menée sur une grande surface ;
- la capture des campagnols avec des pièges est une méthode efficace, mais qui exige de l'adresse et du savoir-faire. Les campagnols sont très sensibles à l'odeur humaine. Les pièges ne doivent pas être manipulés avec les mains. Pour savoir si une galerie est encore utilisée, il faut l'ouvrir et attendre de voir si les campagnols la referment. Une fois les pièges mis en place, la galerie doit être légèrement recouverte ;
- brûler les campagnols attrapés et répandre leurs cendres (voir p. 216) ;
- en cas de dégâts importants, mettre dans les galeries des appâts empoisonnés à base de coumarine naturelle, comme par exemple le Quiritox. Le mode d'action de l'euphorbe (*Euphorbia lathyris*) n'est pas encore suffisamment élucidé ; ses graines sont très toxiques ;
- on peut asphyxier les campagnols dans leurs galeries avec de l'oxyde de carbone (gaz d'échappement des moteurs à essence). Efficace seule-

ment dans les sols humides et si le réseau de galeries est intact.

Courtilière
(Gryllotalpa gryllotalpa)

La courtilière est un grillon mesurant 35 à 50 mm. Elle a de grosses pattes marron foncé, velues, et des pattes antérieures fouisseuses. Ses œufs, ovales et longs de 2 mm, sont jaune-ocre. La femelle pond périodiquement de mai à juillet plusieurs centaines d'œufs dans des nids souterrains, qu'elle surveille et entretient. Ces nids ont la forme de boules solides, grosses comme le poing. En juin, on entend le chant des mâles. La courtilière hiverne au stade larvaire. Le cycle de développement dure en tout 18 à 30 mois. Sa multiplication n'est jamais massive. La courtilière creuse des galeries irrégulières, de l'épaisseur d'un doigt, qu'elle abandonne au crépuscule. Elle court bien.

Plantes attaquées : jardins et vigne.

Dégâts : mange, surtout au printemps, les racines, les tubercules et les bulbes. Mais la courtilière mange aussi des insectes et des vers (utilité).

Lutte préventive :
- ses ennemis naturels sont la musaraigne, la taupe, la corneille, l'étourneau, le merle, le blaireau ;
- changer régulièrement l'emplacement du tas de compost.

Lutte directe :
- enterrer au ras du sol des récipients profonds de 10 cm, aux parois lisses, surtout en avril et mai ;

- déterrer les nids en juin ou début juillet ;
- boucher les galeries avec des chiffons imprégnés d'une odeur forte (par exemple du pétrole) ;
- suivre, avec l'index, les galeries horizontales jusqu'à l'entrée de la galerie principale, verticale, qui conduit au nid. Elargir avec précaution cette ouverture en forme d'entonnoir. Verser de l'huile de table usagée, puis verser très lentement de l'eau. Les courtilières remontent à la surface, les œufs et les jeunes sont asphyxiés dans le nid ;
- réduire les courtilières en cendres et répandre les cendres (voir p. 216) ;
- en cas d'invasion importante, arroser les galeries et les nids avec une solution de pyrèthre (les effets sur la vie du sol sont néfastes) ;
- on peut aussi introduire des nématodes *(Steinernema carpocapsae)* (voir p. 221).

Fourmis

Fourmi des prés (*Lasius flavus*)

Cette fourmi, de couleur jaunâtre, a 2 à 5 mm de longueur. Elle bâtit des fourmilières d'argile avec des dômes, qui sont souvent traversées par l'herbe.

Elle vit de miellat, principalement celui des pucerons des racines.

Habitat : on la trouve surtout dans les sols humides et dans les prairies, occasionnellement sous les pierres.

Fourmi des chemins (*Lasius niger*)

La fourmi des chemins a 4 mm de longueur. Elle est de couleur noire mate et construit ses fourmilières dans le sol (principalement autour des tiges des plantes).

Habitat : dans les endroits chauds et ensoleillés.

Dégâts : contrairement aux fourmis des forêts, très utiles, les fourmis des prés et des chemins peuvent devenir nuisibles. Elles attaquent les plantes au collet et au niveau de l'écorce, et mangent les fruits qui ont déjà été attaqués par d'autres parasites (par exemple, les fraises mangées par les limaces). Elles stimulent les pucerons pour qu'ils sucent plus rapidement et donc donnent davantage de miellat sucré et liquide. Les fourmis protègent les pucerons de leurs ennemis naturels ; de ce fait, il se forme rapidement de grandes colonies de pucerons qui causent des dégâts. Elles peuvent également transmettre certaines maladies des plantes.

Lutte préventive :
- on éloigne facilement les fourmis par des purins de plantes ayant une odeur forte (en particulier tanaisie, absinthe, feuilles de noyer) ;
- répandre des feuilles de tomates, de lavande, de marjolaine, de sureau, de fougère, ou des citrons moisis ;
- semer de la mâche comme culture intercalaire ;
- faire des poudrages de lithothamne ;
- des poudres anti-fourmis à base de plantes sont disponibles dans le commerce.

Lutte directe :
- verser de l'eau bouillante sur les fourmilières ;
- mettre des anneaux de glu sur les arbres ;
- mettre dans des récipients de la levure fraîche mélangée avec du miel ou des sels de bore (borax) ;
- en cas d'invasion importante, traiter les fourmilières (poudrage ou pulvérisation) 2 à 3 fois avec du pyrèthre (effets nocifs sur la vie du sol).

Hanneton
(Melolontha melolontha)

Le hanneton mesure 20 à 23 mm. Il est noir. Ses pattes, ses antennes et ses élytres sont rouge-brun (photo 21). Sa larve, le ver blanc, mesure jusqu'à 65 mm. Elle est jaunâtre, a des plis transversaux en avant et des pattes velues. Les œufs, ronds et jaunâtres, sont déposés en tas dans le sol à 15 à 25 cm de profondeur. Les hannetons volent de fin avril à mai. Après l'accouplement, les femelles retournent dans leur refuge pour y pondre leurs œufs. Les vers blancs sortent en juin et juillet. Ils hivernent à 30-40 cm de profondeur et reviennent au printemps à proximité de la surface pour manger des racines ; c'est cette année-là (la seconde) que les dégâts sont les plus importants. Les vers blancs hivernent à nouveau pour se transformer en nymphes et prendre leur vol la troisième année.

Le hanneton de la Saint-Jean et le hanneton horticole *(Amphimallon solstitialis* et *Phyllopertha horticola)* ont un autre cycle de développement. Leurs larves, plus petites, causent moins de dégâts que celles du hanneton.

Plantes attaquées : plantes des forêts, des champs et des jardins.

Dégâts : les hannetons mangent les feuilles des arbres et des buissons. Les vers blancs mangent les racines.

Lutte préventive :
- les ennemis naturels du hanneton sont principalement les moineaux, les corneilles et les chauves-souris. Les vers blancs sont également mangés par les hérissons, les taupes et les piverts ;
- des façons culturales répétées réduisent beaucoup le nombre des vers blancs, sensibles aux lésions mécaniques ;
- recouvrir les planches de feuilles de plastique (perforées) pendant la période des vols.

Lutte directe :
- déterrer les vers blancs ;
- secouer les arbres et ramasser les hannetons ;
- au cours du printemps précédant ou suivant le vol des hannetons, introduire dans le sol le champignon *Beauveria brongniartii*. Répéter cette opération les années suivantes si vous cultivez des fraises ou une culture du même type (voir p. 220).

Limaces *(Gastropodia)*

Les limaces faisant des dégâts dans les jardins appartiennent surtout aux familles des *Arionidae* et des *Limacidae*. Leurs tailles et leurs couleurs sont très variées. La tête des limaces n'est pas nettement distincte du corps. Les limaces ont deux paires d'antennes, la seconde paire portant les yeux. Elles portent un manteau muni d'un orifice respiratoire. Les limaces respirent avec des poumons. Elles sont hermaphrodites et se fécondent mutuellement. Pendant un certain laps de temps, elles pondent des œufs ronds et blancs en petits tas de 20 à 70. Après la ponte, les animaux vieillissent rapidement et meurent. Les limaces vivent 9 à 12 mois. Elles ont un organisme très riche en eau et sécrètent du mucus. Elles se multiplient massivement par temps humide et lorsque leurs ennemis naturels sont absents.

Limace des jardins *(Arionidae)*

Les limaces des jardins, qui atteignent 15 cm, peuvent être ocre-jaune ou brun-rouge, ou encore gris à noir, leur couleur variant avec l'âge et les conditions de milieu (photo 22). La peau est ridée. Le dos, la tête, les antennes ainsi que les dessins sur le dos sont la plupart du temps foncés. La plante de leur pied est claire ou orangée, le mucus est incolore. Les limaces de jardin ne pondent qu'une fois par an. Elles s'accouplent de fin août à fin septembre et les œufs sont pondus 3 à 5 semaines plus tard. Si la ponte a lieu suffisamment tôt et que le temps est clément, les petits éclosent dès l'automne. Les limaces de jardin hibernent, certaines espèces au stade œuf, dans des cachettes à l'abri du gel.

La petite limace foncée *(Arion subfuscus)* n'a qu'une génération. Elle s'accouple de fin août à fin septembre. Les œufs sont pondus après 3 à 5 semaines. Si la ponte est précoce et si le temps est doux, les jeunes apparaissent dès l'automne.

La limace horticole *(Arion hortensis)*, dont le pied est de couleur jaune ou orangée, supporte bien le froid. La période de ponte peut s'étaler depuis la fin de l'automne jusqu'au printemps. Elle pond ses œufs de préférence sur les racines. Les larves éclosent de fin avril à mi-mai. Elles sont particulièrement dévastatrices en mai, et se tiennent à la surface du sol ou en dessous. A l'inverse des grosses limaces, elles sont sédentaires et, pour la plupart, actives seulement la nuit.

Limacidae

La plupart des *Limacidae* préfèrent une nourriture dépourvue de chlorophylle et font surtout des dégâts lors du stockage (par exemple, limaces de caves). A cette famille appartiennent aussi les limaces grises *(Deroceras reticulatum* et *Deroceras agreste)*, qui peuvent causer des dégâts importants. De couleur blanc-jaune, grise ou brun-rouge, elles ont des points ou des dessins foncés. Leur mucus est blanc comme du calcaire. Elles atteignent 6 cm. Elles affectionnent particulièrement l'humidité et se réfugient volontiers dans les fentes et les trous du sol, entre les feuilles, sous le bois et les pierres. Un sol grumeleux et meuble leur offre peu d'endroits où s'abriter. Etant sensibles à la lumière, elles partent la nuit à la recherche de leur nourriture. Leurs mouvements sont lents et elles sont très sédentaires. Leur développement est conditionné par le climat. Par temps froid, elles se réfugient dans le sol, mais elles meurent lors des fortes gelées. Elles s'accouplent en automne ; les jeunes limaces éclosent en avril et mai et vivent principalement dans le sol. Les limaces grises s'attaquent à toutes les parties des plantes.

Plantes attaquées : toutes les plantes cultivées et la plupart des plantes sauvages.

Dégâts : les limaces rongent le feuillage, y font des trous et le mangent totalement ; elles laissent des traînées de mucus. Les limaces sont omnivores : elles consomment aussi bien des morceaux de plantes fanées ou pourries que des cadavres de petits animaux, des amphibiens, des vers, etc.

Lutte préventive :

- protéger leurs ennemis naturels : en particulier, les nécrophores, les carabes, les batraciens, les reptiles (par exemple l'orvet), le hérisson, la musaraigne et les oiseaux. Les arachnides, le faucheux, tout comme les larves de différentes mouches et celles du ver luisant, consomment des limaces ;

- un élevage de poules et de canards peut permettre de réduire l'invasion ;
- des plates-bandes de semis bien roulées procurent moins d'abris aux limaces ;
- en été, biner seulement de façon superficielle. N'utiliser le motoculteur que par temps sec, tôt le matin, après avoir appâté pendant la nuit avec des déchets végétaux. En automne, ameublir plus profondément lorsque le sol est déjà un peu gelé, afin d'exposer les limaces au froid ;
- les limaces sont attirées par les parties de plantes fanées ou pourries. Il faut donc particulièrement protéger le compost et surtout le tas où sont rassemblés les déchets organiques de l'invasion par les limaces, en les ramassant, en répandant du purin de limaces et en disposant des pierres plates. Il faut veiller à ne pas disséminer les limaces et leurs œufs avec le compost ;
- les limaces trouvent, dans le mulch, abri et nourriture. N'utiliser comme mulch que des matériaux provenant du jardin, bien secs et finement hachés, en couche mince ;
- couvrir le sol avec des aiguilles de pin, de la fougère mâle ou de la balle d'orge ;
- des extraits de plantes normalement évitées par les limaces les éloignent. La macération de bégonia ou de feuilles de cassis en est un exemple. Couper en petits morceaux les feuilles et les fleurs d'une espèce de bégonia *(Begonia semperflorens)* et les mettre pendant 1 à 2 heures dans 10 litres d'eau. Tremper les plants dans cette solution avant de les mettre en place, ou les arroser abondamment avec. Des essais complémentaires seraient à effectuer ;
- des abris protecteurs en matière plastique protègent les jeunes plants des variations de température, et en même temps des limaces, si le sol est préalablement couvert de cendres de bois ;
- faire des arrosages abondants et peu fréquents ; arroser uniquement le matin ;
- purin de limaces : rassembler dans un récipient réservé à cet effet quelques limaces de différents types, préalablement tuées. Ajouter de l'eau et laisser reposer environ 10 jours, jusqu'à ce que les limaces soient en pleine décomposition. Les limaces mangent celles d'entre elles qui sont mortes, mais elles sont repoussées par celles qui sont en voie de décomposition. Arroser avec ce purin les jeunes plants menacés et les semis en cours de levée. Pour des raisons d'hygiène, ne pas verser de purin sur les parties comestibles des

plantes. Ne pas utiliser sur de grandes surfaces. Compléter régulièrement le contenu du récipient. Utiliser ce purin plus souvent en cas de pluie (voir p. 216) ;
- entourer les planches avec une barrière à limaces en veillant à ce que les herbes trop hautes ne servent pas de « ponts » aux limaces. (voir p. 217).

Lutte directe :
- la lutte doit être menée sur une grande surface. En mettant en place les appâts et les pièges, on prendra garde au fait que le comportement des limaces varie selon les espèces. La limace rouge se déplace relativement loin, alors que la limace horticole et la petite limace grise restent sur place. Par ailleurs, des expériences ont montré que les limaces sont douées de mémoire ; les appâts doivent donc être mis toujours à la même place ;
- ramasser systématiquement les limaces. Disposer des planches ou de grandes feuilles sous lesquelles les limaces viennent se réfugier pendant la journée ;
- on peut facilement appâter les limaces horticoles et champêtres, particulièrement nombreuses en automne et au printemps, avec des morceaux de pommes de terre, des tomates pourries, des morceaux de courges ou des peaux de pamplemousses. Le son de blé humide constitue aussi un bon appât. On peut ainsi, dans une large mesure, débarrasser les planches des limaces avant les semis. Ne pas attirer les limaces avec des appâts dans les planches cultivées ;
- enterrer des pièges, qui doivent être régulièrement remplis de bière. Ces pièges – peu efficaces – doivent être contrôlés car ils attirent également les carabes et d'autres insectes (voir p. 217) ;
- les cendres, la suie ou la poudre de roche ont un effet corrosif par temps sec et assurent une certaine protection lorsqu'on les dispose autour des plantes. La chaux vive est plus corrosive, mais elle ne doit être utilisée qu'en cas de dommages importants, et à très petites doses, pour éviter un effet de brûlure sur le sol et un chaulage excessif. On peut apporter 20 grammes/m^2, à raison de deux apports à une demi-heure d'intervalle, le matin ou le soir, pour que les limaces puissent autant que possible être atteintes directement ;
- depuis quelques années, on élève des nématodes *(Phasmarhabditis hermaphrodita)* qu'on place sur le sol pour qu'ils pénètrent dans les limaces et les tuent (voir p. 221).

Escargots *(Helicidae)*

Les différentes espèces sont classées d'après la taille et la forme de la coquille.

Le plus connu est l'escargot de Bourgogne *(Helix pomatia)*. Sa coquille est grande et ronde, jaune brun à blanc grisâtre, d'un diamètre de 40 mm. Il vit jusqu'à 7 ans et pond, à 3 et à 4 ans, de fin juin à août, 60 à 70 œufs de 5 à 6 mm de longueur, dans des trous qu'il a creusés dans le sol. En Suisse, cette espèce est protégée. En France, le ramassage de l'escargot de Bourgogne est interdit du 1er avril au 30 juin inclus et pour des diamètres inférieurs à 3 cm.

Plantes attaquées : jardins, champs et prairies.

Dégâts : les mêmes que les limaces. L'escargot de Bourgogne se nourrit surtout de déchets végétaux et ne commet guère de dégâts. Il mange les œufs des limaces.

Aleurodes (mouches blanches)

Ces petites mouches blanches, longues de 1 à 2 mm, apparaissent dans les régions à climat tempéré surtout lors des fins d'été et des automnes secs. Les ailes sont blanches et sont, au repos, en forme de toit. Le corps est jaunâtre, mais tout l'insecte est comme saupoudré de cire blanche. On trouve la mouche blanche à la face inférieure des feuilles, sur laquelle elle pond ses œufs. La larve est vert jaunâtre. Les œufs, les larves et les femelles, qui attaquent les crucifères, peuvent hiverner. La mouche blanche est disséminée

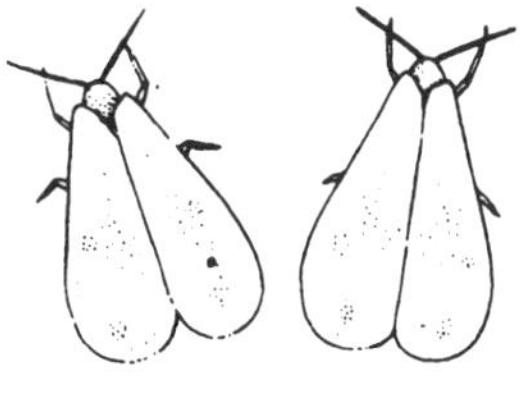

avec les plantes. Les aleurodes *(Trialeurodes vaporariorum)* qui attaquent les tomates, les melons et les concombres dans les serres se reproduisent sans interruption et donnent plusieurs générations par an.

Plantes attaquées : en plein air, surtout les crucifères, le fraisier, la chélidoine, le laiteron. Dans les serres, *Trialeurodes vaporariorum* parasite les tomates, les courges et différentes espèces de fleurs. Les dégâts sont rarement importants.

Dégâts : taches de succion sur les feuilles. Les aleurodes occasionnent surtout des dégâts dans les espaces clos (serres...), où elles se reproduisent rapidement, formant parfois de vrais nuages volants Dégâts consécutifs à une excrétion importante de miellat, sur lequel se développe généralement la fumagine. Elles sont moins nuisibles en plein air.

Lutte préventive :
- maintenir le sol humide par des arrosages et un mulching ;
- composter ou brûler les tiges et les feuilles ;
- bien aérer les serres et les châssis ;
- pour le contrôle et la régulation, on peut employer des planches de glu jaunes (voir p. 223) ;
- placée dans les cultures menacées, la *nicandra,* plante d'ornement annuelle, a une action répulsive.

Lutte directe :
- pulvériser soigneusement les feuilles des deux côtés, très tôt le matin,

avant que les mouches blanches ne deviennent actives ;
- traiter à l'infusion de tanaisie ;
- pendant quelques jours, arroser à plusieurs reprises avec de l'eau savonneuse ;
- en cas de fortes attaques, traiter au pyrèthre ou à la roténone, de préférence le matin, tous les 10 jours. Les jeunes larves sont particulièrement sensibles ;
- en culture professionnelle et dans les serres, on obtient de bons résultats avec l'introduction d'*Encarsia* et des punaises prédatrices *(Macrolophus)*, ennemis naturels de la mouche blanche.

Nématodes

La plupart des nématodes parasites ne dépassent pas 1 mm de longueur et sont incolores. Ils piquent les tissus des plantes avec un dard buccal et se nourrissent de la sève. Leurs glandes salivaires excrètent des substances qui peuvent produire des modifications dans les tissus.

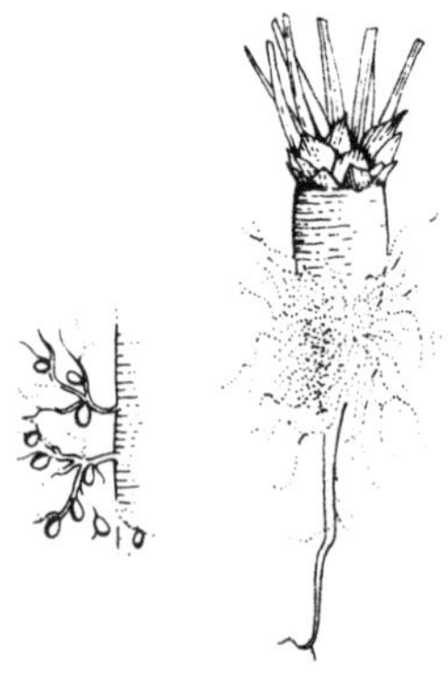

Les nématodes pondent leurs œufs dans le sol ou sur des plantes. Si les conditions sont défavorables (froid ou sécheresse), ils peuvent demeurer dans le sol pendant des dizaines d'années. Leur multiplication dépend de l'humidité et de la présence de grandes quantités d'oxygène dans le sol. Ils prospèrent surtout dans les sols légers. Les nématodes sont disséminés par l'eau, les outils, les paquets, particulièrement l'expédition de plantes en mottes et aussi par les résidus de récoltes.

En dehors de ces nématodes parasites, d'autres espèces peuvent, elles, être utilisées pour la régulation de nuisibles (voir p. 221).

Plantes atteintes : les nématodes parasites peuvent se développer sur la plupart des plantes, mauvaises herbes comprises, surtout lorsque les rotations sont trop peu variées et l'humidité excessive. En jardinage et en agriculture biologiques, les nématodes font rarement des dégâts et d'autant moins que l'on pratique les cultures associées et des rotations variées. Certains nématodes des tiges *(Ditylenchus spec.)* et des racines *(Pratylenchus spec.)* attaquent les légumes. Sur les plantes ornementales se développent des nématodes des feuilles (principalement *Aphelenchoides ritzemabosi*), qui provoquent des colorations noires, en forme de taches, sur les feuilles. Les plantes meurent.

Dégâts : les nématodes attaquent toutes les parties des plantes. Ils provoquent des altérations des tissus, par exemple la formation de cellules géantes, de galles ou de kystes. Dans les racines, le transport des substances nutritives est interrompu. Les racines meurent et de nouvelles racines se forment au-dessus des parties attaquées, nouvelles racines qui sont attaquées à leur tour. On observe aussi des mutilations sur les plantes, des fruits mal formés ; les plantes peuvent aussi jaunir et se flétrir.

Lutte préventive :

- une bonne rotation et une stimulation de la croissance des plantes sont particulièrement importantes ;
- en automne, incorporer de l'argile en poudre (kaolin, bentonite) dans le sol ;
- éviter les excès d'azote ;
- éviter l'apport de plantes, de terre ou de compost atteints ;
- ne jamais composter les plantes atteintes par les nématodes ou les mauvaises herbes ayant poussé avec elles, mais les brûler ;
- planter des tagètes (notamment *Tagetes nana*) dans les planches infestées de nématodes des racines *(Pratylenchus sp.)*. Les excrétions racinaires des tagètes amènent les nématodes à rentrer en activité, mais les larves meurent car elles ne peuvent pas se nourrir de tagètes. La navette et le seigle ralentissent aussi le développement de certains nématodes de racines.

Otiorrhynque *(Otiorrhynchus sulcatus)*

Cet insecte, atteignant 10 mm de longueur et muni d'une large trompe, fait partie de la grande famille des coléoptères. Il est noir et a une tête allongée typique, en forme de trompe (photo 23). Il est incapable de voler et vit toute la journée caché au pied des plantes. L'adulte sort à partir de fin mai. Après une période d'alimentation de 4 à 5 semaines, il pond ses œufs dans le sol ; chaque insecte pond plusieurs centaines d'œufs. Comme chez les pucerons, la multiplication est parthénogénétique. Trois semaines plus tard, les larves apparaissent ; elles mesurent environ 10 mm de longueur et sont blanc-jaunâtre, avec une tête brune. Il n'y a qu'une génération par an. Les larves hivernent.

Plantes attaquées : principalement les plantes ornementales (rhododendrons, roses, bruyères), mais également les fraisiers et la vigne, surtout dans les sols tourbeux.

Dégâts : les insectes mangent les feuilles la nuit ; les endroits mangés sont profondément découpés (photo 24). Les larves mangent les racines et le collet.

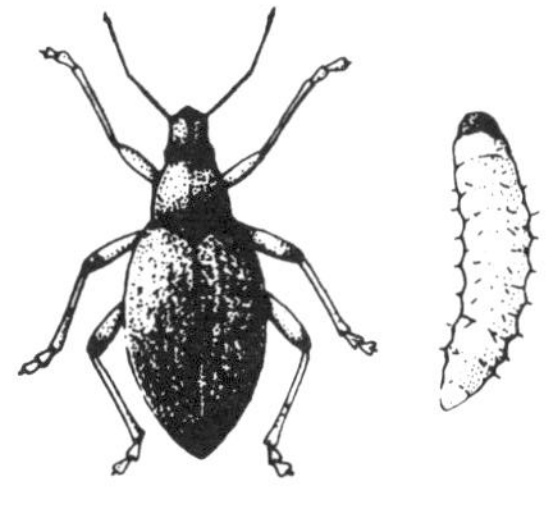

Les endroits rongés sont remplis de déjections. Les dégâts peuvent être importants.

Lutte préventive :

– couvrir le sol d'une épaisse couche d'un compost de sciure de bois, enrichi en engrais organique, algues vertes et terre de forêt, dans lequel se développe une forte population de champignons ;
– protéger les ennemis naturels, comme la musaraigne, le hérisson ;
– travailler le sol fréquemment.

Lutte directe :

– ramasser les insectes la nuit (mai/juin) ;
– pour lutter contre les larves, dégager les racines et faire des arrosages répétés avec de l'infusion de tanaisie ;
– pendant les périodes où l'adulte sort, pulvériser sur les feuilles de l'infusion de tanaisie, une solution de quassia et de savon noir, ou un insecticide à base de pyrèthre ou de roténone ;
– il est important de mener la lutte sur une grande étendue.
– les préparations à base de nématodes ont donné de bons résultats contre les larves. On les utilise de fin avril à début juin, et de mi-septembre à mi-octobre. La température du sol doit dépasser 10 °C (voir p. 221).

Pucerons *(Aphidina)*

Il existe, en Europe, près de 800 espèces de pucerons, qui se différencient par la taille et la couleur. Certaines espèces sont comme « poudrées » (couche protectrice de cire blanchâtre). Dans leurs colonies se trouvent des pucerons à divers stades de développement.

Le cycle biologique des pucerons est très particulier. De nombreuses espèces hivernent sous la forme d'œuf dans les écailles des bourgeons, dans les fentes de l'écorce des arbres et des arbustes, ou encore à proximité du sol, sur les plantes pluriannuelles (photo 25). De l'œuf d'hiver naît, au printemps, une femelle appelée fondatrice. Il n'y a plus de ponte jusqu'à l'automne et les femelles donnent directement naissance à des jeunes pucerons (reproduction vivipare) ; ce sont toujours des femelles qui se reproduisent sans fécondation (parthénogenèse).

La reproduction vivipare et parthénogénétique, mais aussi le cycle de développement très court entre les jeunes larves mises au monde et l'état adulte (environ 8 jours à 20 °C) expliquent que les pucerons puissent se multiplier extrêmement vite. Du printemps à l'automne, on compte 13 à 16 générations. En automne apparaissent des individus sexués (mâles et femelles) qui s'accouplent pour donner, non plus des pucerons, mais des œufs noirs brillants, pouvant passer l'hiver.

D'une manière générale, les pucerons réagissent à des conditions de milieu défavorables (manque de lumière, mauvais état des plantes hôtes, trop grande densité de pucerons) par l'apparition de formes ailées. Ce sont elles qui fondent des colonies sur les plantes annuelles du jardin. On peut observer ces formes ailées à partir de mai dans toutes les colonies de pucerons. Par beau temps, elles s'envolent des colonies et peuvent être transportées par le vent sur de grandes distances et fonder de nouvelles colonies sur les plantes vertes, qui ont leur préférence.

Plantes attaquées: les pucerons s'attaquent à presque toutes les plantes. Comme nous l'avons déjà dit, ils hivernent sur les plantes pluriannuelles (hôtes d'hiver) et sur les plantes de serre. Alors que certaines espèces demeurent sur ces hôtes, d'autres migrent au printemps sur des plantes annuelles sauvages ou cultivées (hôtes d'été).

Les principales plantes hôtes des différents types de pucerons sont indiquées lors de la description de chaque espèce. Il faut toutefois savoir que, si on traite ces plantes, on freine la multiplication des auxiliaires.

Dégâts: même lorsqu'ils sont peu nombreux, les pucerons peuvent causer des dégâts en transmettant des maladies à virus. Des colonies importantes se développent lorsque leurs ennemis naturels sont peu nombreux. Les pucerons puisent des éléments nutritifs dans les plantes, provoquent des déformations des feuilles et inhibent la croissance. Les plantes sont particulièrement affaiblies par la fumagine, un enduit noir se formant sur les

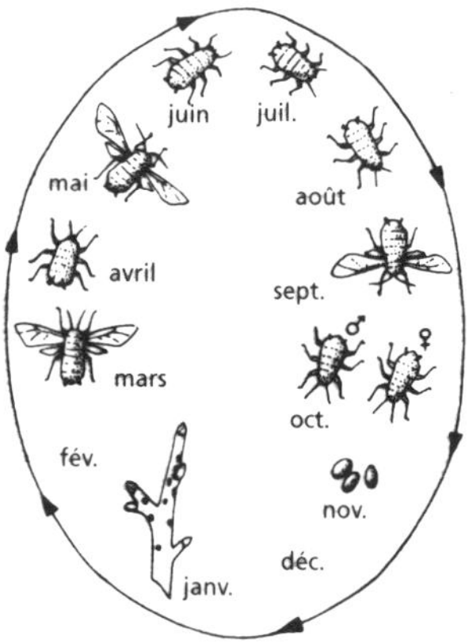

feuilles et les fruits. Cet enduit est produit par des champignons qui se développent sur les excrétions riches en sucre des pucerons (miellat). Mais de nombreux insectes utiles se nourrissent aussi de miellat, par exemple les abeilles (apiculture forestière). Pour empêcher le développement de la fumagine, il est nécessaire de lutter contre les pucerons. Sur les arbres, les arbustes et les plantes ornementales, on peut plus facilement tolérer une attaque de pucerons que sur les légumes. Pour ces derniers, une intervention précoce peut s'avérer nécessaire, car il n'est plus possible de traiter peu de temps avant la récolte ; d'autre part, on court le risque de ne plus pouvoir atteindre les pucerons, par exemple dans le cœur des salades pommées.

Lutte préventive :

– des plantes bénéficiant d'une nourriture équilibrée supportent sans dommage des attaques de pucerons

beaucoup plus fortes que des plantes affaiblies. Eviter à la fois les excès d'azote et les carences en différents éléments nutritifs ; bien choisir le lieu d'implantation des cultures, bien travailler le sol ;
– protéger et favoriser les ennemis naturels : coccinelles, chrysopes, syrphes, guêpes parasites, anthocorides, forficules (les auxiliaires n'apparaissent pas tous au même moment, ni suffisamment vite) ; les ombellifères et les autres plantes à nectar fournissent de la nourriture à de nombreux insectes utiles ;
– en cas d'attaques sans gravité, les mesures suivantes suffisent : ameublissement du sol, couverture du sol, arrosage énergique, fertilisation au purin d'ortie, fertilisation foliaire à base d'algues liquides.

Lutte directe :
– enlever les parties attaquées ;
– poudrer avec des algues calcaires (lithothamne), des cendres de bois ou des poudres de roches ;
– arroser plusieurs fois les plantes avec un jet d'eau puissant ;
– lors de la transplantation, tremper les plants attaqués dans de l'eau additionnée de savon noir ;
– traiter plusieurs fois avec de l'infusion de pelures d'oignons, de la décoction de peaux de pommes de terre, ou de feuilles de rhubarbe, ou encore avec de l'extrait d'ail ;
– traiter 3 fois, à une journée d'intervalle, avec de la macération d'ortie faite 10 à 12 heures auparavant ;
– traiter avec de l'infusion de tanaisie ou d'absinthe ;
– traiter avec une décoction de bois de quassia ;
– pulvériser avec une solution de savon noir. Mais les effets sont limités dans le cas des pucerons cendrés et des pucerons lanigères ;
– en cas de forte attaque, utiliser un produit à base de pyrèthre ou de pyrèthre et de roténone. Répéter le traitement après 3 à 7 jours au plus tard ;
– en arboriculture, on peut utiliser un extrait de graines de neem (voir p. 230) contre le puceron cendré du pommier et les pucerons des galles rouges des pommiers.

Pucerons des racines *(Pemphigus sp.)*

Les pucerons des racines, ronds, clairs, souvent farineux, développent d'importantes colonies autour des racines. La fourmi des prés *(Lasius flavus)* recueille le miellat qu'ils excrètent. On les trouve fréquemment associés.

Plantes attaquées : salade, haricot, carotte, artichaut, plantes ornementales. L'hôte principal est le peuplier noir.

Dégâts : inhibent la croissance, empêchent les salades de pommer. Provoquent, par leur activité de succion des racines, le flétrissement rapide et la mort des plantes.

Lutte préventive :
– bien arroser les plantes ;
– favoriser la croissance des plantes par des arrosages répétés de purin d'ortie ;

- bien travailler le sol ;
- pour la grande culture, il existe des variétés de salades résistantes.

Lutte directe :
- dégager les racines et arroser éventuellement plusieurs fois avec de la décoction de tanaisie.

Punaises nuisibles *(Heteroptera)*

A l'inverse des punaises utiles, ces punaises de 5 à 10 mm de longueur, de couleur jaune-vert ou jaune-rougeâtre, peuvent devenir nuisibles, spécialement pour les fleurs. Elles se multiplient à partir d'œufs qui donnent des larves ayant plusieurs mues. Elles hivernent en général sous la forme d'insectes parfaits et apparaissent dès le début du printemps, en particulier dans les endroits abrités. Les larves et les insectes adultes piquent les tissus végétaux et les endommagent en suçant la sève et en sécrétant une salive toxique. Les punaises des feuilles sont particulièrement actives les jours ensoleillés. Elles se laissent tomber en cas de danger.

Plantes attaquées : aster, chrysanthème, dahlia, chou, chou-fleur, haricot, céleri, plantes aromatiques diverses, arbres fruitiers.

Dégâts : on commence par voir de petits points jaunes là où les insectes ont piqué. Les tissus végétaux se colorent et dépérissent. Les feuilles se déforment et se recroquevillent, les extrémités des tiges se rabougrissent, les fruits sont mal formés.

Lutte préventive :
- préférer les variétés de dahlia à feuillage foncé, moins attaquées ;
- maintenir une humidité suffisante.

Lutte directe :
- intervenir le matin, lorsque les insectes sont encore peu actifs ;
- ramasser les punaises ;
- en cas de forte attaque, traiter à la roténone ou au pyrèthre.

Thrips *(Thrips ssp.)*

Les thrips mesurent 1 à 2 mm de longueur, sont jaune-brunâtre ou noirs et ont trois générations dans l'été. Les larves sont de couleur claire. Les insectes adultes hivernent sur les restes de plantes. Larves et adultes vivent sur la face inférieure des feuilles.

Plantes attaquées : surtout les pois, les oignons et les poireaux, plus rarement les courges, tomates, choux-fleurs, les cultures fruitières et ornementales ; les cultures de plein air et sous serres.

Dégâts : les thrips se développent sur de nombreuses plantes, surtout par temps chaud et sec. De petites taches blanches apparaissent et deviennent de plus en plus visibles. Du fait de la succion par les larves et les insectes, les

feuilles sont tachetées de blanc et leur face inférieure prend un aspect sale. Sur les légumineuses apparaissent des taches grises de 5 à 6 mm, dont les bords sont échancrés. Sur les oignons se forment de nombreuses petites taches argentées et rayées. Les plants de choux-fleurs sont dépourvus de cœur. Sur les tomates, les thrips propagent la maladie bronzée.

Lutte préventive :

- éviter l'excès de sécheresse et de chaleur ;
- bien aérer et arroser les cultures sous abri ;
- sous serre utiliser des acariens prédateurs *(Amblyseius sp.)* ;
- semer et planter précocement les pois et les oignons ;
- tremper dans l'eau chaude (20 minutes à 50 °C) les plants ou les bulbes à planter, ou traiter les semences (par exemple avec un mélange d'argile et d'extrait d'algues).

Lutte directe :

- traiter les feuilles, en particulier la face inférieure, avec un jet d'eau froide ;
- dans les lieux fermés, il est possible d'utiliser des plaques de glu bleues (voir p. 224) ;
- couper les tiges attaquées ;
- avant le stockage, saupoudrer les bulbes de glaïeuls d'un produit à base de roténone ;
- traiter (poudrage ou pulvérisation) avec de la roténone.

Tipules *(Tipula ssp.)*

Les tipules ont des ailes de 16 à 25 mm de longueur. Les mâles sont, selon les espèces, gris clair ou gris foncé ; les femelles sont en partie rougeâtres. Les yeux sont situés sous la tête. Les tipules pondent 450 à 1 300 œufs, surtout sur les sols infestés de mauvaises herbes. Selon les espèces, ce sont les œufs ou les larves qui hivernent. Les larves, gris sale, atteignent 4 cm de longueur.

Plantes attaquées : les tipules se développent pendant toute la période de végétation, particulièrement dans les zones humides et dans les prairies labourées, sur les pommes de terre, les betteraves, les graminées fourragères et le trèfle.

Dégâts : les larves mangent pendant la journée les racines et les tubercules, pendant la nuit la base des tiges. Dans les jardins, les tipules ne posent généralement pas de problèmes.

Lutte préventive :

- les ennemis naturels des tipules sont surtout les musaraignes, les hérissons, les courtilières, les taupes et les oiseaux ;

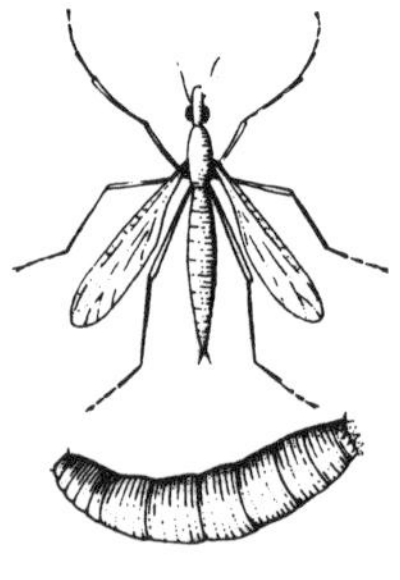

- si on prévoit de retourner une prairie, on maintiendra l'herbe courte en août-septembre pour diminuer les pontes d'œufs de tipules ;
- assurer un bon drainage et un bon travail du sol ;
- si on craint une attaque, incorporer au sol, autour des plants, un peu d'algues calcaires.

Lutte directe :

- appâter les larves avec un mélange de 200 grammes de son, 20 grammes de sucre, 20 cm^3 de pyrèthre mélangés à 4 dl d'eau (quantité pour 100 m^2 en cas de forte attaque).

Vers fil de fer

Larve des taupins *(Agriotes sp.)*

La larve des taupins est mince, cylindrique, d'un jaune brillant, avec une tête brun foncé (photo 26). Elle a trois paires de pattes et sa partie postérieure se termine par une courte pointe marron. Elle vit jusqu'à 5 ans et atteint 25 mm de longueur.

Toutes les larves de taupins sont désignées par le nom « ver fil de fer ». Elles apparaissent de juillet à début août. Les œufs, longs de 0,5 mm et blancs, se trouvent dans le sol, à 1 ou 2 cm de la surface. Les vers fil de fer aiment beaucoup l'humidité et sont sensibles à la sécheresse (photo 18).

Plantes attaquées : les larves de taupins apparaissent surtout la deuxième ou la troisième année suivant le retournement d'une prairie, et s'attaquent aux pommes de terre, à la

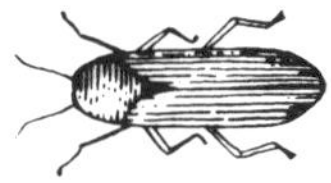

salade, au maïs, aux carottes, aux légumineuses, aux fraisiers, aux asperges.

Dégâts : les larves de certains taupins mangent les racines des salades et des céréales, font des morsures souterraines sur les jeunes plants et pénètrent dans les légumes-racines et les pommes de terre. Les trous provoqués sont beaucoup plus petits que ceux faits par les vers blancs.

Lutte préventive :

- les ennemis naturels sont la taupe, la musaraigne, les carabes et les oiseaux ;
- lâcher des poules dans le terrain après retournement d'une prairie et avant de préparer le sol pour les semis ;
- les premières années, cultiver surtout des crucifères, des tomates et autres plantes peu attaquées ;
- travailler le sol plusieurs fois et bien l'ameublir ; en automne, apporter du fumier ou du compost ;
- dans les sols acides, apporter un amendement calcaire ;
- récolter les pommes de terre précocement.

Lutte directe :

- disposer des appâts : enfoncer des pommes de terre coupées en deux

(la face coupée se trouvant à 4 ou 5 cm de profondeur) dans le sol (on peut également utiliser des carottes ou des betteraves) ; contrôler et ramasser régulièrement ;
- mettre des salades dans le jardin comme plantes-pièges.

Ver gris (noctuelle)

Larves de différents noctuidés (*Noctuidae*)

Les adultes sont, pour la plupart, des papillons nocturnes gris-brun, de taille moyenne, qui sont attirés dans les maisons par la lumière. Au repos, les ailes antérieures recouvrent en forme de toit les ailes postérieures, plus claires, formant un triangle.

Les noctuelles les plus dangereuses sont celle du chou, celle des légumes et celle des moissons. Cette dernière *(Scotia segetum)* est la plus dangereuse de toutes, les vols de la première génération intervenant de fin mai à fin juin et ceux de la seconde génération de mi-août à fin septembre.

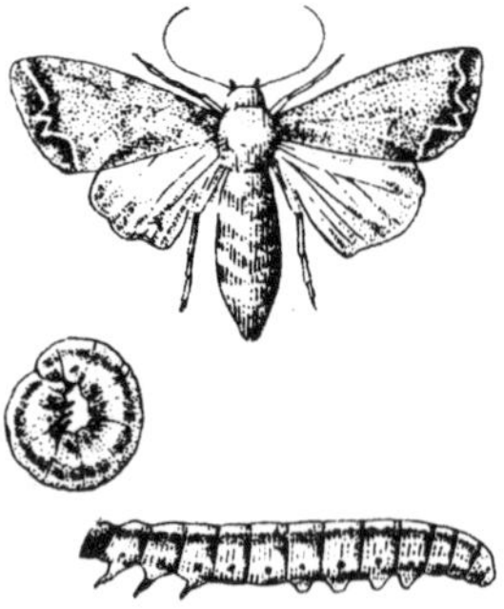

D'autres espèces n'ont qu'une génération et volent en été. Toutes ces chenilles craignent la lumière et mangent surtout la nuit. Pendant la journée, elles restent cachées dans le sol. Les grosses chenilles atteignent 6 cm de longueur. Elles sont gris sale ou marron avec des bandes longitudinales sur les côtés (photo 27). Elles ont une manière caractéristique de s'enrouler en spirale lorsqu'elles sont dérangées.

Une forte humidité limite leur développement. Les chenilles hivernent dans le sol. Les papillons peuvent voyager sur de longues distances et, par exemple, traverser les Alpes.

Plantes attaquées : dans le sol, avant tout les jeunes plants (salades, choux) et les fraisiers ; les noctuelles attaquent également les radis, les épinards, les carottes, les céleris, les pommes de terre, etc.

Dégâts : elles mangent la nuit, dès le début du printemps et surtout en juillet-août. Les larves des premiers stades mangent les parties de la plante se trouvant au-dessus du sol, les larves plus grosses s'attaquant au collet.

Lutte préventive :
- les merles sont de grands mangeurs de noctuelles ; les taupes, les corneilles et les carabes sont également leurs ennemis naturels. Les chauves-souris chassent les papillons ;
- lâcher des poules dans le terrain au printemps, avant la préparation du sol pour les semis ;
- maintenir le sol constamment

humide par la couverture du sol et l'arrosage ;
- éliminer les mauvaises herbes, qui sont propices à la ponte de la noctuelle des moissons ;
- mettre de la tanaisie entre les plantes cultivées ;
- faire des binages répétés à 1 ou 2 cm de profondeur autour des plantes menacées.

Lutte directe :
- ramasser précocement les chenilles, de jour comme de nuit, sur les plantes et sur le sol. Les rechercher dans un rayon de 20 cm des plantes et à une profondeur de 1 à 2 cm ;
- les époques des vols peuvent être déterminées avec des pièges lumineux, de fin mai à fin juillet et de mi-août à fin novembre ;
- traiter le soir contre les chenilles avec du *Bacillus Thuringiensis*, efficace seulement sur les jeunes larves ;
- arroser les jeunes plants, surtout au collet, avec de la tanaisie ou de l'absinthe ;
- en cas de fortes attaques, appâter et tuer les chenilles avec un mélange de 200 grammes de son, 20 grammes de sucre, 20 cm^3 de pyrèthre mélangés à 4 dl d'eau (quantité pour 100 m^2).

Fonte des semis, maladie du pied noir

Différents champignons (*Pythium debaryanum* et autres)

Le champignon vit à l'intérieur des cellules de l'hôte. Il attaque les germes et les jeunes plantes des différentes espèces de légumes. Il se développe surtout lorsque le degré hygrométrique de l'air est élevé et l'humidité persistante, ainsi que dans les sols trop compacts et acides. Il peut survivre dans le sol pendant des années.

Plantes attaquées : surtout les crucifères, mais aussi les courges, les tomates, les salades, le persil, le basilic, les plantes ornementales.

Dégâts : des zones rougeâtres puis sombres, boudinées, se forment à la base des tiges. Elles se dessèchent rapidement et deviennent filiformes (photo 29). Les jeunes plantes meurent. Si l'attaque est plus tardive ou la croissance plus vigoureuse, les pertes sont moins importantes.

Lutte préventive :
- utilisation, pour la production des plants, d'une terre neuve préparée en mélangeant du compost mûr, du

sable, de la poudre de roche, de l'argile et de la tourbe ;
- bien préparer le sol pour le semis ;
- utiliser des semences saines, à développement rapide ;
- ne pas semer ou planter trop dense et éclaircir précocement ;
- pulvériser de la décoction de prèle ou du Bio-S (voir p. 226) sur le sol ; arroser les semis en cours de germination avec de la décoction de prèle ou des extraits d'algues ;
- bien aérer les châssis ;
- tremper les racines des plants, au moment de les mettre en place, dans un mélange d'argile et de décoction de prèle ;
- veiller aux rotations ;
- traiter les semences (voir p. 238).

Maladies à virus, mycoplasmes

Les maladies à virus et les mycoplasmes sont provoqués par les plus petits êtres vivants – les virus – qui vivent dans la sève des plantes. Elles peuvent être transmises par contact direct avec des parties de plantes, par des insectes (notamment les pucerons) et, dans le sol, par des nématodes.

Plantes attaquées : nombreuses espèces.

Dégâts : les maladies à virus peuvent se manifester de manières très variables. Dans la plupart des cas, on observe des déformations caractéristiques, par exemple le nanisme, des fruits ratatinés, ou encore des colorations de feuilles en mosaïque. Sur le pommier, la croissance en balai est provoquée par des mycoplasmes.

Lutte préventive :
- exiger, chez les pépiniéristes, des plants indemnes de virus ;
- des pulvérisations de lait écrémé protègent contre certaines maladies à virus (par exemple, celles de la tomate) ;
- bien nettoyer les outils (surtout le sécateur) après un contact avec des plantes atteintes de virus. Tailler en dernier les arbres atteints de virus ;
- prendre garde à ce que des plantes saines ne viennent pas en contact avec des plantes malades ;
- combattre le vecteur du virus ;

Lutte directe :
- enlever et brûler immédiatement les plantes atteintes.

Mildiou (*Phytophtora sp., Peronospora sp.*, etc.)

Les différentes espèces de champignons responsables du mildiou sont en général spécifiques de leurs plantes-hôtes.

Le champignon hiverne sous forme d'œuf d'hiver, ou de mycélium sur des parties de plantes mortes, et l'infection repart par le sol, au printemps. Pendant la période végétative, les plantes s'infectent surtout par les stomates. Les invasions importantes se produisent surtout les années humides ; les années sèches, le mildiou ne fait pratiquement pas de dégâts.

Plantes attaquées : différents légumes, vigne et plantes ornementales.

Dégâts : des taches blanc-jaunâtre apparaissent à la face supérieure des feuilles ; à la face inférieure se développe un feutrage blanc à gris violacé. Plus tard, les extrémités des feuilles meurent. Sur l'oignon, le mildiou est particulièrement dangereux car, la plupart du temps, les feuilles entières meurent et la croissance des oignons est interrompue (petits bulbes et mauvaise conservation).

Lutte préventive :
- maintenir le sol meuble ;
- en cas de fortes attaques, faire une rotation au moins triennale ;
- éviter de cultiver dans les endroits humides ;
- assurer aux plantes une bonne aération en ne plantant pas trop serré ;
- bien choisir les variétés, notamment de salades, épinards et pommes de terre (variétés résistantes) ;
- mettre les plants pendant une nuit dans de l'argile diluée dans une décoction de prèle ;
- renforcer les jeunes plants avec des extraits d'algues et du purin d'ortie ;
- faire des traitements préventifs répétés avec de la décoction de prèle ou des produits à base de plantes et de substances minérales, par exemple Bio-S (voir p. 226) ; arrêter les traitements au plus tard 3 semaines avant la récolte ;

Lutte directe :
- dès la première apparition, mettre soigneusement de côté les parties malades, bien les composter ou les brûler ;
- changer d'emplacement, nettoyer et désinfecter soigneusement les pots et les bacs ;
- en cas de risque d'attaque importante, on peut utiliser des produits à base de cuivre à titre préventif. Par temps humide, prévoir 2 ou 3 traitements à 10 jours d'intervalle.

Oïdium (*Erysiphe sp., Podosphaera sp., Sphaerotheca sp.*, etc.)

Les plantes ne sont attaquées que par une espèce d'oïdium qui leur est spécifique. Le champignon se développe aussi par temps sec. Les spores sont disséminées, en été, par le vent. La maladie n'apparaît généralement que vers la fin de la période végétative. Le champignon hiverne sur les plantes, dans de petits sporanges sphériques.

Plantes attaquées : concombres, fruits, arbustes à baies, vigne, plantes ornementales.

Dégâts : de petits points blancs apparaissent sur les feuilles, puis le champignon envahit les faces inférieures et supérieures des feuilles. Les feuilles se dessèchent prématurément (photos 35, 63 et 91).

Lutte préventive :
- choisir des variétés peu sensibles ;
- ne pas planter trop serré ;
- éviter les fumures trop riches en azote ;
- bien aérer les serres.

Lutte directe :
- dès la première apparition, enlever les parties malades des plantes ;

- pulvériser de la décoction de prèle seule ou associée à 0,5-1 % de silicate de soude ;
- en cas d'attaques d'oïdium sur la pomme ou le concombre, utiliser un extrait de racines de rumex (voir p. 240) ;
- l'huile de fenouil est efficace contre l'oïdium du groseillier à maquereau, de la vigne, des cucurbitacées et des plantes d'ornement. Traiter le soir ou par temps couvert (voir p. 225) ;
- utiliser des produits à base de lécithine (voir p. 225) ;
- en cas de fortes attaques, traiter au Bio-S (voir p. 226) ou au soufre (dès apparition des premières taches).

Pourriture grise *(Botrytis sp.)*

Le champignon hiverne sous forme de mycélium sur les parties de plantes mortes. La pourriture grise est avant tout un parasite de faiblesse. En cas d'attaques importantes, il faut prêter une attention particulière à l'amélioration des conditions de développement.

Plantes attaquées : le *Botrytis* se développe surtout les années humides sur différents fruits et légumes. La vigne, le fraisier, le groseillier, les oignons, les salades, les courges sont particulièrement sensibles. Le champignon se développe aussi sur les bégonias, les dahlias, les géraniums, les bulbes de glaïeuls, les cyclamens et d'autres fleurs de plein air ou de serre.

Dégâts : un feutrage gris se développe sur les organes atteints. Les tissus meurent rapidement et de grosses taches brun-rouge apparaissent sur les feuilles et les fruits (photo 78).

Lutte préventive :
- éviter les fumures azotées déséquilibrées ;
- assurer un bon ameublissement du sol, une bonne structure et un bon approvisionnement en eau ;
- il est important que les plantes ne soient pas trop touffues et bénéficient d'une bonne aération : respecter une distance de plantation suffisante et supprimer des feuilles ;
- apporter une couverture du sol avec des matériaux meubles ;
- fertiliser le sol avec des poudres de roches (basalte, granit, etc.) ou des algues calcaires (surtout dans les sols acides) ;
- arroser le sol et les plantes au printemps et en automne avec une décoction de prèle concentrée. Pour les arbustes à baies et la vigne, on peut ajouter 0,5 à 1 % de silicate de soude ;
- stimuler la croissance des jeunes plantes avec des produits à base de plantes (par exemple extraits d'algues et purin d'ortie) ;
- enlever rapidement et brûler les parties malades ;
- bien choisir les variétés ;
- planter de l'ail entre les cultures menacées ;
- tremper les plants, avant leur mise en place, dans une solution de Bio-S (voir p. 226) et les arroser avec cette solution.

Rouille *(Uredinae)*

Ces champignons occasionnent des dégâts sur de nombreuses plantes utiles et sur des plantes d'ornement. A l'aide de leurs filaments (hyphes), ils sucent les substances nutritives des tissus végétaux, entraînant ainsi la mort de la plante. Les pustules portent les spores.

Plantes attaquées

Poireaux, haricots, groseilles, quetsches, fuchsias, géraniums, mufliers, mauves, rosiers... (photos 42, 77, 84, 89 et 92).

Dégâts : des pustules sombres de forme ronde se forment sur l'envers de la feuille. Elles s'agrandissent ensuite en anneaux ou en taches.

Lutte préventive :
- bonnes conditions de sol et emplacement aéré ;
- stimuler l'activité des microorganismes du sol par des apports en purin d'herbes et un mulch ;
- ne pas mouiller les plantes, arroser au pied le matin afin qu'elles sèchent rapidement ;
- choisir des variétés résistantes à la rouille (rosiers, œillets, mufliers) ;
- renforcer les tissus de la plante à l'aide de produits de traitements à base de plantes et d'argile en poudre ;
- traiter soigneusement l'ensemble de la plante.

Lutte directe :
- enlever immédiatement toute feuille atteinte, et la brûler ;
- changer d'emplacement les plantes saines ;
- traiter soigneusement toute la plante avec de l'huile de fenouil (voir p. 225) : pulvériser sur les deux faces des feuilles, le soir ou par temps couvert.

Ravageurs et maladies des légumes

Asperge (Liliacées)

L'asperge se plaît dans les terrains profonds, sableux mais légèrement limoneux, et riches en humus. Avant de la cultiver, il est conseillé de bien amender le sol. Ameublir le sol en profondeur et y incorporer du compost, et du sable si nécessaire. Un sol compact par endroit favorise le pourrissement. En automne, les asperges ont besoin d'un important apport de compost.

Mouche de l'asperge *(Platyparea poeciloptera)*

Cette mouche, longue de 5 à 7 mm, dont les ailes sont striées de lignes en zigzags caractéristiques, n'a qu'une génération, qui apparaît de la mi-mai à la fin juin. Elle pond des œufs blancs de 1,2 mm à l'extrémité des turions d'asperge. Elle se transforme, à la base de la tige, en petits tonnelets bruns de 7 à 8 mm de longueur (pupes). Elle peut faire des dégâts particulièrement importants dans les jeunes plantations dont les asperges n'ont pas été cueillies au moment des vols.

Plante attaquée : asperge

Dégâts : les turions attaqués se recroquevillent et meurent.

Lutte préventive :
- cueillir les asperges avant fin juin ;
- en automne, couper à ras et détruire le feuillage.

Lutte directe :
- couper immédiatement et détruire les turions attaqués.

Criocère de l'asperge *(Crioceris asparagi et C. duocecim punctata)*

Ce coléoptère aux couleurs vives, de 6 à 7 mm de longueur, est bien visible sur les asperges. *C. asparagi* a un corps foncé, un bouclier rouge sur la nuque et des taches bordées de rouge sur les élytres. *C. duodecimpunctata*, rouge orangé, présente six points foncés sur chaque aile.

Dégâts	Parasite ou maladie	Page
Turions, feuilles		
Turions courbés en crosse, se desséchant, galeries abritant des asticots blancs	Mouche de l'asperge	78
Feuillage entièrement rongé, turions rouges	Criocère de l'asperge	78
Turions malingres, recourbés, se colorant en noir et dépérissant	Dégâts du froid	51
Chute prématurée du feuillage	Rouille de l'asperge	77

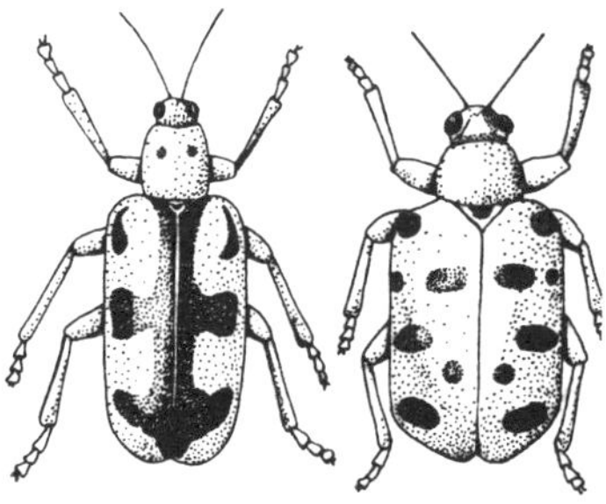

Il apparaît à partir de fin avril. Il pond ses œufs à partir de mai à la base des écailles. Les œufs mesurent 1,6 mm et sont gris-vert foncé. Il hiberne dans les touffes d'asperges ou sous des plantes mortes jonchant le sol. Les larves, vert olive, se transforment en nymphes dans le sol.

Plante attaquée : asperge

Dégâts : les larves se nourrissent du feuillage et des baies rouges.

Lutte préventive :
- en automne, couper à ras et brûler le feuillage ;
- cultures associées et couverture du sol avec des herbes très odorantes.

Lutte directe :
- faire tomber les coléoptères dans des récipients remplis de pétrole ;
- écraser les larves et les œufs en empoignant les touffes et en lissant le feuillage vers le haut ;
- pulvériser une solution de quassia (voir p. XX) et de savon noir ;
- en cas de fortes attaques, traiter au pyrèthre ou à la roténone.

Carotte (Ombellifères)

Les carottes n'ont pas d'exigence climatique particulière. Elles se plaisent dans les sols profonds, riches en humus, légers à moyens et avec un sous-sol perméable. Avant le semis, bien ameublir le sol et le laisser reposer. Veiller à le maintenir humide pour que les plantes lèvent bien. Ne pas fertiliser avec des matériaux mal décomposés. Un apport raisonnable de compost mûr ou un engrais vert enfoui suffisamment tôt suffiront.

Mouche de la carotte *(Psila rosae)*

Elle a 4-5 mm de longueur, sa couleur est noir brillant. Sa tête est brunâtre, ses pattes sont jaune-rougeâtre et ses ailes transparentes. Les œufs ont 0,5 mm et sont blancs. Les larves, jaunâtres, ont jusqu'à 7 mm de longueur. La première génération vole de fin avril à juillet, la seconde à partir d'août. C'est la seconde génération qui provoque le plus de dégâts. Les semis

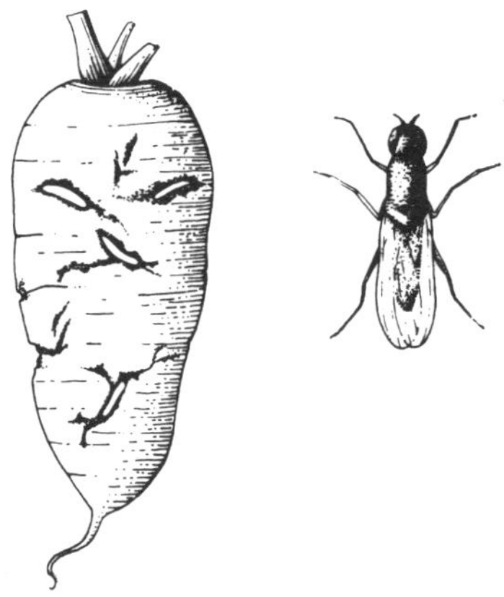

Dégâts	Parasite ou maladie	Page
Fanes		
Feuilles brunes, puis noires	Alternariose (photo 31)	51
Racines		
Les carottes éclatent	Le plus souvent après de fortes pluies suivant une période de sécheresse	51
Galeries sinueuses	Taupin	71
Galeries creusées dans les racines par des larves	Larve de la mouche de la carotte	79
Pucerons clairs, farineux, sur le collet	Puceron des racines	68
Petites taches noires	Alternariose (photo 31)	81
Croissance perturbée, racines rabougries, prolifération de radicelles filamenteuses	Nématodes (rare)	64
Carottes fourchues	Sol compacté, apport de fumier avant le semis	
Pourriture lors du stockage	Différents champignons (par ex. *Alternaria, Botrytis, Sclerotinia*)	81

effectués de mi-juin à mi-juillet sont les plus menacés. Il peut y avoir une troisième génération en novembre. Les mouches se tiennent dans la journée en grand nombre sur les plantes environnantes d'une certaine hauteur, d'où elles s'envolent le soir pour aller sur les carottes. Elles déposent leurs œufs sur le sol, où les larves se développent. Ces dernières se nymphosent dans le sol en cocons brun clair. Elles hivernent sous la forme de larves ou de nymphes. Les mouches évitent les endroits découverts, exposés au vent ; un temps chaud et sec inhibe le développement des jeunes larves.

Plantes attaquées : carotte, racines latérales du céleri, plus rarement persil, panais, aneth, cumin, cerfeuil.

Dégâts : les larves suivent d'abord les racines latérales, puis creusent des galeries dans la racine principale. Les galeries sont remplies de déjections et colorées en brun-rouille. Les carottes prennent un mauvais goût et dégagent une odeur désagréable. Le feuillage se colore en jaune-rougeâtre et meurt. Le persil devient jaune. Principales attaques en août.

Lutte préventive :

- ne pas cultiver de carottes pendant trois ans dans les zones attaquées ;
- rotations variées (semer la carotte après une culture de poireau ou d'oignon) ;
- semis précoce (mars-avril) ;
- semer assez clair pour avoir peu à dépresser (mélanger éventuellement

des graines de salades aux graines de carottes, et arracher ultérieurement les salades) ; limiter le binage ;
– choisir un endroit découvert, exposé au vent ;
– couvrir avec un filet anti-insectes, pendant la période des vols ;
– ne pas utiliser d'engrais organiques frais sentant mauvais et riches en azote ; apporter du compost mûr ;
– dès le semis, arroser souvent avec une infusion de plantes à odeur forte (surtout tanaisie, et aussi pelure d'oignon, ciboulette, ail...) ;
– mettre de la tanaisie, de la fougère, de l'aneth ou de la lavande entre les rangs, ou bien de la suie (au semis, et plus tard en couverture) ;
– associer avec poireau, ciboulette, échalote, ail ou oignon (utile mais parfois insuffisant) ;
– récolter les carottes dès l'apparition des premières larves ;
– l'époque des vols peut être déterminée en piégeant les mouches à l'aide de panneaux peints en jaune et enduits de glu.

Pourriture noire ou alternariose

Maladie provoquée par divers champignons (*Alternaria dauci*, *Alternaria radicina* et autres).

Les champignons se développent surtout par temps humide. Ils peuvent arriver dans le sol avec des débris végétaux et y demeurer 6 ou 7 ans. Les spores peuvent également hiverner sur les feuilles ou être disséminés par les semences. Ce sont les attaques précoces qui causent le plus de dégâts. Les graines lèvent mal.

Plantes attaquées : carotte, céleri, persil ; plus rarement chou et tomate.

Dégâts : le feuillage devient brun, puis noir, et se dessèche ou pourrit selon le temps. Les jeunes plantes meurent. Les carottes ont des taches superficielles noires. Ces champignons provoquent également la pourriture lors du stockage (photo 31).

Lutte préventive :
– ne pas faire revenir une culture sensible avant 4 ans au même endroit ;
– rotation ;
– pas de fumure organique fraîche ;
– ne pas semer trop dense ;
– choix des variétés ;
– pour prévenir la pourriture lors de la conservation, ne garder que des carottes arrivées à maturité, récoltées soigneusement et non lavées. Désinfecter les récipients destinés à recevoir les carottes.

Lutte directe :
– seulement en cas de fortes attaques : traiter au cuivre dès l'apparition de la maladie.

Céleri (Ombellifères)

Le céleri a besoin de chaleur et est sensible au gel. Des variations de température après la plantation ralentissent la croissance de la racine.

Il aime les terrains lourds, riches en humus et en substances nutritives, légèrement acides ou neutres, avec un bon apport d'eau.

Il est très recommandé d'amender généreusement le sol avec du fumier semi-décomposé ou du compost, éventuellement enrichis d'engrais complémentaires contenant de la potasse.

Ne pas planter trop profond pour éviter la formation de trop nombreuses racines.

Septoriose

Céleri *(Septoria apii)*
Chrysanthème *(Septoria chrysanthemella)*
Tomate *(Septoria lycopersici)*

Le champignon hiverne sur les restes des plantes atteintes et les graines. La multiplication et la dissémination s'effectuent pendant la période de végétation sur les feuilles, les fleurs et les graines. Une forte humidité favorise le développement du champignon.

Plantes attaquées : céleri, tomate, chrysanthème

Dégâts : des taches de taille variable, claires à foncées, apparaissent sur les plantes atteintes. Les tissus se dessèchent. La destruction des vaisseaux conduit à la mort de toute la partie de la plante située au-dessus de la zone atteinte. Les céleris restent petits.

Lutte préventive :
– choisir des variétés plus résistantes (par ex. 'Apia') ;
– utiliser des semences saines ;
– tremper les graines dans l'eau chaude (25 minutes à 50 °C) ;
– faire des rotations variées ;
– cultiver des poireaux et des choux-fleurs en association ;

Dégâts	Parasite ou maladie	Page
Feuilles		
Taches claires à brunes, qui pourrissent ou sèchent	Septoriose	82
Pommes		
Galeries creusées par des larves	Mouche de la carotte	79
Taches brun-rougeâtre, peau rugueuse et craquelée	Tavelure du céleri (rare)	83
Feutrage blanc ou rosé à la base de la tige, pourriture	Sclérotinia (rare)	112
Parties brunes et friables à l'intérieur de la pomme qui est partiellement creuse	Carence en bore (souvent après un apport excessif de calcaire ou de potasse)	47

– ne pas arroser les plantes à l'eau froide ;
– par temps humide, traiter le sol et les plantes 3 jours de suite à la décoction de prèle ou au Bio-S (voir p. 226) ; répéter périodiquement ;
– les traitements à base d'infusions de peaux d'oignons ou d'extrait de valériane ont une action préventive.

Lutte directe :
– détruire les plantes malades ;
– en cas de fortes attaques, traiter plusieurs fois au cuivre.

Tavelure du céleri *(Phoma apiicola)*

Cette maladie est transmise par les semences et les résidus de récolte.

Plantes attaquées : céleri ; plus rarement carotte, persil, fenouil, panais.

Dégâts : les pommes deviennent, surtout par temps humide persistant, grises puis brun-rougeâtre. La peau devient rugueuse et la pourriture et des bactéries pénètrent par les fentes. Les pommes pourrissent dans le sol ou lors de la conservation. Les dégâts sont généralement faibles.

Cette maladie est facilement confondue avec celle que provoque *Alternaria radicina,* alors qu'il s'agit ici d'une pourriture sèche.

Lutte préventive :
– rotations ;
– enlever et détruire les feuilles de céleri ;
– les plantations tardives sont peu attaquées ;
– tremper les semences dans de l'eau chaude (comme pour la septoriose) ;
– changer la terre des pépinières.

Lutte directe :
– aucun moyen de lutte efficace, même chimique.

Chou (Crucifères)

Indifférents au climat, les choux ont quelques exigences concernant le sol : ils affectionnent les terres moyennement lourdes à lourdes, riches en humus, basiques ou neutres, bien irriguées. Il est important de leur fournir une bonne fertilisation organique pas trop décomposée. Les plus exigeants sont le chou-fleur, le brocoli, les choux de Bruxelles et le chou rouge, qui nécessitent une fumure complémentaire sous forme d'engrais organique à action rapide (fiente de poule par exemple).

Penser à maintenir une bonne rotation des cultures.

Dégâts	Parasite ou maladie	Page
Feuilles, tiges, pousses		
Feuilles rongées avec traces de mucus	Limace	59
Feuilles perforées ou rongées (parfois réduites à leurs nervures), y compris dans la pomme	Larve de la noctuelle du chou	
Feuilles perforées ou rongées (parfois réduites à leurs nervures), souillées de déjections	Larve de la piéride du chou (photo 32)	87
Feuilles perforées	Altise	85
Jaunissement des feuilles, pucerons	Puceron cendré du chou (photo 34)	88
Feuilles retournées, le cœur ne se forme pas	Cécidomyie du chou	89
Dégâts par piqûres, petits moucherons blancs à la face inférieure des feuilles	Mouche blanche	63
Zones sombres, resserrées, à la base de la tige, mort de la plante	Fonte des semis, pied noir	73
Petites et grandes taches jaunes, marbrures noires	Nervation noire	91
Taches jaunes, taches claires sur la partie inférieure des feuilles	Mildiou	74
Taches, jaunes puis sombres, pourrissement	Alternariose	81
Taches en forme de mosaïque, croissance ralentie	Mosaïque du chou-fleur (virus)	74
Chou-fleur		
Mauvaise formation de la tête, taches brunes, fentes dans le trognon	Carence en bore	47
Chou-rave		
Croûtes, éclatement, goût fade	Carence en bore	47
Racines		
Larves blanches mangeant les racines	Larves de la mouche du chou	85
Excroissances renfermant des larves sur le collet	Charançon gallicole du chou	87
Présence de tumeurs, racines peu nombreuses	Hernie du chou	

Altises (Genre *Phyllotreta*-Puces de terre)

Ces coléoptères, longs de 1,5 à 3 mm, sont vert-bleu foncé ou noir brillant et ont parfois des rayures longitudinales jaunes. Ils sautent bien. Ils hivernent sous les feuilles et dans le sol. Ils apparaissent au printemps, lorsque la température atteint 20 °C, et s'attaquent aux crucifères. Ils pondent dans le sol à partir de mai. La nymphose a lieu dans le sol à 20 cm de profondeur.

La chaleur et la sécheresse favorisent leur développement.

Plantes attaquées : chou, radis, raifort, betterave, colza. Au printemps, les crucifères sauvages sont également attaquées.

Dégâts : les altises mangent les feuilles et y font des trous ; au printemps, elles attaquent les graines et les cotylédons.

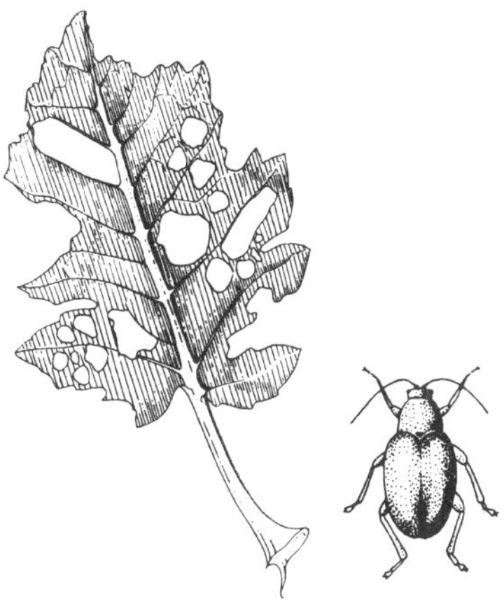

Lutte préventive :
- semer et planter précocement dans des sols meubles et humides ;
- maintenir l'humidité du sol par le mulching ;
- faire des associations avec salades et épinard ;
- faire des poudrages d'algues calcaires ou de poudres de roches à la rosée.

Lutte directe :
- traiter 2 fois par semaine avec une infusion d'absinthe ou de tanaisie concentrée ;
- en cas de fortes attaques, traiter à la roténone (poudrage ou pulvérisation).

Mouche du chou *(Phorbia brassicae) (Delia radicum syn. Hylemia brassicae* et *D. floralis syn. H. floralis)*

Deux variétés de mouches du chou, ressemblant toutes deux à la petite mouche domestique, peuvent menacer les crucifères. La plus dangereuse est la petite mouche du chou, grise et longue de 8 à 12 mm. Les œufs sont blancs et mesurent 1 mm. La larve a 8 mm de longueur. La mouche pond ses œufs dans le sol, de fin avril à début mai, au niveau du départ des racines. Deux ou trois générations peuvent se succéder. Ce sont les larves de la première génération qui commettent le plus de dégâts. Elles éclosent au bout d'une semaine et mangent les racines pendant 2 à 3 semaines. Les nymphes de la der-

nière génération hivernent dans le sol sous la forme de petits tonnelets bruns de 6 mm de longueur (pupes). Les plantes les plus attaquées sont celles qui sont mises en place en avril-mai.

Les choux-fleurs et les choux d'été sont particulièrement menacés. La troisième génération (fin août-septembre) pond ses œufs notamment sur les pommes inférieures du chou de Bruxelles, sur lesquelles les larves commettent des dégâts.

La grande mouche du chou, qui donne naissance à une génération entre mi-juillet et mi-septembre, s'attaque surtout aux radis.

Plantes attaquées : chou, colza, betterave, moutarde et crucifères sauvages.

Dégâts : les larves mangent les racines et le collet des jeunes plantes. Les feuilles prennent une coloration gris plombé. En cas de forte attaque, les plantes meurent.

Lutte préventive :

- les principaux ennemis naturels de la mouche du chou sont les carabes et les staphylins, qui mangent les œufs et les nymphes. Certains hyménoptères parasitent les jeunes larves. Seul un faible pourcentage des œufs pondus éclot ;
- mettre les plants en place précocement ou tardivement, c'est-à-dire en dehors des périodes de vol des mouches ;
- planter profondément et bien butter les plants ;
- arroser les jeunes plantes avec du purin de plantes, et faire des poudrages d'algues calcaires ou de poudres de roches ;
- arroser les planches par temps sec ;
- couvrir le sol avec des plantes ayant une odeur forte ;
- épandre de la suie ou de la cendre de bois entre les plants ;
- ne pas laisser de vieux trognons de choux sur le terrain ;
- ne pas utiliser de fumier frais (son odeur attire les mouches) ;
- cultiver des tomates en association ;
- protéger les coffres servant à la production des plants avec un filet anti-insectes, en particulier en mai, au moment de la floraison du marronnier d'Inde ;
- un semis de trèfle ou de spergule comme couverture du sol diminue la ponte et favorise les coléoptères prédateurs ;
- couvrir le sol de plastique ou de carton autour des plantes (photo 96).

Lutte directe :

- enlever les plantes atteintes ainsi que la terre environnante et les brûler ;
- arroser le départ des racines pendant la période de ponte avec une solution de savon noir.

Charançon gallicole du chou *(Ceuthorrhynchus pleurostigma)*

Ce coléoptère, long de 2 à 3 mm, est de couleur noirâtre. Il pond ses œufs d'avril à juin et en août-septembre dans des cavités qu'il a creusées à la partie inférieure de la tige. Autour des œufs se développe une galle de la taille d'un pois à celle d'une noisette, aux dépens de laquelle les larves se nourrissent. On trouve souvent plusieurs galles sur la même plante.

La larve perce un trou dans la galle pour la quitter. Elle se nymphose dans le sol à 5-10 cm de profondeur. Les larves de la première génération quittent les galles au bout d'un mois, celles de la seconde génération ne les quittant souvent qu'au printemps.

Plantes attaquées : chou, colza, betterave et radis.

Dégâts : les galles se distinguent facilement de celles de la hernie du chou car elles contiennent des larves. Les dégâts sont généralement peu inquiétants et réclament rarement une intervention directe.

Lutte préventive :
- ne pas planter de plants atteints ;
- planter profondément et bien butter ;
- préférer les champs bien aérés ;
- enlever rapidement les plantes atteintes et les trognons des choux récoltés, et les brûler ;
- faire des poudrages d'algues calcaires au niveau du départ des racines ;
- couvrir le sol avec des plantes à odeur forte ;

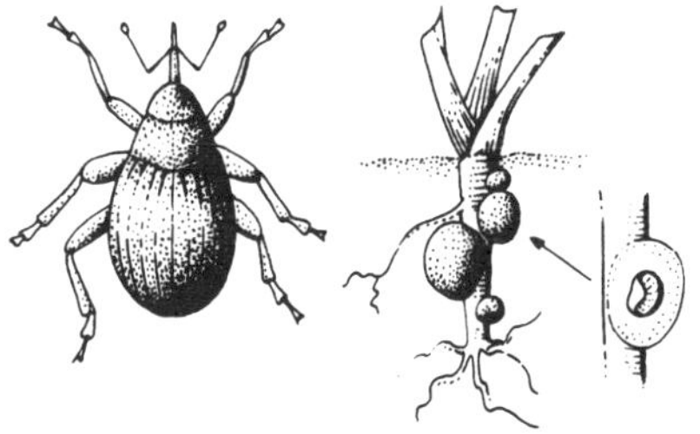

- traiter les jeunes plants avec de l'infusion de tanaisie et d'ortie.

Lutte directe :
- enlever les galles avec l'ongle ;
- en cas de sérieux risques d'attaques, traiter les plants à la roténone tous les 10 à 14 jours à partir du départ de la végétation.

Piéride du chou *(Pieris brassicae)*

Ce papillon bien connu a une envergure de 40 à 60 mm. Ses ailes sont d'un blanc laiteux avec des taches noires. La larve, qui mesure 45 mm, est vert-bleuâtre ou jaune-verdâtre. Elle a latéralement des rayures longitudinales jaunes et de petits points noirs. Sa tête et ses poils sont noirs. La nymphe est verdâtre ou jaune. Les œufs sont jaune d'or.

Le papillon vole d'avril à juin et de mi-juillet à fin août, et à nouveau, si l'automne est clément, de septembre à octobre. Il pond ses œufs en petits tas sur les feuilles. Les chenilles vivent en colonies, puis vont se nymphoser souvent loin des lieux où elles se nourrissent, sur les murs des maisons, dans les planchers des greniers ou sur les clô-

tures. Le papillon effectue des vols assez longs, spécialement en été.

Plantes attaquées ; la première génération attaque au printemps les crucifères sauvages, la seconde le chou, le colza, le radis et le raifort. Seule la seconde génération cause des dégâts.

Dégâts : les chenilles rongent les feuilles mais laissent généralement les nervures. Présence de déjections (photos 40 et 41).

Lutte préventive :

- leurs ennemis naturels sont surtout les guêpes parasites, qui pondent leurs œufs dans les chenilles. Mais leur multiplication est aussi freinée par les oiseaux et les maladies ;
- cultures associées avec la tomate et le céleri ;
- traiter régulièrement pendant la période des vols avec des infusions de tanaisie, d'absinthe ou de verveine ;
- faire des poudrages d'algues calcaires ;
- planter du chanvre autour des planches de choux ;
- semer du trèfle ;
- bien couvrir le sol avec des jeunes pousses de troène ;
- le purin d'ortie attire la piéride du chou.

Lutte directe :

- ramasser les œufs, les nymphes et les jeunes chenilles ;
- traiter avec le *Bacillus Thuringiensis* (au stade des jeunes chenilles) ;
- en cas de fortes attaques, traiter contre les jeunes chenilles avec un produit à base de pyrèthre ou de roténone.

Puceron cendré du chou
(Brevicoryne brassicae)

Ce puceron gris-vert cendré se multiplie massivement lors des étés chauds et secs, et n'attaque que les crucifères. Il pond ses œufs noirs en septembre, sur les trognons de chou, sur le colza ou sur d'autres crucifères, où il hiverne.

La première génération, ailée, apparaît fin mai et assure la dissémination des pucerons. Lorsque l'hiver est doux, ces derniers peuvent survivre, notamment

dans les champs de colza, et se reproduire parthénogénétiquement au printemps. Ils supportent des températures de - 15 °C. Un temps froid et humide au printemps inhibe leur développement. Cette espèce de puceron étant bien protégée par la couche de cire d'aspect farineux qui la recouvre et par la crispation des feuilles provoquée par sa salive, il faut intervenir précocement.

Plantes attaquées : chou rouge, chou pommé, chou de Bruxelles, chou-rave, colza, moutarde, radis, raifort, crucifères sauvages et ornementales.

Dégâts : colonies denses de pucerons cendrés ; les feuilles se colorent, s'enroulent et se crispent ; la formation du cœur peut être empêchée ; russeting ; transmission de maladies à virus.

Lutte : voir « Pucerons », p. 66 et suivantes

Lutte préventive :

– favoriser, par la présence de plantes à fleurs, la multiplication des auxiliaires dans le voisinage immédiat : syrphes, chrysopes, cécidomyies, coccinelles. Les pucerons sont également attaqués par des parasites et des virus.

Lutte directe :

– pulvériser une solution tiède de savon noir et de quassia ;
– traiter à la roténone ou au pyrèthre.

Cécidomyie du chou *(Contarinia nasturtii)*

Cette petite mouche brun clair de 2 mm de longueur ne se développe que si le sol est suffisamment humide. Elle donne 3 à 5 générations. Les premières cécidomyies, qui commettent les dégâts les plus importants, apparaissent à partir de la mi-mai. Elles pondent leurs œufs à la base des tiges

ou dans les feuilles du cœur. Les larves, de couleur claire, éclosent au bout de 4 à 10 jours et s'attaquent à la partie supérieure du pétiole des feuilles, empêchant le développement ultérieur des tissus. Ceux-ci continuant à se développer à la partie inférieure du pétiole, les feuilles subissent une rotation caractéristique.

Plantes attaquées : chou-fleur, chou pommé, chou de Chine, chou-rave, chou de Bruxelles.

Dégâts : croissance ralentie, rotation des feuilles, choux « borgnes » (absence de cœur), présence de plusieurs têtes.

Lutte préventive :
- pratiquer une rotation ;
- recouvrir les plants d'un filet anti-insectes pendant les vols.

Lutte directe :
- si on craint une attaque, traiter 2 ou 3 fois au pyrèthre les feuilles du cœur des plants et des jeunes choux ;
- les stations régionales de protection des plantes peuvent renseigner sur le moment optimal pour traiter.

Hernie du chou *(Plasmodiophora brassicae)*

Le champignon vit dans le sol et pénètre dans les racines. Il provoque des tumeurs, qui sont d'abord claires, puis deviennent foncées et pourrissent. Les spores sont alors libérées dans le sol. Elles sont très résistantes et peuvent survivre plusieurs années. Elles peuvent être disséminées par les vers de terre.

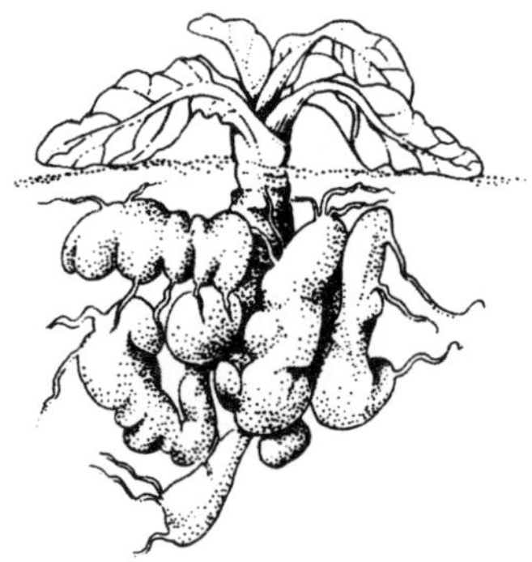

L'apparition de la maladie est favorisée par l'humidité, la pauvreté du sol en calcium, une fertilisation excessive avec du purin ou du fumier frais (dans les pépinières ou en pleine terre), le compactage du sol, la monoculture ou des rotations dans lesquelles les crucifères reviennent trop souvent. De mauvaises herbes (sanve, bourse-à-pasteur) peuvent aussi servir d'hôtes au champignon.

Les spores du champignon peuvent demeurer dans le sol 10 ans ou davantage. Le risque d'attaque est plus grand en été, lorsque la température est élevée, qu'au printemps. Si des plantes malades sont données comme fourrage, les spores, qui résistent au processus de digestion, peuvent être disséminées par le fumier.

Plantes attaquées : chou, radis, navet, colza, moutarde, giroflée et différentes crucifères sauvages.

Dégâts : tumeurs ; des racines manquent.

Lutte préventive :
- bien aérer le sol ;
- éliminer les plants malades ; produire les plants dans un sol sain ;
- après une attaque, attendre plusieurs années avant de remettre des crucifères à la même place (parfois plus de 7 ans en cas de forte attaque) ;
- bien chauler le sol 10 à 14 jours avant la plantation (par exemple, avec des algues calcaires) ; le chaulage inhibe la germination des spores (20 kg/100 m^2 de chaux éteinte, pH inférieur à 7) ;
- semer des engrais verts (par exemple, vesce-avoine), avant les choux, mais en excluant la moutarde ou la navette ;
- choisir, comme précédent cultural, l'oignon ou le poireau ;
- tremper les racines des plants dans une décoction de prèle et d'argile ou de Bio-S (voir p. 226) ;
- stimuler la croissance des jeunes plants avec des purins de plantes ;
- traiter le sol et les jeunes plants avec du Bio-S (voir p. 226) ou une décoction de prèle.

Lutte directe :
- enlever et brûler aussitôt les plantes atteintes ;
- changer la terre des pépinières.

Nervation noire des crucifères *(Xanthomonas campestris)*

La nervation noire est une maladie bactérienne.

Plantes attaquées : toutes les crucifères, cultivées ou sauvages.

Dégâts : de petites et grosses taches jaunes, dans lesquelles les nervures sont colorées en noir, apparaissent sur les feuilles. Les taches sont parcheminées. En cas d'attaque importante, les feuilles tombent et les jeunes plants meurent. Les nervures des tiges et des hampes florales sont également brunes. Chez les plantes qui résistent à l'hiver, les feuilles du cœur sont aussi atteintes. La maladie est propagée par le travail du sol, les insectes, les limaces, ou lorsque les plants sont trempés dans l'eau infectée par des plantes malades avant d'être mis en place. Les bactéries survivent 2 ou 3 ans dans le sol ou sur des restes de plantes ; de là, elles infectent les jeunes plants et passent dans les graines. Un temps chaud et humide favorise la maladie.

Lutte préventive :
- ne pas garder la semence des plantes malades ;
- ne planter que des plants sains ;
- utiliser de la terre non contaminée pour les semis en pépinière ;
- rotations (3 années sans crucifères).

Lutte directe :
- enlever et brûler les parties malades ;
- traiter les graines par la chaleur (15 à 30 minutes dans de l'eau à 50 °C).

Concombre, potiron, courgette, melon (Cucurbitacées)

Les cucurbitacées supportent mal le gel, le froid et le vent. De trop importantes variations de température, ou d'autres formes d'intempéries, entravent leur développement.

Si l'endroit n'est pas très propice, cultiver sous abris de verre ou de plastique.

Choisir de préférence une terre riche en humus, qui retient l'eau et qui se réchauffe facilement. Les cucurbitacées ont besoin de beaucoup d'humus : fournir du compost peu décomposé, en quantité moyenne.

Bactériose du concombre *(Pseudomonas lacrymans)*

Maladie bactérienne transmise par les graines et par les sols infectés. Les fruits sont souvent attaqués lorsqu'ils ont été blessés (grêle, etc.). Les températures de 20 à 25 °C sont favorables aux attaques. La maladie est disséminée par la pluie, le vent et les soins culturaux.

Plantes attaquées : concombre (de plein air) et autres cucurbitacées.

Dégâts : taches humides d'un jaune-brunâtre sur les cotylédons, puis anguleuses sur les feuilles, visqueuses sur la face inférieure. Par temps sec, formation de croûtes blanches. Sur les fruits, taches rondes d'abord vert foncé, puis brunes, avec un point blanc au centre. Les jeunes fruits rabougrissent.

Lutte préventive :
– utiliser des graines saines ;

Dégâts	Parasite ou maladie	Page
Feuilles, tiges, pousses		
Feuilles mangées, traces de mucus	Limaces	59
Taches blanches	Thrips	69
Dégâts par piqûre, fumagine	Mouche blanche (Aleurode)	63
Jaunissement, le tissu le long des nervures reste vert, feutrage laineux à la face inférieure des feuilles	Acariens	53
Taches anguleuses jaune-vert, visqueuses ou durcies sous les feuilles	Bactériose du concombre	92
Feutrage de spores grises	Pourriture grise	76
Points farineux, puis feutrage blanc à la face supérieure des feuilles	Oïdium	75
Taches anguleuses sur les feuilles	Mildiou	74
Taches claires, aspect de mosaïque	Mosaïque (maladie à virus)	74
Dessèchement de la base des tiges des jeunes plantes	Fonte des semis	73
Fruits		
Taches rondes brun-vert avec un point blanc au centre	Bactériose du concombre	92

– ne pas faire revenir les courges sur le même sol avant 3 ans;
– supprimer les feuilles malades;
– trempage des graines dans de l'eau à 50 °C ou dans un extrait d'ail pendant 20 minutes.

Lutte directe:
– plusieurs traitements au cuivre, à 8-14 jours d'intervalle, empêchent l'extension de la maladie.

Epinard, blette (Chénopodiacées)

L'épinard n'est pas une culture très exigeante. Les engrais azotés ne conviennent pas car des nitrates peuvent s'accumuler dans les feuilles. L'épinard est un bon précédent pour les pommes de terre. Par contre, on ne fera pas se succéder deux chénopodiacées (épinards, betteraves rouges ou cardes) car elles présentent des incompatibilités.

Mildiou de l'épinard *(Peronospora farinosa f. sp. spinaciae)*

Le mildiou peut se développer par temps froid et humide. Le champignon est disséminé par le vent et la pluie. Il hiverne sur l'épinard d'hiver. L'infection n'apparaît que lors de la formation de la quatrième feuille (photo 38).

Plante attaquée: épinard.

Dégâts: taches claires, légèrement bombées, à la face supérieure des feuilles; feutrage gris violacé à la face inférieure.

Lutte préventive:
– choisir des variétés résistantes;
– ne pas faire des semis trop denses.

Dégâts	Parasite ou maladie	Page
Feuilles		
Feuilles mangées, traces de mucus	Limaces	59
Mort des plantules	Fonte des semis	73
Taches blanches à la face supérieure des feuilles, feutrage gris violacé à la face inférieure	Mildiou de l'épinard	93
Jaunissement	Sol acide, différents virus, bactéries	74

Haricot (Papilionacées)

Les haricots sont sensibles au vent et au gel et ont besoin d'un sol à 10 °C ou 12 °C. Ils aiment les terres riches en humus, profondes, calcaires et pas trop lourdes. Si le terrain est trop sec, ils ne seront pas charnus.

Amender le sol par un apport raisonnable de fertilisant riche en substances nutritives (compost mûr). Ne pas oublier que les variétés grimpantes sont plus exigeantes que les autres. (photo XX)

Puceron noir des fèves *(Aphis fabae)*

De tous les pucerons qui attaquent le haricot, celui-ci est le plus fréquent. Ses antennes et ses pattes sont blanc-jaunâtre. Ils attirent les fourmis.

Plantes attaquées :
1. hôte d'hiver : fusain, boule de neige commune ;
2. hôtes d'été (à partir de fin avril) : fève, concombre, betteraves fourragère et sucrière, haricot, rhubarbe, pavot, dahlia, plantes condimentaires diverses.

Dégâts : les pousses se recroquevillent, pas de fructification.

Dégâts	Parasite ou maladie	Page
Feuilles, tiges et rameaux		
Pucerons noirs sur les rameaux	Puceron noir des fèves (photo 40	94
Feuilles rongées, traces de mucus	Limaces	59
Feuilles jaunâtres, très petits animaux jaunes ou rougeâtres sous les feuilles	Acariens (rare)	53
Cotylédons rongés ; destruction des plantules	Mouche des semis	95
Feuilles rongées en demi-cercles	Sitone du pois	103
Taches brunes, spores rougeâtres	Anthracnose du haricot (photo 41)	96
Taches transparentes huileuses avec un bord clair se desséchant ultérieurement	Graisse du haricot (photo 41)	97
Pustules poussiéreuses brunâtres, puis noirâtres, groupées en amas sur les feuilles	Rouille du haricot (photo 39)	95
Taches claires et sombres	Mosaïque ; le virus est transmis par des pucerons	74
Racines		
Pucerons clairs, d'aspect farineux, sur les racines	Puceron des racines	68
Gousses et graines		
Pustules noires et poussiéreuses enfermant des spores	Rouille du haricot	95
Taches brunes à bordures noires, spores rougeâtres	Anthracnose du haricot (photo 41)	96
Taches huileuses vert foncé	Graisse du haricot (photo 41)	97

Lutte : voir « Pucerons », p. 66.

Lutte préventive :
- les semis précoces sont moins attaqués ;
- les haricots sont moins sensibles si on les pince à la floraison.

Lutte directe :
- en cas d'attaques légères, pulvériser une infusion de rhubarbe ;
- en cas d'attaque importante, traiter avec un produit à base de pyrèthre.

Mouche des semis *(Délia platura syn. Hylemya platura)*

Cette mouche grise ressemble à la mouche domestique, en plus petit. Elle pond ses œufs dans le sol, sur les plantules. Les larves se transforment en nymphes dans le sol, près de la surface. Plusieurs générations se succèdent. Les nymphes hivernent. Ce sont les larves de la première génération, au printemps, qui font le plus de dégâts, surtout par temps frais. Les plantes qui lèvent mal sont particulièrement exposées.

Plantes attaquées : haricot, plus rarement pois, épinard, salade, oignon, maïs, et autres plantes.

Dégâts : les larves s'introduisent dans les graines avant même la germination ; elles mangent également les cotylédons, le collet et les premières feuilles. Des bactéries interviennent ensuite et provoquent la pourriture.

Lutte préventive :
- pratiquer une rotation variée et choisir un endroit aéré, exposé au vent ;
- augmenter la densité du semis ;
- ne pas apporter de fumier frais ;
- épandre du compost mûr additionné de poudre de roches, par exemple de basalte ;
- ne pas semer en sol froid et humide ;
- saupoudrer légèrement les graines avec du lithothamne ;
- stimuler la croissance des jeunes plantes en les arrosant avec du purin de plantes ou des extraits d'algues ;
- bien travailler le sol 10 à 14 jours avant le semis ;
- bien butter les haricots ;
- cultiver les haricots en association avec des tomates ou de la sarriette ;
- ne pas semer de haricots après des épinards, de la salade, des choux ou des pommes de terre ;
- favoriser une germination rapide en faisant tremper les semences ;
- dès que l'on a procédé au semis, couvrir la terre d'un filet.

Lutte directe :
- si la mouche du haricot est apparue dans les cultures, pulvériser l'année suivante, avant le semis, une infusion de tanaisie ou d'absinthe ;
- brûler immédiatement les plantes atteintes.

Rouille du haricot *(Uromyces ssp.)*

Ce champignon passe l'hiver sur les résidus de culture. Au printemps, il attaque les feuilles et les pousses, et, plus tard, les gousses. Les spores sont transportées par le vent.

Plantes attaquées : haricot, notamment à rames, surtout à la fin de l'été, lorsque l'air est très humide.

Dégâts : pustules jaunâtres contenant des spores à la face inférieure des feuilles, sur les tiges et les gousses ; coloration d'abord brune, puis noire. Bosses jaunes à la face supérieure des feuilles.

Lutte préventive :

- choisir des variétés peu sensibles ('Beurre Aiguille', 'Saint-Louis', etc.) ;
- faire grimper les haricots à rames sur des fils de fer ou des cordes ;
- couvrir le sol (mulching) ;
- ne pas semer trop serré ;
- faire des poudrages de roches siliceuses ;
- faire des pulvérisations répétées de décoction de prêle, en hiver et au printemps, sur les planches attaquées. Pulvériser également de la décoction de prêle sur les jeunes plantes menacées.

Lutte directe :

- il est important de détruire ou de bien composter les résidus de récolte ;
- désinfecter les rames de haricots avec du sulfate de cuivre à 3 %.

Anthracnose du haricot et du pois

Haricot (*Colletotrichum lindemuthianum*)

Pois *(Ascophyta pisi)*

Le champignon passe l'hiver sur les résidus morts de la plante et dans le sol, où il peut survivre plus de 2 ans. La maladie peut également être transmise par des plantes infectées. Le champignon attaque les feuilles, les tiges et les fruits. Le mycélium peut pénétrer jusque dans la graine, qui garde cependant sa faculté germinative ; dans ce cas, la maladie apparaît dès le printemps sur les plantules. La plupart des jeunes plantes meurent. Le champignon envahit rapidement les plantes saines. Un temps frais et humide favorise son développement.

Plantes attaquées : haricot et plus rarement pois.

Dégâts : taches rondes ou allongées, brunes, généralement déprimées, bordées de noir. Sur les taches se forme une couche de spores sur lesquelles apparaissent bientôt des gouttes de mucus rougeâtres, qui contiennent de grandes quantités de spores (photo41).

Lutte préventive :
- rotation variée ;
- prévoir une distance suffisante entre les plantes pour qu'elles puissent rapidement sécher ;
- contrôler soigneusement si les graines ont des taches ;
- choisir des variétés résistantes ;
- ne semer que des graines provenant de plantes saines ;
- arroser les plantes avec de la décoction de prèle et pulvériser du Bio-S (voir p. 226) ;
- dans les endroits infestés, s'abstenir de toute cueillette et de tout travail par temps humide, car cela contribue à disséminer la maladie.

Lutte directe :
- brûler toutes les plantules et les résidus des plantes atteintes ;
- tremper les graines dans du Bio-S (voir p. 226), du silicate de soude (pendant environ 15 minutes) ou de l'eau très chaude. Cependant, le mycélium du champignon, qui se trouve à l'intérieur des graines, n'est guère touché.

Graisse du haricot *(Pseudomonas phaseolicola)*

Cette dangereuse maladie bactérienne est transmise principalement par les graines. Elle atteint les feuilles, les gousses et les graines. Les plus fortes attaques se produisent lorsqu'une période humide et venteuse est suivie d'un temps chaud et sec au moment de la floraison. Des taches avec un mucus blanc apparaissent. Ce mucus contient un grand nombre d'agents de la maladie, qui sont disséminés par la pluie, le vent et les limaces.

Plante attaquée : haricot.

Dégâts : la maladie apparaît d'abord sur les feuilles, sous forme de petites taches anguleuses, huileuses et transparentes, pourvues de larges bords jaunes. Puis les feuilles deviennent brunes et meurent. La plante périt en quelques jours. Sur les gousses apparaissent de petites taches vert foncé et humides, parfois bordées de rouge. Les bactéries traversent l'enveloppe des gousses et pénètrent dans les graines, sur lesquelles se forment des taches brunâtres, déprimées (photo 41).

Lutte préventive :
- éviter les variétés sensibles ;
- n'utiliser que des semences saines, provenant de terres non contaminées ;
- le traitement des semences n'a qu'une efficacité limitée ;
- pratiquer des rotations variées.

Lutte directe :
- il n'existe aucun moyen de lutte efficace ;
- brûler immédiatement les plantes atteintes ;
- diminuer les infections précoces par 2 ou 3 traitements au cuivre (jusqu'au début de la floraison).

Poireau, oignon, ail, ciboulette (Liliacées)

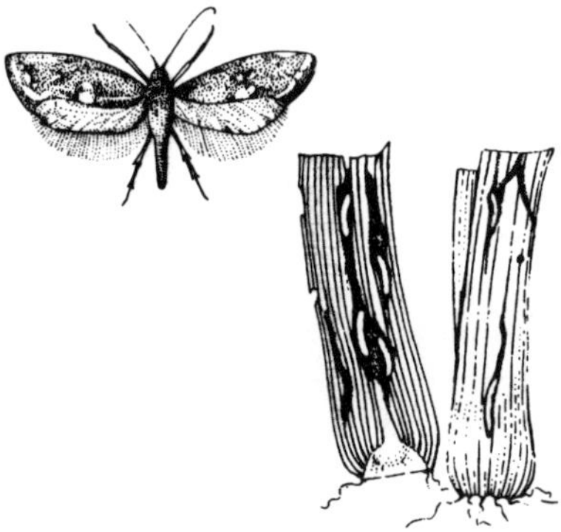

Les alliacées affectionnent les emplacements doux et bien ensoleillés. Les terres riches en humus, argileuses et se réchauffant facilement conviennent très bien.

Si les oignons ne nécessitent qu'un apport modéré de compost mûr, le poireau, lui, est plus gourmand.

Teigne du poireau *(Acrolepiopsis assectella)*

Le papillon a une envergure de 16 à 18 mm. Ses ailes sont brunes tachetées de blanc. La chenille, longue de 13 mm, est blanc-jaunâtre ou verdâtre, avec des points noirs et des bandes claires. La tête est ocre brillant. Le premier vol a lieu en avril-mai. Les œufs sont le plus souvent pondus le soir sur les feuilles. La chenille se nymphose en un cocon clair et lâche. Le vol de la deuxième génération a lieu en juillet-août. Il peut provoquer des dégâts importants. Les chenilles s'alimentent jusqu'en octobre. Le papillon hiverne à l'état adulte. La teigne du poireau est strictement liée à son hôte.

Plantes attaquées : poireau, oignon, ciboulette.

Dégâts : la chenille commence par ronger la partie supérieure des feuilles,

Dégâts	Parasite ou maladie	Page
Feuilles, tiges		
Perforations et amincissements longitudinaux ; présence de chenilles	Teigne du poireau	98
Feuilles du cœur rongées, flétrissement	Larve de la mouche de l'oignon	99
Taches gris-vert, feutrage gris	Mildiou	74
Nombreux points argentés et alignés	Thrips	69
Taches oranges rondes ou allongées	Rouille du poireau (photo 42)	101
Points blancs (ciboulette et oignon)	Brûlures du soleil	51
Bulbes		
Larves blanches, pourriture	Mouche de l'oignon	99
Lors du stockage, la partie supérieure des oignons devient molle, l'intérieur se colore et les oignons pourrissent	Pourriture de l'oignon	100

dont les pointes jaunissent. Plus tard, les chenilles rongent également le cœur de la plante.

Lutte préventive :
- les papillons évitent les zones ventées ;
- planter des carottes ou du céleri en association avec le poireau ;
- arroser plusieurs fois abondamment avec du purin de prèle ;
- ne pas planter des poireaux au printemps ou en automne. Dans la mesure où il n'y a pas de poireaux dans les environs, le papillon ne trouve pas d'hôte pour faire son cycle ;
- couvrir les poireaux et les oignons d'un filet anti-insectes pour empêcher les pontes.

Lutte directe :
- en cas d'attaque, couper aussitôt les pointes des feuilles ;
- écraser à la main les petites larves dans leurs galeries ;
- traiter à l'eau chaude (40-50 °C) ;
- verser à plusieurs reprises sur les chenilles de l'infusion de feuilles de rhubarbe ou de tanaisie, éventuellement associée à du savon noir ;
- en cas de fortes attaques, traiter 2 fois, à une semaine d'intervalle, avec du pyrèthre ou de la roténone, avant que les chenilles ne s'introduisent dans le poireau. On peut également utiliser le *Bacillus Thuringiensis*, qui est efficace contre les jeunes chenilles ; il faut donc l'utiliser précocement.

Mouche de l'oignon
(Hylemya antiqua)

Cette mouche, longue de 6 à 7 mm, gris-jaunâtre, ressemble à la mouche domestique. Les œufs sont blancs et mesurent 1 mm. La larve est blanche brillante et mesure 5 à 8 mm. Le vol de la première génération a lieu à partir de la mi-avril et en mai. Les larves s'attaquent au pissenlit, au cerfeuil sauvage et à d'autres plantes spontanées. La femelle pond ses œufs surtout dans les jeunes poireaux ou oignons, ou dans le sol, non loin d'eux. La sécheresse détruit une bonne partie des œufs. Les larves pénètrent dans les bulbes et vont d'un oignon à l'autre. Après une période de développement de 3 semaines, elles se nymphosent dans le sol dans un cocon de 6 mm en forme de tonnelet. Les larves de la deuxième génération pénètrent dans les oignons en juillet-août. Cette génération et l'éventuelle troisième généra-

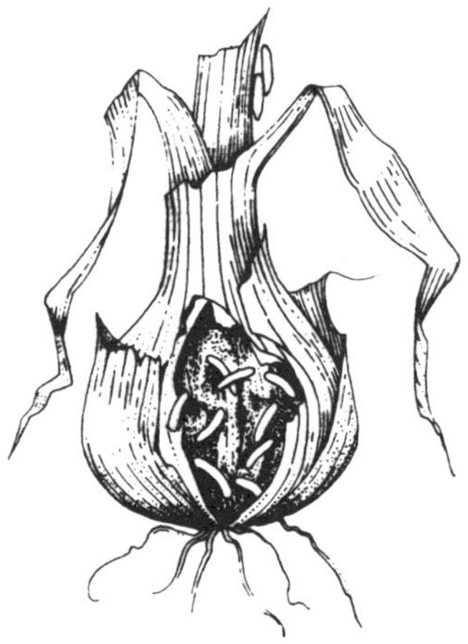

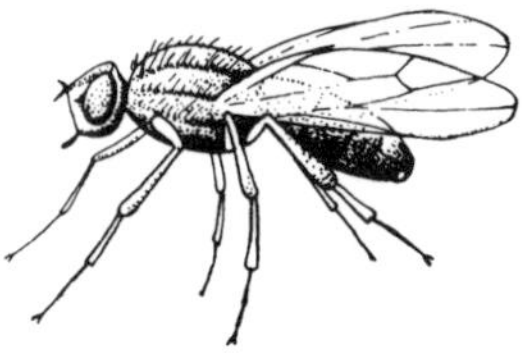

tion font peu de dégâts. La mouche hiverne sous forme de nymphe dans le sol.

Plantes attaquées : oignon, échalote, poireau, ail.

Dégâts : les jeunes plantes fanent rapidement après la levée. Le feuillage devient gris-jaunâtre et meurt, les plantes peuvent être arrachées facilement. Les larves pénètrent dans les oignons pour s'y alimenter.

Lutte préventive :
- pratiquer une rotation variée ;
- ne pas utiliser de purin ou de fumier frais ;
- semer ou planter tardivement ;
- associer les oignons avec des carottes ;
- poudrer les bulbes à planter avec des algues calcaires ou des poudres de roches ;
- arroser les plantes 2 fois par semaine, pendant la période des vols, avec une infusion de plantes à odeur forte (tanaisie) ;
- couvrir avec un filet anti-insectes pendant la période des vols.

Lutte directe :
- éliminer et brûler aussitôt les plantes atteintes.

Pourriture de l'oignon *(Botrytis sp)*

La pourriture de l'oignon ne se manifeste qu'en cours de conservation. Le champignon pénètre dans l'oignon surtout en fin d'été, par temps doux et humide, à partir du feuillage ; les blessures mécaniques favorisent l'infection. Ce champignon est un parasite qui s'attaque à des plantes faibles. Mais l'infection peut aussi provenir des graines, et n'est alors visible qu'en fin de culture ou lors de la conservation.

Plante attaquée : oignon.

Dégâts : la partie supérieure du bulbe devient molle et se colore intérieurement. Plus tard, un feutrage mycélien gris avec des points noirs se développe. A la fin les oignons se ratatinent ou pourrissent, se transformant en une purée malodorante.

Lutte préventive :
- il existe une vieille règle d'or, toujours valable : les oignons ne doivent pas subir la pluie d'août. Par conséquent, ne pas semer ou planter trop tard ;
- les fumures trop riches en azote empêchent le dessèchement rapide des tiges de l'oignon ;
- éviter les blessures mécaniques à la récolte ;
- sécher rapidement et totalement les bulbes après la récolte ;
- stocker en lieu sec, enlever les déchets d'oignon du lieu de stockage ;
- traiter préventivement le sol et les plantes avec de la décoction de prèle.

Lutte directe :
- éliminer et brûler immédiatement les plantes atteintes.

Rouille du poireau *(Puccinia allii)*

Dans certaines régions, cette maladie cryptogamique apparaît régulièrement en août-septembre. Le champignon hiverne sur les plantes attaquées. Ces dernières ne meurent pas. En automne, lorsque le temps se rafraîchit, de nouvelles feuilles saines se développent.

Plantes attaquées : principalement le poireau et la ciboulette, mais aussi les autres alliacées cultivées et sauvages.

Dégâts : apparition de nombreuses taches, rondes ou allongées, pouvant atteindre 5 mm de longueur, fortement colorées en orangé. Les feuilles sont crevassées en surface. Les plantes prennent une coloration vert clair.

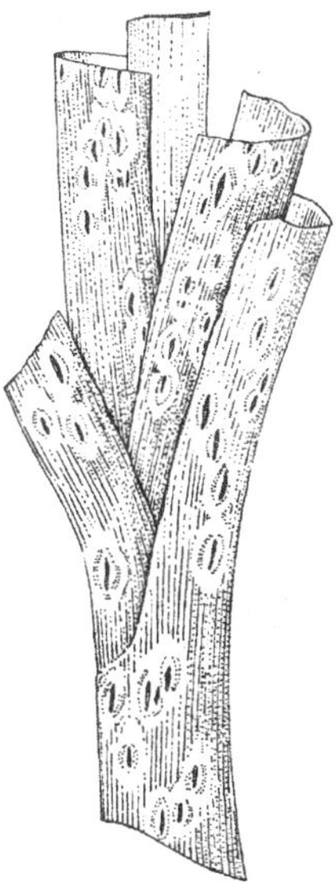

Lutte préventive :
- choix des variétés (la variété 'Alaska', par exemple, est sensible) ;
- au printemps, éliminer les plantes atteintes avant de replanter ;
- ne pas semer trop dense et ne pas mettre trop d'engrais ;
- renforcer le tissu des plantes par des produits à base de prèle et argile.

Lutte directe :
- pas de moyen de lutte connu.

Pois (Papilionacées)

Les pois sont moins exigeants que les haricots. Mis à part les pois ridés, il faut semer très tôt (à condition que la température du sol dépasse 5 °C). Les pois aiment les sols calcaires, légèrement humifères, offrant une humidité régulière mais non stagnante. Amender le sol par un apport modéré de compost mûr. Ne pas les faire revenir au même endroit avant 3 ans (maladies du pied, nématodes).

Puceron vert du pois *(Acyrtosiphon pisum)*

C'est le plus grand des pucerons se développant sur les légumes ; il mesure 3 à 6 mm de longueur. En été, il est gris-vert, parfois aussi légèrement rougeâtre et poudré de taches cireuses. Il pond ses œufs d'hiver sur le trèfle, la luzerne ou d'autres légumineuses pluriannuelles.

Plantes attaquées : toutes les légumineuses, surtout les années sèches.

Dégâts : les feuilles et les gousses sont

Dégâts	Parasite ou maladie	Page
Feuilles, tiges et pousses		
Les pousses se recourbent ; présence de taches grises	Thrips du pois	69
Les feuilles se recroquevillent, les pousses sont inhibées	Puceron vert du pois	102
Encoches semi-circulaires sur la bordure des feuilles	Sitone du pois (photo 43)	103
Croissance ralentie	Cécidomyie du pois	103
Feutrage blanc, farineux	Oïdium (rare)	75
Taches jaunes, puis brunes, sur la partie supérieure des feuilles ; partie inférieure bleu-violet	Mildiou	74
Racines		
Morsures	Larve du sitone	103
Les plantes fanent et jaunissent ; la base des tiges noircit	Fusariose	105
Fleurs, graines, gousses		
Aspect ratatiné	Puceron vert du pois	102
Fleurs et gousses ratatinées ; taches vertes sur les gousses	Thrips du pois	69
Gousses rabougries	Cécidomyie du pois	103
Morsures sur les graines	Tordeuse du pois	104
Taches vert pâle, puis brunes	Mildiou	74
Taches brunes bordées de noir, légèrement déprimées	Anthracnose du pois (photo 41)	96

déformées, les pousses sont peu développées.

Lutte : voir « Pucerons », p. 66.

Sitone du pois *(Sitona lineatus)*

Ce charançon, long de 4 à 5 mm, est de couleur gris-brun. Les élytres sont claires avec des rayures sombres. Les larves, brunes et poilues, sont dépourvues de pattes et longues de 6 mm.

L'insecte quitte ses quartiers d'hiver à partir de mars. Il commence à pondre ses œufs mi-avril. Les larves sortent après trois semaines environ pour se transformer en nymphes 26 à 55 jours après. Les jeunes insectes apparaissent de juin à septembre. Ils hibernent dans le sol.

Plantes attaquées : pois, trèfle, luzerne, vesce, féverole.

Dégâts : les sitones, actifs surtout par temps chaud et sec, mangent les bords des feuilles et y découpent des échancrures arrondies. Les larves dévorent les racines et les plantes se ratatinent. Les dégâts sont rarement importants (photo 43).

Lutte préventive :
- semer précocement sous tunnel plastique ;
- favoriser une croissance rapide des jeunes plantes (par exemple, par des extraits d'algues ou du purin d'ortie) ;
- pratiquer des rotations variées ;
- faire des poudrages au lithothamne.

Lutte directe :
- traiter 1 ou 2 fois avec de l'infusion de tanaisie ou d'absinthe ;

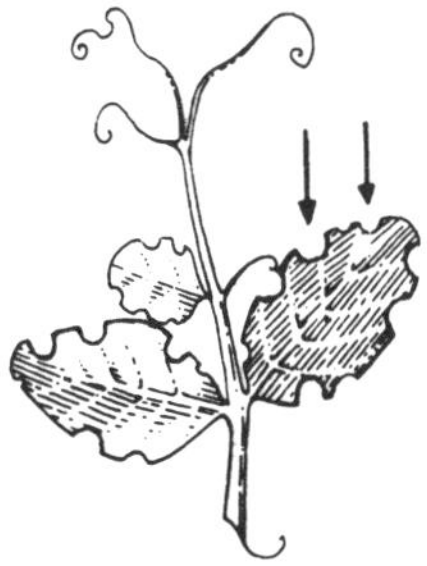

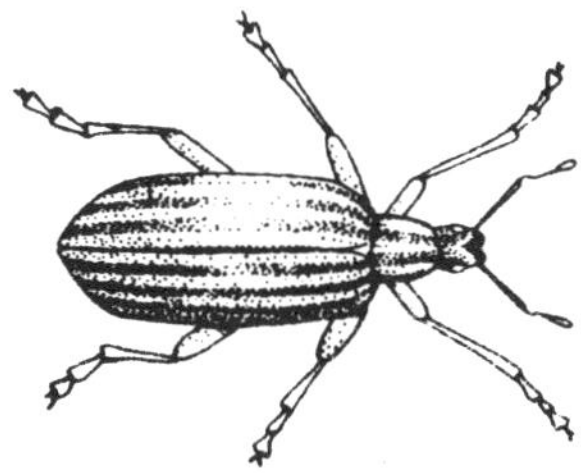

- en cas de fortes attaques seulement, faire un poudrage à la roténone.

Cécidomyie du pois *(Contarinia pisi)*

L'insecte parfait est un petit moucheron qui mesure 2 mm. Il est jaune, avec des antennes noires et des bandes transversales brunes sur le ventre. Les œufs sont allongés et pédoncules. Les œufs de la première génération sont déposés en mai-juin à l'extrémité des jeunes pousses ou entre les sépales qui, sous l'effet des substances excrétées par les larves, s'épaississent et se recroquevillent. Les larves de la deuxième génération, de couleur rouge, mangent la paroi interne des cosses, qui se ratatinent ou se boursouflent. La formation du cocon se fait dans le sol, à 5-8 cm de profondeur. Les nymphes passent l'hiver dans le sol.

Plantes attaquées : pois.

Dégâts : gousses peu nombreuses et mal formées, pousses rabougries.

Lutte préventive :
- veiller à la rotation. Attendre au moins 2 ans avant de remettre des pois ;
- brûler les fanes ;
- cultiver les pois précocement.

Lutte directe :
- le ramassage des fleurs atteintes permet d'éviter l'apparition de la deuxième génération ;
- pendant la période des vols de la mouche, pulvériser régulièrement une infusion de tanaisie ou d'absinthe ;
- en cas de fortes attaques, traiter tous les 4 à 6 jours, pendant la floraison, avec de la roténone (le soir, pour ne pas tuer les abeilles). Délai d'attente : 7 jours.

Tordeuse du pois *(Laspeyresia nigricana)*

Le papillon est vert olive et a une envergure de 15 mm. Il vole en mai - juin. La chenille est jaune-verdâtre, à tête noire. Les œufs sont déposés sur la face inférieure des feuilles, sur les feuilles du calice ou sur les gousses des légumineuses. La chenille pénètre à l'intérieur de la gousse et mange les graines, auxquelles ses déjections brunes restent accrochées dans un réseau soyeux.

La chenille adulte perce un trou rond dans la gousse pour sortir et s'enveloppe d'un cocon dans le sol. Au printemps, elle le quitte pour se transformer en chrysalide près de la surface du sol. Il y a deux générations. La tordeuse est surtout abondante lorsque la période de floraison est longue, et par temps chaud et sec.

Plantes attaquées : pois et haricot.

Dégâts : la chenille mange les graines à l'intérieur des gousses.

Lutte préventive :
- semer très tôt ou très tard, pour que la floraison ne coïncide pas avec la période des vols ;

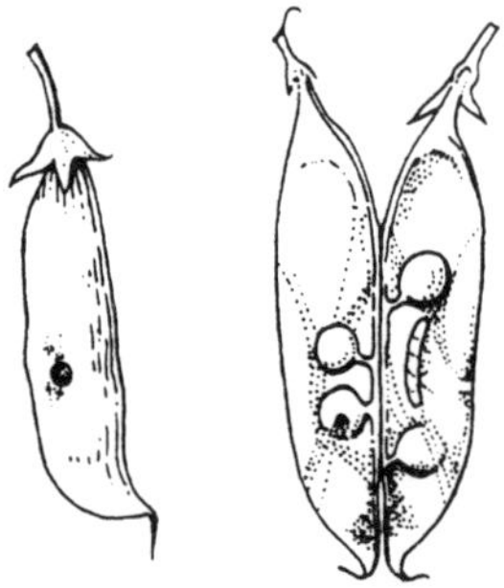

- les attaques sont moins importantes dans les emplacements exposés au vent ;
- les variétés précoces, fleurissant tôt, sont moins menacées ;
- pratiquer une rotation variée ;
- semer en association avec les tomates.

Lutte directe :
- en cas de fortes attaques, traiter au pyrèthre ou à la roténone (2 traitements à la fin de la floraison, le soir).

Fusariose *(Fusarium sp.* et autres champignons)

Cette maladie est causée par divers champignons qui peuvent demeurer de nombreuses années dans le sol. La maladie peut être transmise par les graines. Elle apparaît surtout par temps chaud et humide.

Plante attaquée : pois.

Dégâts : la plante, ou une partie de la plante, jaunit et fane rapidement. La base de la tige brunit (voir p. 73 « Maladie du pied noir, fonte des semis »).

Lutte préventive :
- semer précocement et favoriser une levée rapide en trempant les graines dans une infusion de camomille ;
- choisir des variétés résistantes ;
- utiliser des graines non contaminées ;
- pratiquer une rotation longue (4 à 5 ans) ;
- une bonne structure du sol diminue la sensibilité

Lutte directe :
- brûler les plantes atteintes.

Pomme de terre (Solanacées)

La pomme de terre n'aime pas les longues périodes humides ou sèches (surtout pendant la floraison ou la formation des tubercules) : il lui faut un climat équilibré.

Elle a besoin d'un sol bien aéré, légèrement acide à légèrement alcalin, se réchauffant facilement. Elle appréciera un bon apport de fertilisant sous forme de compost peu décomposé.

Doryphore de la pomme de terre *(Leptinotarsa decemlineata)*

Le doryphore mesure 10 à 11 mm ; il est ovale et bombé, jaune brillant avec des taches noires. Chaque élytre est marqué de 5 lignes longitudinales noires. La tête, les pattes et les deux rangées de plaques sur les côtés de la larve sont noires, le corps est jaune-rouge. Les larves mesurent 15 mm. Les œufs sont jaunâtres et ont une forme ovale. On les confond facilement avec les œufs des coccinelles.

Les doryphores passent l'hiver dans le sol, à 25-50 cm de profondeur. Ils sortent lorsque la température atteint 14 à 15 °C et mangent les jeunes feuilles pendant une période de maturation de 1 à 2 semaines. Ils pondent des œufs de 1,5 mm de longueur en amas à la face inférieure des feuilles de pommes de terre et, éventuellement, des tomates et d'autres solanées comme la jusquiame ou la belladone. C'est là que se dévelop-

Dégâts	Maladie ou parasite	Page
Feuilles, tiges, pousses		
Feuilles mangées, parfois entièrement	Doryphore (larve et adulte) (photos 44 et 45)	106
Feuilles mangées, traces de mucus	Limaces	59
Pucerons verts (porteurs de virus)	Puceron vert du pêcher	145
Taches brunes se desséchant, feutrage blanc à la face inférieure des feuilles	Mildiou (photo 46)	108)
Feutrage de champignons blancs, taches brunes sur les tiges, dessèchement progressif	Rhizoctone noir (photo 48)	110
Taches sombres sur les feuilles	Mosaïque (maladie à virus)	74
Feuilles enroulées, de couleur claire, croissance inhibée	Enroulement de la pomme de terre (maladie à virus)	74
Tubercules		
Tubercules rongés	Ver blanc, campagnol	55,58
Galeries	Taupin	71
Morsures avec traces de mucus	Limaces	59
Taches gris-brun, chair rouge-brun	Mildiou (photo 47)	108
Pustules, croûtes brun-noir, trous avec « bouchons » desséchés	Rhizoctone noir (photo 48)	110
Taches brunes, fendillées	Gale commune	109

pent les larves, qui se nourrissent des feuilles de pommes de terre.

La nymphose s'effectue dans le sol à 5-20 cm de profondeur et les adultes sortent 1 ou 2 semaines plus tard. L'ensemble du cycle de développement dure 1 à 2 mois. De nombreux jeunes adultes s'enfoncent déjà dans le sol en août pour y hiverner. Les adultes qui naissent tardivement cherchent refuge dans les pommes de terre et sont ainsi disséminés. La dissémination des doryphores, venus à l'origine d'Amérique, se fait également par des vols lors des journées chaudes.

Les doryphores causent des dégâts importants, le rendement en tubercules pouvant être considérablement réduit lorsqu'une partie importante des feuilles est mangée.

Des expériences comparatives ont montré que les attaques de doryphores sont plus faibles avec une fertilisation à base de compost bien décomposé qu'avec des engrais minéraux solubles.

Plante attaquée : pomme de terre. Hôtes secondaires : aubergine, tomate, jusquiame, belladone.

Dégâts : à la sortie de l'hiver, les doryphores, puis leurs larves, font d'abord des trous dans les feuilles, puis mangent toute la feuille en partant du bord. Les jeunes adultes mangent les pommes de terre.

Lutte préventive :

- fertiliser avec du fumier ou du compost bien décomposé, de la poudre de roche ou des algues calcaires, selon la nature du sol ;

- les ennemis naturels du doryphore sont les oiseaux (étourneau, merle, faisan, corneille), les petits mammifères, les lézards et les punaises prédatrices ;
- à la récolte, détruire les tiges et les restes de pommes de terre ;
- pour favoriser la croissance, traiter au purin d'ortie ou avec des extraits d'algues ; faire des poudrages avec des poudres de roches pour augmenter la teneur en silice des plantes.

Lutte directe :

- ramasser à la main, précocement, les larves et les adultes ;
- réduire les larves et les adultes en cendres ou en faire un purin que l'on répandra sur les plantes ;
- faire plusieurs poudrages avec des algues ou des poudres de roches (face inférieure des feuilles) ;

- la préparation bactérienne au *Bacillus Thuringiensis* var. *tenebrionis* est très efficace contre les larves. Traiter 3 à 4 jours après la découverte des premières pontes d'œufs et renouveler le traitement 10 à 14 jours plus tard. Traiter l'ensemble de la plante, sur et sous les feuilles. Ne pas mélanger avec des produits à base de cuivre. Un temps frais ou des précipitations fortes diminuent l'efficacité de la préparation. (voir p. 220)
- les traitements anticryptogamiques au cuivre ont une action préventive contre le doryphore ;
- en cas de forte attaque, pulvériser ou poudrer de la roténone sur les larves et les adultes, à une concentration double de celle utilisée contre les pucerons. L'efficacité n'est suffisante que contre les jeunes larves. Un second traitement, 1 ou 2 jours après, est généralement souhaitable. Pour éviter une éventuelle résistance du doryphore, on choisira pour le second traitement un produit à base de pyrèthre. Humecter à fond, en utilisant un gicleur fin.

Mildiou *(Phytophtora infestans)*

Le champignon hiverne sur les plantes malades ou sur les tubercules de l'année précédente restés dans le sol. De là, il peut attaquer les jeunes pousses et les tubercules. L'infection se fait par les stomates ou directement à travers l'épiderme. Les tubercules sont infectés par l'eau de pluie qui s'infiltre dans le sol après avoir été en contact avec les feuilles. Un temps chaud et humide favorise une multiplication rapide. Des essais de lutte biologique avec le champignon *Beauveria* et avec une préparation bactérienne sont en cours.

Plantes attaquées : les solanées (pomme de terre, tomate, poivron, aubergine).

Dégâts : apparition de taches brunes, irrégulières, sur les feuilles et les tiges. A la face inférieure des feuilles, on voit généralement un feutrage blanchâtre. Le feuillage meurt. Des taches brun-gris, déprimées, se forment sur les tubercules. Sous les taches, la chair est couleur rouille (pourriture) (photos 46 et 47). Sur les tomates, il est fréquent que les fruits seuls, et non le feuillage, soient atteints. Des taches irrégulières, vert-brun à noir, se forment. Les fruits restent durs et deviennent, plus tard, ridés (photo 54).

Lutte préventive :
- éviter les variétés sensibles (Sirtema et Bintje) ;
- choisir des variétés plus résistantes (Résy, Apollo, Arka, Spartaan, etc.) ;
- éviter les apports excessifs d'engrais azotés ;
- ne planter que des tubercules sains prégermés ;
- dans la mesure du possible, ne pas cultiver les pommes de terre à proximité des tomates, des aubergines et des poivrons ; éviter également de cultiver les pommes de terre tardives à proximité des précoces ;
- installer les rangs dans le sens principal du vent pour que les pieds sèchent rapidement ;
- pulvériser du purin d'ortie ou des extraits d'algues pour stimuler la croissance ;
- faire environ 4 poudrages, à une semaine d'intervalle, avec des algues ou des poudres de roches, dès que la végétation recouvre le terrain ;
- le chanvre, en culture intercalaire, aurait une action préventive ;
- récolter soigneusement et pas trop tardivement. Brûler les restes de la culture ;
- éviter l'excès d'humidité dans les serres ;
- traiter les tomates toutes les semaines avec du lait écrémé dilué ou de l'infusion de peaux d'oignon ou d'ail ;
- traiter les pommes de terre, en cas de risque d'attaque, avec de l'infusion de peaux d'oignon ou d'ail, ou du Bio-S (voir p. 226), dès que les feuilles commencent à couvrir le sol.

Lutte directe :
- en cas de grands risques d'attaques, de variétés sensibles ou de localisation défavorable, traiter avec de l'oxychlorure de cuivre (0,05 %) associé à de la décoction d'ortie ou du Bio-S (voir p. 226) ; faire 2 à 3 traitements à 8-10 jours d'intervalle.

Gale commune
(Streptomyces scabies)

Le champignon est présent dans la plupart des sols, mais il se développe surtout dans les sols sableux, ou trop fortement chaulés.

Plante attaquée : pomme de terre.

Dégâts : taches brunes, crevassées, plates, en creux ou en relief. Les pommes de terre se conservent mal, les pertes à l'épluchage sont importantes.

Lutte préventive :
- certaines variétés sont peu sensibles : Apollo, Béa, Sirtema, Ker Pondy, Roseval, Spartaan, BF-15, etc. ;
- choisir du plant sain ;
- un précédent d'engrais vert, en particulier de vesce, de lupin, de seigle ou de moutarde, a une action inhibitrice sur la gale ;
- arroser en cas de sécheresse au début de la formation des tubercules ;
- maintenir une bonne teneur en humus dans le sol ;
- respecter un intervalle d'au moins 4 ans entre deux cultures de pommes de terre ;

– apporter des poudres de roches riches en silice ;
– s'abstenir de chauler avant de planter des pommes de terre.

Rhizoctone noir *(Rhizoctonia solani)*
Les petites pustules de champignons, de couleur sombre, hivernent sur les tubercules. Au printemps, le champignon infecte les germes, les stolons et les racines.

Plante attaquée : pomme de terre.

Dégâts : le champignon apparaît déjà sur les germes dans le sol. Des taches brun foncé se forment, les extrémités des tiges, ou les tiges entières, meurent ; souvent, les germes restent nains. Les plantes se développent mal. Après le buttage, les feuilles supérieures sont fortement enroulées et claires. La tige est souvent atteinte de pourriture et porte à sa base des taches brunes ; on y voit également des filaments de champignons rouge-brun. Par temps humide, une gaine blanchâtre apparaît à la base de la tige. Des croûtes d'un brun-noir se forment sur les tubercules. La peau en dessous n'est pas endommagée. On peut aussi observer des dégâts semblables à ceux du taupin ; toutefois, les trous sont moins profonds et ont en leur centre un point desséché (dry cor) (photo 48).

Lutte préventive :
– contrôler soigneusement les plants ; certaines variétés sont moins sensibles ;
– bien faire prégermer les plants ;
– favoriser une croissance vigoureuse et rapide ;
– ne pas planter trop tôt et trop profondément, notamment dans les sols lourds et humides ;
– varier les rotations (au moins 3 ans entre deux cultures successives de pommes de terre) ;
– ne pas laisser les tubercules trop longtemps en terre ;
– faire des poudrages avec des algues calcaires ou des poudres de roches ;
– tremper les plants dans une bouillie d'argile.

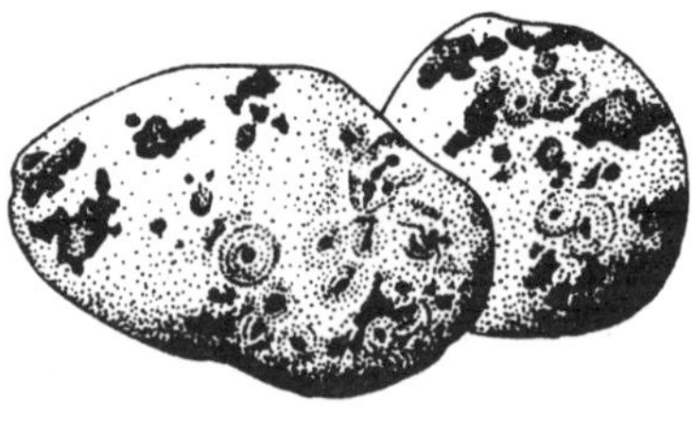

Radis, navet, raifort (Crucifères)

Les radis sont peu exigeants en matière de climat. Ils ont besoin d'un sol riche en humus, bien préparé, pas trop lourd et suffisamment humide.

Ne pas fertiliser avec du fumier frais mais avec des matières organiques bien décomposées.

Pourriture noire du navet *(Aphanomyces raphani)*

Ce champignon se dissémine dans le sol par ses spores. Il pénètre dans le navet par les radicelles ou par des fentes de la racine. La périphérie de la racine se colore en bleu-noir, puis la coloration pénètre jusqu'au centre.

Plantes attaquées : navet et radis. Cette maladie apparaît surtout dans les sols alcalins.

Dégâts : coloration d'un bleu-noir ; les endroits atteints forment des ronds qui se rétrécissent. Des fentes longitudinales se forment.

Lutte préventive :
- ne pas fertiliser avec du fumier frais ;
- bien choisir les variétés. Les variétés blanches sont les plus sensibles ;
- rotations : en cas de forte infection, attendre trois ans avant de remettre des navets ou des radis ;
- incorporer du compost acide pour abaisser le pH ;
- éliminer et brûler les plantes atteintes.

Dégâts	Parasite ou maladie	Page
Feuilles, tiges		
Feuilles rongées avec traces de bave	Limace	59
Cotylédons mangés par des larves, feuilles perforées	Altise des crucifères (photo 49)	85
Tiges rongées, galles sphériques	Charançon gallicole du chou (rare)	87
Taches jaunâtres-brunâtres, feutrage blanc	Mildiou (rare)	74
Taches jaunes, marbrures noires	Pourriture noire	111
Racines		
Radis mal formés	Semis trop profond	
Galeries creusées par des larves	Mouche du chou, mouche du radis (photo 50)	85
Tumeurs, pourriture	Hernie du chou	90
Coloration noire, crevasses	Pourriture noire	111

Salades : laitue, chicorées (Composées)

En matière de climat, les laitues et chicorées sont relativement peu exigeantes.

Les salades de printemps préfèrent les terres sableuses et légères, qui se réchauffent facilement. Les salades d'été aiment les sols bien approvisionnés en eau.

Pour que les salades puissent se développer sans à coup, le sol doit avoir une vie biologique intense. Elles apprécieront un petit apport de compost mûr. Ne pas planter trop profond car cela favoriserait le développement de la pourriture.

Pucerons

Diverses espèces de pucerons peuvent apparaître. Il faut intervenir avant la formation des pommes (voir « Pucerons », voir p. 66).

Sclérotiniose *(Sclerotinia sclerotiorum* et *Sclerotinia minor)*

Ce champignon provoque d'abord le flétrissement de la plante. Puis apparaît un feutrage mycélien blanc, suivi du développement d'organes de conservation noirs, les sclérotes, qui peuvent vivre 1 an dans les sols humides et jusqu'à 7 ans dans les sols secs.

Plantes attaquées : salade, endive ; plus rarement céleri, carotte, courge, tomate.

Dégâts	Parasite ou maladie	Page
Feuilles, pousses		
Les extrémités des pousses se dessèchent, les feuilles se gaufrent, présence de pucerons verts ou rouge pâle	Pucerons	66
Feuilles rongées avec traces de bave	Limaces	59
Racine principale de la plantule brun-noir, les plantes flétrissent	Fonte des semis, pied noir (photo 19)	73
Face supérieure des feuilles jaune clair, taches brunes desséchées, feutrage gris sur la face inférieure des feuilles	Mildiou (photo 52)	74
Formation des pommes imparfaite, feuilles molles et brunes, feutrage blanc au collet	Pourriture des salades par Botrytis, Alternaria ou Sclerotinia (photo 53)	112
Bord des feuilles endommagé	Accidents climatiques ; excès d'éléments nutritifs	51
Racines		
Racines rongées	Ver fil de fer, noctuelle, ver blanc, campagnol, taupe	27, 55, 58, 71, 72
Pucerons clairs couverts d'une substance pulvérulente blanche	Puceron des racines	68

Dégâts : flétrissement des feuilles et, sur la salade, de toute la plante, qui commence alors à pourrir. Sur les carottes, un feutrage ouateux se forme sur les racines lors de la conservation.

Lutte préventive :
- rotations ; faire attention aux plantes hôtes (par exemple, ne pas mettre de salades après des carottes fortement attaquées) ;
- utiliser des plants vigoureux, ne pas trop les enterrer et les arroser le matin pour que le sol sèche rapidement en surface ;
- traiter à la décoction de prêle ;
- favoriser une croissance rapide ;
- changer la terre des pépinières ;
- mettre de la poudre de roche dans les trous de plantation.

Lutte directe :
- éliminer et brûler les plantes atteintes.

Tomate, poivron, piment, aubergine (Solanacées)

Tomates, poivrons, piments et aubergines sont sensibles au froid et à l'humidité. Si les conditions climatiques ne sont pas favorables, les cultiver sous abris de verre ou de plastique.

Les solanacées affectionnent les sols bien ameublis, riches en humus, perméables, suffisamment humides et moyennement argileux.

Un bon apport de fumier ou de compost mûr sera le bienvenu.

Les tomates sont très exigeantes en eau. Le mulching maintiendra le sol humide tout en apportant des substances nutritives. Il protègera aussi des maladies cryptogamiques qui peuvent se propager du sol vers le feuillage.

Flétrissement bactérien *(Corynebacterium michiganense)*

Les bactéries se multiplient dans les tissus des plantes. L'infection se transmet par des blessures, par les plantes atteintes, mais surtout par les semences.

Plantes attaquées : tomate, poivron, aubergine.

Dégâts : la maladie touche d'abord des feuilles isolées, qui brunissent et se tordent. Puis la plante dépérit. Des taches rondes et concaves, à bord blanc se forment sur les fruits.

Lutte préventive :
- utiliser des semences saines ;

Dégâts	Parasite ou maladie	Page
Feuilles, tiges		
Déformations, fumagine sur le poivron	Puceron	66
Dégâts par succion sur les feuilles, fumagine	Mouche blanche	63
Taches brun clair à brun foncé, points noirs à la face inférieure des feuilles, dessèchement	Différents champignons (septoriose et autres)	82
Taches gris-vert, feutrage clair à la face inférieure des feuilles	Mildiou	74
Points noirs	Sclerotinia (rare)	112
Les feuilles brunissent et fanent	Flétrissement bactérien	113
Taches en mosaïque sur les feuilles	Maladie à virus (rare)	74
Les feuilles s'enroulent	Perturbation de la croissance due à une alimentation irrégulière et excessive (photo 55)	
Fruits		
Taches brunes pénétrant à l'intérieur du fruit	Mildiou (photo 54)	74
Taches noires sur un côté	Alternariose	81
Taches brunes déprimées avec bordure blanche	Flétrissement bactérien	113

– effeuiller précocement à la main et avec précautions ; en cas d'utilisation d'un couteau, le désinfecter ;
– changer la terre de la pépinière ;
– désinfecter les tuteurs utilisés pour les tomates, ou choisir d'attacher les pieds à du fil de fer ou à des ficelles tendues ;
– rotations (attendre 4 ans) ;
– il est important de maintenir une bonne teneur en humidité et en humus.

Lutte directe :
– éliminer et brûler les plantes atteintes ;
– désinfecter les semences pendant 24 heures dans une solution à 0,6 % d'acide acétique ;
– en cas de fortes attaques, traiter au cuivre pour arrêter l'extension de la maladie.

Ravageurs et maladies des plantes aromatiques

Les plantes aromatiques ont besoin d'un emplacement plutôt protégé sur sol perméable et peu fertilisé. Dès l'apparition d'une maladie, on peut récolter les plantes et dans la plupart des cas les utiliser. On peut les fortifier par du purin d'herbes ou une pulvérisation de prèle. Si les plantes sont une nouvelle fois contaminées, il vaut mieux planter de nouveaux pieds ailleurs.

Souvent, nombre d'insectes nuisibles pour les plantes aromatiques proviennent des prairies voisines. Un fauchage précoce peur enrayer ce phénomène. Mais il limitera aussi la migration de nombreux animaux utiles.

Persil, aneth, cumin, fenouil, etc. (famille des Ombellifères)

Les ravageurs et les maladies sont les mêmes que pour la carotte et le céleri. La maladie la plus répandue est la fonte des semis sur le persil et l'aneth (voir p. 73).

Le jaunissement du feuillage peut être provoqué par le mildiou, des nématodes, la mouche de la carotte, une carence en magnésium ou la sécheresse. Une humidité persistante provoque une coloration rouge. Dans les endroits secs, les pucerons et les punaises peuvent provoquer des dégâts.

Lutte préventive :
- faucher précocement les prairies avoisinantes ;
- pratiquer une rotation variée.

Lutte directe :
- ramasser les insectes les plus gros à la main.

Raifort (Crucifère)

Le raifort se plaît dans les sols profonds, sableux et argileux. Il ne supporte ni l'humidité stagnante, ni les fumures excessives. Plusieurs maladies cryptogamiques, bactériennes ou à virus peuvent attaquer les racines et provoquer l'apparition de taches sur les feuilles.

Verticilliose du raifort *(Verticillium albo-atrum, V. dahliae)*

Ce champignon hiverne sur les racines. Il s'attaque aux racines, aux tiges et au pétiole des feuilles. L'infection se propage par les blessures provoquées par la cueillette et lors de la reproduction par éclats de racines.

Plante attaquée : raifort.

Dégâts : coloration annulaire des tissus, les feuilles fanent et se dessèchent par temps sec.

Lutte préventive :
- ne planter que des racines saines (blanches et souples) ;
- pratiquer une rotation variée ;
- planter en sol perméable et peu fertilisé.

Sarriette, marjolaine, thym (Labiées)

Les maladies sont pratiquement inexistantes. Les ravageurs animaux comme les noctuelles ou les pucerons provoquent peu de dégâts.

Basilic

Cette plante est exigeante en chaleur et doit être protégée de la pluie ; on ne l'arrosera qu'avec de l'eau tempérée, et on évitera de mouiller le feuillage.

Fonte des semis (voir p. 73).

Puceron (voir p. 66).

Monarde

La monarde pousse mieux dans les endroits dégagés, sur sols riches en humus.

Oïdium

Voir p. 75). Cette maladie est assez fréquente. La lutte est difficile. En dépit de l'attaque, les fleurs peuvent encore être utilisées.

Plante attaquée : monarde.

Dégâts : feutrage grisâtre sur les feuilles.

Lutte préventive :
– changer d'emplacement, en utilisant des plantes saines ;
– choisir un emplacement pas trop sec et pratiquer une fertilisation équilibrée ;
– traiter préventivement avec de la prèle.

Lutte directe :
– couper la plante au ras du sol ;
– traiter plusieurs fois avec Bio-S (voir p. 226).

Menthe *(Mentha piperita, var.)*

La menthe demande un sol riche en humus et un emplacement mi-ombragé.

Rouille de la menthe *(Puccinia menthae)*

Au printemps, les tiges sont épaissies et déformées, et portent des pustules orangées qui abritent les spores. Les feuilles se dessèchent et tombent. Les changements de temps fréquents et une fumure azotée excessive favorisent la maladie.

Plante attaquée : menthe.

Lutte préventive :
– changer d'emplacement et renouveler les plants ;
– pratiquer une fertilisation équilibrée à base de compost ;
– ne pas planter trop serré ;
– pulvériser de la prèle.

Lutte directe :
– récolter dès l'apparition des premiers signes de la maladie. Couper les parties atteintes et les brûler ;
– si on craint une attaque, traiter plusieurs fois avec Bio-S (voir p. 226).

Casside *(Cassida viridis)*

Ce coléoptère de 7 à 10 mm de longueur apparaît en avril-mai et pond des groupes d'œufs sur les plantes. Les larves sont ovales et pourvues de petites épines. La transformation en nymphes s'effectue sur les feuilles. Ce coléoptère est très répandu et peut se multiplier rapidement.

Plantes attaquées : Labiées et Composées.

Dégâts : les larves et les adultes font des trous dans les feuilles.

Lutte rarement nécessaire au jardin familial)

Lutte préventive :
– faucher précocement les prairies avoisinantes.

Lutte directe :
– récolter à temps ;
– ramasser les coléoptères et les larves ;
– pour les cultures importantes, on peut utiliser une produit à base de roténone et de pyrèthre.

Ciboulette (Liliacées)

Voir « Poireau », p. 98.

Ravageurs et maladies des arbres fruitiers

Arbres fruitiers à pépins : pommier, poirier, cognassier (Rosacées)

Contrairement au pommier, le poirier et le cognassier ont besoin d'une température assez élevée. Les endroits susceptibles de geler leur sont donc peu favorables (choisir éventuellement une culture en espalier).

Le sol doit être profond, surtout pour le poirier, et ne pas être gorgé d'eau. Les terres argileuses, riches en humus, sont idéales.

Afin de ne pas favoriser les attaques d'oïdium, les engrais – et surtout les engrais azotés – ne doivent pas être apportés trop tard, ni en trop grande quantité.

Dégâts	Parasite ou maladie	Page
Branches, rameaux		
Déformation des rameaux	Puceron cendré du pommier (photo 56)	127
Tumeurs sur l'écorce ; en été, invasion de pucerons blancs et laineux	Puceron lanigère	128
Extrémités des rameaux déformées (surtout poirier)	Psylle photos 58 et 59)	130
Petits boucliers bruns ou gris, croissance des rameaux inhibée	Cochenilles (photo 61)	124
Feutrage blanc sur l'extrémité des rameaux	Oïdium (photo 63)	133
Parties d'écorce mortes, dessèchement des extrémités des rameaux, formation de chancres	Chancre	130
Les rameaux floraux fanent et se dessèchent, ainsi que les extrémités des rameaux	Moniliose (photo 65)	132
Rameaux en balai de sorcière	Mycoplasmes	74
Les extrémités des rameaux et les branches meurent	Campagnol, ver blanc	55, 58
Dépérissement des rameaux	Carence en bore	47
Dessèchement soudain, gouttelettes humides, affaissement de l'écorce	Feu bactérien (photo 64)	131
Fentes sur l'écorce	Brûlure par le soleil	51
Ecorce criblée de trous	Bostryche *(Xyleborus dispar)*	

Dégâts	Parasite ou maladie	Page
Feuilles		
Feuilles enroulées, sans changement de couleur, pucerons verts	Puceron vert du pommier (photo 75)	127
Feuilles fortement gaufrées et enroulées, pucerons gris, notamment à la face inférieure	Puceron cendré du pommier (photo 57)	127
Feuilles enroulées, pucerons vert clair	Puceron vert migrant du pommier	128
Feuilles enroulées transversalement, boursouflées, de couleur rougeâtre, avec des pucerons gris	Puceron mauve	128
Fleurs et feuilles rongées	Cheimatobie	123
Feuilles gaufrées, tombant prématurément, fumagine (notamment sur les poires)	Psylle (photos 58 et 59)	130
Feuilles minées, galerie le plus souvent sinueuse	Mineuse des feuilles des arbres fruitiers	126
Acariens rouge-brun, à peine visibles ; les feuilles jaunissent	Acarien (araignée rouge)	53
Feuilles rongées, nids à l'extrémité des rameaux	Hyponomeute du pommier (photo 60)	125
Légères protubérances aplaties sur les deux faces des feuilles (sur poirier)	Phytopte du poirier	123
Feutrage blanc farineux sur les feuilles, qui s'enroulent légèrement	Oïdium (photo 63)	133
Taches brun-noir sur les deux faces des feuilles	Tavelure	135
Petites taches orangées parsemées de pustules noirâtres à la face supérieure des feuilles ; excroissances en fuseau sur la face inférieure (seulement sur poires)	Rouille grillagée (photo 62)	134
Coloration brun foncé à noir	Feu bactérien (photo 64)	131
Feuilles jaunissant entre les nervures	Chlorose	48
Feuilles crispées et boursouflées au printemps	Gel	51
Bourgeons, fleurs		
Bourgeons endommagés par les piqûres de pucerons ; apparition de miellat et de fumagine (surtout sur poires)	Psylle (photos 58 et 59)	130
Bourgeons floraux bruns, desséchés, larve ou cocon à l'intérieur	Anthonome du pommier	120
En hiver, bourgeons terminaux ébouriffés ; écailles mal jointes ; feutrage blanc	Oïdium (photo 63)	133
Après floraison, les fleurs se dessèchent brutalement sans tomber	Feu bactérien (photo 64)	131

Dégâts	Parasite ou maladie	Page
Fruits		
Présence d'un trou en partie obstrué par des déjections ; cœur du fruit rongé, chute prématurée en automne	Carpocapse	121
Fruits rongés en spirale (extérieurement), chute prématurée	Larve de l'hoplocampe	148
Zones rongées et cicatrisées	Cheimatobie	123
Fruits déformés	Punaises	69
Taches noires et crevasses en cas de forte attaque	Tavelure (photos 66 et 67)	135
Zones noires, avec fumagine	Fumagine, suie	67
Taches brunes avec des anneaux jaune-brun concentriques ; fruits desséchés	Moniliose (photo 65)	132
Pourriture du cœur	Pourriture du cœur	138
Feutrage bleu ou verdâtre sur les parties pourries	Pourriture bleue	137
Taches de pourriture rondes brun clair	Moniliose	138
Zones liégeuses, immédiatement sous la peau, taches légèrement déprimées sur la peau	Bitter pit (photo 68)	139
Zones brunes liégeuses dans toute la chair du fruit et sur la peau	Carence en bore (rare ; notamment en cas de surchaulage)	47
Poires ou coings durs	Carence en bore, virus, punaises	47, 69, 74
Légères bandes circulaires liégeuses sur le fruit	Gel	51
Taches brun clair cicatrisées	Brûlure par le soleil	51

Anthonome du pommier (*Anthonomus pomorum*)

Ce coléoptère, de couleur brun-marron, mesure 5 mm de longueur. Les larves ont des reflets rougeâtres et la tête noire.

Les adultes apparaissent à partir de la mi-mars, lorsque la température atteint 10 °C, et rongent les boutons floraux. Ils pondent leurs œufs dans les boutons jusqu'à fin mai. Pendant leur développement, les larves se nourrissent des organes reproducteurs de la fleur. Les jeunes adultes quittent les fleurs mais restent encore quelque temps sur les arbres avant de prendre leurs quartiers d'hiver. Ils hivernent dans les bois, mais aussi dans les vergers, dans le sol, sous les feuilles ou dans les fentes des écorces.

Plante attaquée : pommier, surtout à proximité des bois.

Dégâts : les larves mangent l'intérieur des fleurs. Les étamines et le pistil sont détruits. Les pétales non encore ouverts se dessèchent.

Tant que les dégâts sont limités, on s'abstiendra d'intervenir contre ce

moyen naturel d'éclaircissage des fruits, notamment les années où les arbres sont très chargés.

Lutte directe :
- poser des bandes-pièges en carton autour du tronc, à environ 1 mètre de hauteur, au départ de la végétation ;
- si les fleurs sont peu nombreuses, ou si l'attaque est importante, traiter les bourgeons lorsqu'ils s'ouvrent avec un produit à base de pyrèthre ou de roténone. Traiter en début d'après-midi. L'efficacité est la même si l'on traite avant l'éclosion des bourgeons.

Carpocapse des pommes *(Laspeyresia pomonella)* Ver de la pomme

Le papillon a une envergure d'environ 20 mm. Ses ailes antérieures sont grisâtres avec des lignes ondulées et des taches cuivrées brillantes. La chenille, qui atteint 20 mm, est blanchâtre avec une tête rouge-brun et un écusson sur la nuque. Les œufs, blanchâtres, mesurent 1 mm.

Le papillon vole de juin à août (la date du vol principal varie selon les régions), au crépuscule, lorsque la température dépasse 15 °C, sur une distance pouvant atteindre 100 mètres. Toute la journée, il reste sur le tronc et les branches, les ailes fermées. Les œufs sont pondus un à un, d'abord sur les feuilles, puis sur les fruits. La chenille pénètre dans le fruit. A la fin de son développement, elle quitte le fruit et se réfugie sous l'écorce des arbres ou dans d'autres cachettes, où elle hiverne. Elle se nymphose au printemps. Si on l'amène avec les fruits dans le fruitier, elle y hiverne dans les fentes des rayonnages. Les chenilles qui arrivent sur le sol avec les fruits tombés retournent dans les arbres. Par temps chaud, une seconde génération est possible (en général la première quinzaine d'août), voire une troisième. Cela concerne surtout le Midi de la France.

Espèces attaquées : arbres fruitiers à pépins (notamment pommier) ; dans les régions chaudes, également abricotier et noisetier.

Dégâts : les jeunes chenilles pénètrent dans le fruit et en détruisent le cœur. Les déjections sont évacuées d'abord par l'orifice d'entrée, puis par une galerie plus importante. Dans les régions chaudes, les dégâts peuvent être importants. Les fruits atteints mûrissent et tombent prématurément.

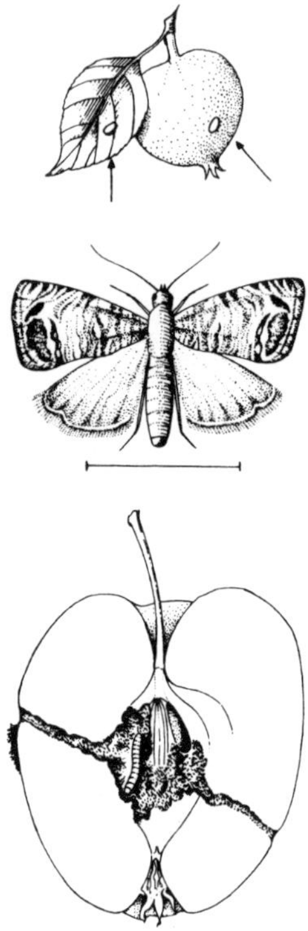

Prévision et contrôle des attaques en été (photo 53), par piégeage des papillons et comptage des fruits atteints.

Lutte préventive :

- favoriser les auxiliaires, notamment les chauves-souris et les oiseaux (pic, mésange bleue) ;
- les variétés sensibles sont Gravensteiner, Transparente blanche, Boskoop, etc. ;
- traiter à l'infusion de tanaisie ou d'absinthe, pour induire en erreur les papillons, l'odeur des pommes étant couverte par celle de l'infusion ;
- au Japon, on enferme les pommes, de juin jusqu'à un mois avant la récolte, dans des sacs en papier, pour protéger les fruits du carpocapse, ainsi que de la tavelure tardive.

Lutte directe :

- en ramassant aussitôt les fruits tombés, une partie des larves peuvent être ramassées avant qu'elles ne quittent les fruits ;
- disposer sur les troncs des bandes-pièges en carton ondulé, à partir de fin mai jusqu'après la récolte, à au moins 20 cm au-dessus du sol ; contrôler les chenilles qui viennent se réfugier dessous et les brûler. Les bandes-pièges assurent une bonne protection des arbres isolés (photo 101) ;
- faire 2 ou 3 traitements à 10 jours d'intervalle à partir de fin juin avec un produit à base de pyrèthre et de roténone. L'efficacité de cette méthode est insuffisante et elle n'est pas recommandée officiellement ;
- différentes méthodes de lutte biologique ont été expérimentées, mais elles ne se sont avérées efficaces que dans des plantations assez importantes et isolées. La lutte avec une préparation à base de virus spécifique du carpocapse (virus de la granulose) est prometteuse et épargne les auxiliaires. Au moment de la ponte des œufs, entre mi-juin et mi-

juillet, traiter trois à quatre fois avec de le virus de la granulose (carpovirusine), à intervalles de 8 jours (voir p. 220). Si l'été est chaud, un ou deux traitements supplémentaires seront nécessaires début août.

Phytopte du poirier *(Phytoptus pyri* syn. *Eriophyes pyri)*

Ces acariens indécelables à l'œil nu font leur apparition au printemps, sur les jeunes feuilles. Ils hibernent sous les écailles des bourgeons et développent deux générations par an.

Espèce attaquée : poirier

Dégâts : ils sucent les feuilles qui présentent alors de petites pustules marron foncé à noir. Les fruits, eux, sont rarement déformés.

Lutte préventive :

– voir p. 53 sur les « Acariens ».

Lutte directe :

– traiter à l'huile de colza ou à l'huile minérale au départ de la végétation ;
– pulvériser avant la floraison avec du soufre mouillable ou un produit au pyrèthre et à la roténone.

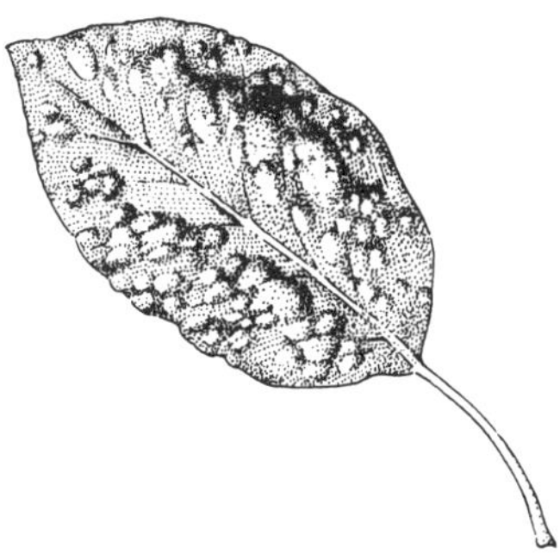

Cheimatobie *(Operophthera brumata)*

Le mâle a une envergure de 20 à 30 mm. Ses ailes antérieures sont jaune-gris avec des lignes transversales ondulées peu marquées ; les ailes postérieures sont claires. Les vols ont lieu d'octobre à décembre. La femelle, incapable de voler, n'a que des moignons d'ailes et rampe du sol sur les arbres, où elle s'accouple. Elle pond 200 à 300 œufs dans l'écorce et près des bourgeons d'hiver. Les œufs, de forme ovale, hivernent ; ils sont vert pâle et, plus tard, orange. La chenille, longue de 20 mm, est entièrement verte avec 3 lignes longitudinales blanches ; elle se déplace en arpentant. La chenille ronge, de mars à mai, les fleurs qui éclosent, les feuilles et les bourgeons, ainsi que les fruits. Les larves se laissent descendre jusqu'au sol le long d'un fil, et y restent jusqu'à l'automne, sous forme de nymphes.

Espèces attaquées : arbres fruitiers, feuillus et arbustes (aubépine, noisetier, charme). Pour cette raison, les cheimatobies causent des dégâts particulièrement importants sur les arbres fruitiers à floraison précoce à proximité de la forêt. Des invasions massives peuvent se produire localement.

Dégâts : les chenilles mangent les jeunes feuilles, les fleurs et les jeunes fruits (pomme, poire, cerise, etc.).

Lutte préventive :

– suspendre des nichoirs pour les oiseaux ;

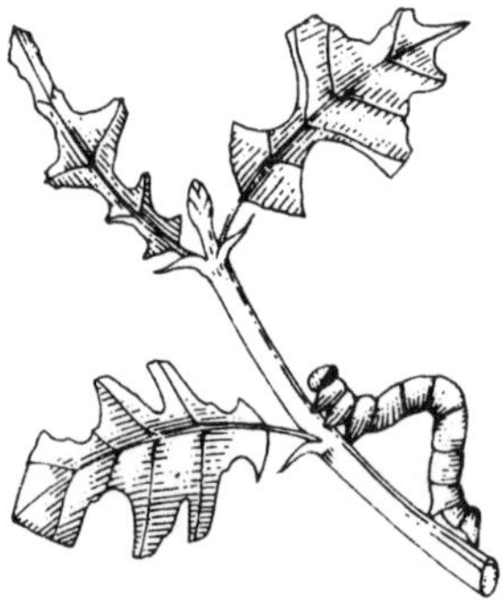

- mettre des poules dans le verger (mai-juin) ;
- attraper les femelles adultes avec des anneaux de glu. Appliquer la glu de septembre à décembre, puis brûler. Bien nettoyer les arbres sous les anneaux de glu (photo 102) ;
- badigeonner les arbres.

Lutte directe :
- traitement d'hiver ;
- traiter contre les chenilles juste avant la floraison, avec de la roténone ou du *Bacillus Thuringiensis* (par temps doux).

Cochenilles *(Coccoidae)*

Différentes espèces de cochenilles s'attaquent à bon nombre de plantes utiles ou d'ornement. Les petites larves

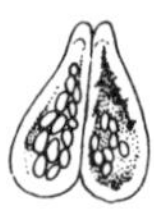

éclosent sous leur bouclier et se répandent sur toute la plante. Les adultes s'installent définitivement.

Cochenille virgule *(Lepidosaphes ulmi)*

La femelle, blanche ou jaune d'or, mesure 2 à 4 mm. Le bouclier est allongé, en forme de coquille, et brun. La ponte a lieu en automne sous le bouclier. L'œuf hiverne. Les jeunes cochenilles apparaissent de mai à juin. Il y a une génération par an. Le tronc et les branches sont recouverts de coques épaisses.

Espèces attaquées : les femelles attaquent le pommier, le poirier et le pêcher, (surtout si les arbres sont faibles et mal entretenus), ainsi que le rosier, le cotonéaster et d'autres plantes d'ornement.

Lécanines *(Eulecanium corni)*

Chez cette espèce, la peau du dos de la femelle est dure comme un bouclier. Les œufs se développent sous ce bouclier rond et brun. Les jeunes larves rampent en juillet-août sur les feuilles et les rameaux non aoûtés. Les larves hibernent sur le tronc et les branches. Les boucliers se forment seulement au printemps.

Espèces attaquées : prunier, vigne, plus rarement poirier, pommier et groseillier, rosier, pêcher, oléandre, buis, conifères, fougères, etc.

Dégâts : les cochenilles piquent l'écorce pour se nourrir de sève ; elles perturbent la croissance des plantes, qui se rabougrissent. De la fumagine se forme sur leurs excrétions. Les dégâts sont rarement importants.

Lutte préventive :
- badigeonner et bien soigner les arbres (voir p. 239) ;
- ne pas acheter de plantes attaquées ;
- surveiller les plantes et traiter dès la première apparition.

Lutte directe :
- éliminer les coques par brossage et traiter ensuite avec un produit anti-pucerons ;
- traiter contre les jeunes larves en juillet-août avec un des produits utilisés contre les pucerons ;
- traiter avec une solution de savon noir additionnée d'alcool à brûler ;
- traiter contre la cochenille virgule en mai-juin avec une infusion d'origan ou de la terre argileuse additionnée d'acide sulfurique.

Hyponomeutes
Pommier *(Hyponomeuta malinellus)*
Prunier *(Hyponomeuta padellus)*

Ce papillon gris-blanc a une envergure d'environ 20 mm. Il pond 20 à 80 œufs. Ceux-ci se recouvrent latéralement, comme les tuiles d'un toit ; ils sont d'abord clairs, puis brun-rouge. Les chenilles, longues de 15 à 20 mm, sont jaunes. Les cocons blancs sont dressés verticalement et serrés les uns contre les autres.

Les adultes volent de juin à août ; ils ont un vol paresseux. Les œufs sont

pondus sur les petites branches et recouverts d'une sécrétion. Les petites chenilles hivernent sous cette couche protectrice. Les hyponomeutes peuvent être très peu nombreux pendant plusieurs années et pulluler brutalement.

Espèces attaquées : pommier, cognassier, prunier ; plus rarement pêcher, abricotier et aubépine.

Dégâts : les chenilles rongent les bourgeons à partir d'avril, puis les feuilles. De mai à juin, elles tissent des nids soyeux. En cas d'attaques massives (rares), les feuilles de la couronne des arbres sont complètement recouvertes de nids et le feuillage complètement mangé (photo 60).

Lutte préventive :
- protection des oiseaux. Lorsque les oiseaux insectivores sont suffisamment nombreux, l'hyponomeute, tout comme la cheimatobie, cause rarement des dégâts significatifs ;
- l'hyponomeute du prunier est attiré par l'aubépine ;

– protéger les guêpes parasites (*Hymenoptera* ssp./Térébrants) ;
– badigeonner les arbres.

Lutte directe :
– enlever et brûler dès l'été tous les cocons, ou les détruire avec un jet d'eau chaude. Secouer les arbres et recueillir les chenilles sur des toiles ;
– traiter avec du savon noir, de l'alcool à brûler, de la chaux et du sel (utiliser de l'eau chaude, qui pénètre mieux à travers les nids). Traiter lorsque les chenilles sont dans les nids ;
– le *Bacillus Thuringiensis* est efficace contre les chenilles (au-dessus de 18 °C).

Mineuse des feuilles des arbres fruitiers (*Lyonetia clerkella* et autres)

L'adulte a une envergure de 8 à 10 mm. Il est blanc ou jaune-gris. Sur le tiers extérieur des ailes se trouvent de grosses taches brunes, ovales. La chenille est verte avec une tête brune ; la nymphe est verte, puis gris sale. Elle se trouve dans un cocon blanc fixé à la face inférieure des feuilles par une sorte de hamac.

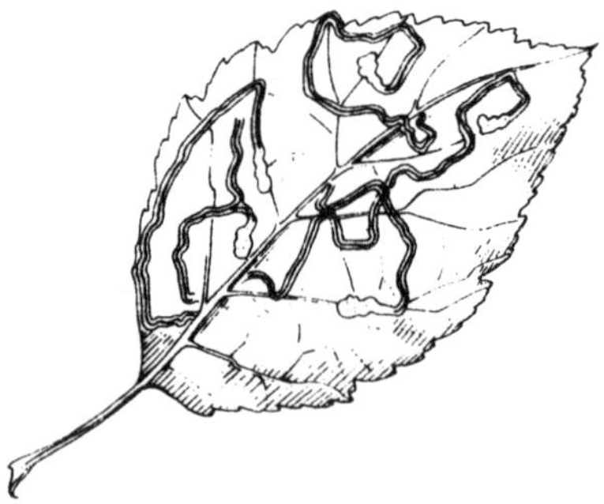

La mineuse hiverne sous forme adulte aussi bien dans les arbres que dans d'autres cachettes. Elle vole dès avril. Les œufs sont pondus isolément à la face inférieure des feuilles des arbres à noyaux ou à pépins. Il en sort des larves allongées qui minent les feuilles. Pour se nymphoser, elles s'enroulent dans un cocon sur une feuille. C'est la seconde génération, en juin, qui cause le plus de dégâts. Une troisième génération peut apparaître en juillet, parfois en août-septembre.

Espèces attaquées : pommier, cerisier ; plus rarement bouleau et autres feuillus.

Dégâts : les chenilles de certaines espèces creusent des galeries très tortueuses ; chez d'autres, le tracé des galeries est circulaire ou ovale, ou très court. Les feuilles ainsi coupées de l'apport en éléments nutritifs se dessèchent par grandes plaques. La galerie est parcourue d'une trace d'excréments filiforme. Une feuille peut héberger plusieurs larves.

Lutte préventive :
– une partie des larves est détruite par les guêpes parasites et les oiseaux.

Lutte directe :
– cueillir les feuilles attaquées par la mineuse ;
– le traitement direct n'est pas nécessaire au verger familial.

Pucerons des arbres fruitiers à pépins

Voir p. 66 « Pucerons ».

Parmi les causes favorisant les attaques de pucerons, il faut mentionner une croissance trop vigoureuse à la suite d'une fumure excessive, ou des perturbations métaboliques provoquées soit par le compactage du sol, soit par des changements de climat trop radicaux. La majorité des espèces de pucerons des arbres fruitiers s'envolent au printemps ou au début de l'été pour aller sur les plantes herbacées. Après le vol de retour vers les arbres, en septembre-octobre, les œufs d'hiver fécondés sont pondus, isolément ou en groupe, sur les rameaux à fruits. Le puceron vert du pommier, qui ne change pas d'hôte, est responsable des pontes massives sur les jeunes rameaux. Il se développe surtout au début de l'été.

Une espèce particulièrement dangereuse pour le pommier, en plus du puceron vert, est le puceron cendré, qui apparaît en mai-juin, après la floraison.

Quelle que soit l'espèce, un contrôle efficace est indispensable. Les pucerons font des dégâts particulièrement importants sur les jeunes arbres à croissance rapide.

Puceron vert du pommier *(Aphis pomi)*

Les larves et les formes aptères sont vert feuille. Les formes ailées ont la tête et les pattes brun-noir. Le puceron vert attaque les feuilles et les jeunes rameaux. Présence de fourmis. Pas de changement d'hôte.

Espèces attaquées : arbres fruitiers à pépins, aubépine, cotonéaster.

Dégâts : enroulement des feuilles sans changement de couleur ; arrêt de la croissance et dessèchement. Beaucoup de fumagine, surtout en été (photo 75).

Puceron cendré *(Dysaphis plantaginea)*

Ce puceron, gris-brun, est recouvert d'une cire poudreuse. Les larves sont rougeâtres. L'envol a lieu à partir de juin vers différentes espèces de plantain. La ponte intervient en automne, dans des fentes de l'écorce, sur les branches et sur le tronc.

Espèces attaquées : hôte principal : pommier (surtout en mai-juin). Hôtes secondaires : rumex, cerfeuil, plantain.

Dégâts : le puceron cause des dégâts en suçant la sève et par les substances toxiques qu'il excrète. Les feuilles se gaufrent et se déforment fortement. Peu après la floraison, les fleurs et les extrémités des pousses se dessèchent et

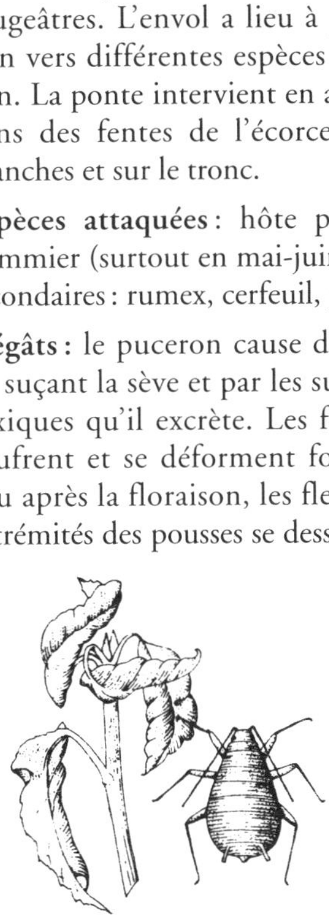

tombent. Les fruits et les pousses sont déformés. Formation de fumagine. Par temps chaud et lourd, des contrôles doivent être effectués tous les 3 à 5 jours, car ce puceron peut provoquer des dégâts très rapidement.

Puceron mauve *(Dysaphis ssp.)*

La première génération est grise, les suivantes sont brun clair. Présence de fourmis.

Espèces attaquées : hôte principal : pommier. Hôtes secondaires : oseille, cerfeuil et valériane.

Dégâts : présence de bourrelets rougeâtres, enroulés vers le bas, sur les feuilles du pommier. Dégâts presque toujours faibles.

Puceron vert migrant *(Rhopalosiphum insertum)*

Ce puceron, à la différence du puceron vert du pommier, franchement vert, est vert clair avec deux bandes claires sur le dos. Il change d'hôte. En automne, les œufs, noir brillant, sont pondus sur les rameaux.

Espèces attaquées : hôte principal : pommier (septembre à mai). Hôtes secondaires : graminées (été).

Dégâts : léger enroulement des feuilles. La lutte n'est pas nécessaire.

Lutte contre les pucerons des arbres à pépins

Lutte préventive :

– voir p. 66 « Pucerons » ;
– mettre, au printemps, des barrages de glu sur les troncs, pour empêcher la montée des fourmis ;
– badigeonnage des arbres et traitement d'hiver avec une décoction de prèle mélangée à de l'argile (plus, éventuellement, du silicate de soude) ;
– traiter au purin d'ortie et aux extraits d'algues pour renforcer les arbres.

Lutte directe :

– traiter, avant le démarrage de la végétation, avec des émulsions d'huile pour réduire le nombre d'œufs hivernants ;
– traiter avec de la tanaisie, une solution de savon noir, du quassia et, en cas de fortes attaques, un produit à base de pyrèthre et de roténone. Sur les arbres adultes, on peut retarder le traitement pour favoriser le développement des auxiliaires. Sur les jeunes arbres, il faut intervenir plus tôt, c'est-à-dire avant que les feuilles ne s'enroulent, dans la mesure où les pucerons ne peuvent pas être utiles pour ralentir une croissance trop vigoureuse ;
– avant la floraison, employer un produit à base d'extraits de graines de neem contre le puceron cendré et le puceron mauve (voir p. 230).

Puceron lanigère *(Eriosoma lanigerum)*

Ce puceron, long de 2 mm, est brun-rouge. En l'écrasant, on obtient une tache brun-rouge. Il est couvert d'une cire filamenteuse. Les générations

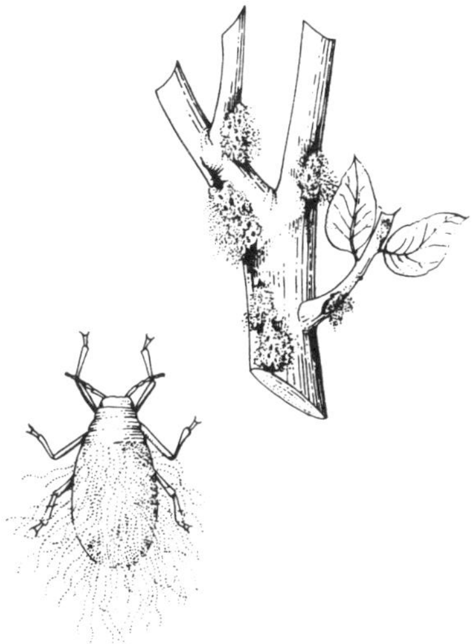

aptères s'installent à l'aisselle des feuilles, s'enfoncent souvent profondément dans les fentes de l'écorce du tronc et au départ des racines, ou sur les racines proches de la surface. Ils apparaissent à partir de mai, et massivement en automne, sur les rameaux et les branches. Ils se reproduisent par parthénogenèse. Chaque individu donne naissance à 100 jeunes pucerons et 10 à 12 générations sont possibles. A la fin de l'été apparaissent également des pucerons ailés, qui sont responsables d'une dissémination plus étendue.

Le puceron lanigère hiverne sous forme de larve dans les fentes de l'écorce et sur les racines.

Espèce attaquée : pommier.

Dégâts : les dégâts sont provoqués par la succion. La salive du puceron fait gonfler le cambium et l'écorce éclate. Il se forme des boursouflures et des tumeurs d'aspect chancreux. Les branches atteintes gèlent facilement car l'aoûtement est trop tardif. La gravité des attaques varie selon la variété et le porte-greffe.

Lutte préventive :

- le principal ennemi naturel du puceron lanigère étantun hyménoptère *(Aphelinus mali)*, déposer des branches portant des pucerons parasités à proximité des endroits attaqués ;
- choisir des variétés et des porte-greffes résistants (les variétés Transparente blanche, James Grieve, Cox-Orange et Jonathan sont sensibles) ;
- éviter les fumures trop riches en azote ;
- badigeonner les arbres (notamment la partie inférieure du tronc) ;
- en automne, traiter les arbres au purin d'ortie ;
- planter des capucines au pied des arbres (n'agit qu'à partir de la deuxième année).

Lutte directe :

- ramasser les bois de taille atteints et enlever les parties atteintes ;
- éliminer à la brosse les colonies de pucerons ;
- traiter les formations laineuses avec de l'extrait de capucine ou de tanaisie non dilué ;
- en cas de fortes attaques, traiter ou appliquer au pinceau une solution

d'alcool à brûler et de savon noir (ne pas traiter les feuilles) ;
- traiter en hiver avec des émulsions d'huile.

Psylle du pommier *(Psylla mali)*, psylle du poirier (*Psylla piricula, Psylla pirisuga* et autres)

Cette espèce de puceron, qui mesure 3 à 4 mm, a une couleur jaune à brune. Les larves sortent au moment du débourrement et commencent aussitôt à piquer les fleurs et les bourgeons. Elles excrètent une substance riche en sucre (miellat). Les jeunes larves, aplaties et longues de 1 à 2 mm, deviennent adultes pendant la floraison. Le psylle du poirier peut avoir plusieurs générations. Le psylle du pommier hiverne au stade œuf. Au contraire, le psylle du poirier hiverne au stade d'insecte ailé dans l'écorce ; il pond au printemps, sur les jeunes rameaux, des œufs jaune foncé. Le puceron adulte se tient, en été, sur les poiriers ou les pommiers et aux alentours.

Espèces attaquées : poirier (jeunes rameaux et feuilles) et plus rarement pommier.

Dégâts : les larves empêchent le développement des bourgeons en suçant la sève et par leur miellat. Les feuilles et les tiges attaquées se rabougrissent. Les feuilles tombent. Sur le poirier, de la fumagine se forme sur les branches, les feuilles et les fruits (photos 58 et 59).

Lutte préventive :
- ménager les ennemis naturels du psylle, notamment les punaises prédatrices (*Anthocorides*), qui sont partiellement détruits par divers insecticides mais aussi par le soufre ;
- soigner l'écorce en badigeonnant le tronc pour limiter les possibilités d'abri pour l'hiver (pour le psylle du poirier).

Lutte directe :
- un traitement est rarement nécessaire ;
- couper et brûler les rameaux fortement attaqués ;
- un traitement d'hiver avec des émulsions d'huile détruit une partie des œufs (psylle du pommier) ;
- en cas de fortes attaques avant la fleur, traiter au pyrèthre ou à la roténone.

Chancre des arbres fruitiers *(Nectria sp.* et *Gloeosporia sp.)*

L'infection se produit toute l'année (mais surtout en hiver) par les lenticelles, les bourgeons et le bois endom-

magé. Cette maladie est dangereuse surtout les années pluvieuses. On reconnaît facilement, dans les fentes de l'écorce, des blessures provoquées par le chancre, les pustules de spores, rouges en hiver et blanches en été. Le champignon tue les tissus du liber et du cambium, et l'écorce tombe. L'arbre cherche à recouvrir les blessures.

Espèces attaquées ; arbres fruitiers à noyaux et à pépins.

Dégâts : parties d'écorce déprimées et mortes, laissant le bois partiellement à nu. Déformations souvent importantes. L'attaque des jeunes rameaux peut conduire à la moniliose.

Lutte préventive :
- éviter la stagnation de l'eau dans le sol (drainer) et l'excès de fertilisation ;
- éviter les blessures de l'écorce ;
- ne pas planter les variétés sensibles (par exemple, Cox-Orange, Starking. Reinette du Mans, Richared, James Grieve, Mac Intosh) dans les endroits défavorables (nappe phréatique proche de la surface, zones de bas-fonds) ;
- badigeonner les troncs et traiter en hiver avec de la décoction de prèle mélangée à de l'argile ou de la bentonite et du silicate de soude (avec addition éventuelle d'algues calcaires et de cendres).

Lutte directe :
- enlever soigneusement les zones atteintes (désinfecter le couteau), puis bien boucher les blessures avec un enduit cicatrisant (voir p. 239). En cas de forte attaque, toute la branche doit être coupée au moins 15 cm au-dessous de la blessure ;
- pour les arbres menacés et lorsque les pluies sont fréquentes, traiter au cuivre au début de la chute des feuilles (octobre) : 2 traitements à 2 ou 3 semaines d'intervalle.

Feu bactérien *(Erwinia amylovora)*

C'est la maladie bactérienne la plus dangereuse pour les arbres fruitiers. Elle s'étend très vite et peut, chez le poirier, tuer un arbre en 8 à 15 mois après le début de l'infection. Les bactéries hivernent sur les branches. Au printemps, on observe un exsudat glaireux, contenant des bactéries, qui est dispersé par la pluie et les insectes. L'infection se fait en général par les fleurs ; les abeilles sont les principaux agents de transmission de la maladie. L'infection peut aussi se faire par des blessures de l'écorce. Les poiriers sont particulièrement sensibles ; les autres espèces meurent rarement de la maladie, mais peuvent être porteuses. Dans les vergers, les jardins et les forêts atteints, il est très difficile d'extirper la maladie.

Si on soupçonne une infection, prévenir aussitôt la station de recherche la plus proche.

Espèces attaquées : poirier, pommier, cognassier, cotonéaster, aubépine, cerisier, pyracantha, néflier, amélanchier, etc. Maladie répandue dans plusieurs pays d'Europe.

Dégâts : au printemps, après la floraison, des bouquets floraux, des rameaux, des branches entières meurent brusquement. Les feuilles et les fruits semblent brûlés, mais restent sur l'arbre. Les parties d'écorce malades s'affaissent ; un exsudat blanc apparaît (exsudat bactérien). Le cambium est souvent rougeâtre.

Lutte préventive :
- ne pas introduire de plantes provenant de régions infestées ;
- contrôler, après la floraison, si les arbres ne sont pas attaqués ;
- enlever les parties que l'on pense atteintes et les envoyer à une station de recherche arboricole.

Lutte directe :
- éliminer et brûler aussitôt les parties atteintes ;
- enlever en creusant profondément les parties d'écorce atteintes, désinfecter et appliquer un cicatrisant ;
- les pulvérisations au cuivre avant et après floraison limitent l'extension de la maladie.

Maladie de la suie
(Gloeodes pomigena)

Cette maladie, qui a le même aspect que la fumagine, est causée par divers champignons. Elle se développe sur les arbres fruitiers à pépins à la fin de l'été ou pendant la conservation, surtout lorsque l'humidité et la température sont élevées.

Espèces attaquées : pommier, poirier.

Dégâts : taches brun-noir indélébiles sur la peau, qui déprécient la présentation du fruit. La tenue à la conservation n'est pas altérée.

Lutte préventive :
- ne pas récolter et stocker de fruits humides ;
- ne pas laisser les fruits cueillis dans le verger.

Lutte directe :
- faire un traitement tardif contre la tavelure pour les variétés de longue conservation (voir « tavelure »).

Moniliose

Fruits à noyaux *(Monilia fructigena)*
Fruits à pépins *(Monilia laxa)*

Maladie très répandue. Le champignon hiverne dans les fruits momifiés (fruits pourris, desséchés, qui restent sur les arbres), à l'emplacement des fleurs ou, à l'état de mycélium, sur les branches. Il est disséminé par le vent, la pluie et les insectes, surtout sur les cicatrices des fleurs et, plus tard, sur les fruits pourris où les spores germent rapidement.

Espèces attaquées : fruits à noyaux et à pépins.

Dégâts : les attaques sont particulièrement importantes lorsqu'il pleut beaucoup lors de la floraison. Les tissus morts interrompent la circulation de la sève, et les organes atteints fanent rapidement et meurent. Cependant, les fleurs et les fruits desséchés restent accrochés sur l'arbre pendant des mois. Sur les fruits atteints apparaissent des taches brunâtres avec des cercles concentriques jaune-brun. Plus tard, ils se dessèchent complètement. Les fruits infectés tardivement se colorent en brun-noir pendant la conservation. La peau a généralement une teinte noirâtre brillante (pourriture noire) (photos 65 et 70).

Lutte préventive :
- éclaircir si les fruits sont trop nombreux ;
- ne récolter les fruits que lorsqu'ils sont bien secs ;
- semer du raifort au pied des arbres ;
- si les fleurs sont endommagées par la pluie, les traiter avec de l'infusion de feuilles et de racines de raifort pour empêcher la germination des spores de monilia ;
- éviter les lésions en luttant contre la tavelure et les parasites animaux.

Lutte directe :
- contrôler les arbres pendant la période de végétation et en hiver, et éliminer les branches atteintes et les fruits momifiés. Contrôler les fruits en cours de conservation ;
- pendant la floraison, faire des traitements préventifs, jusqu'à 2 par semaine, avec du Bio-S (voir p. 226) éventuellement associé au silicate de soude ou, par temps froid, au cuivre.

Oïdium *(Podosphaera leucotricha)*

Le champignon hiverne dans les bourgeons et sur les jeunes pousses. Au printemps apparaît un fin feutrage blanc. Le champignon puise sa nourriture dans les cellules superficielles de la plante attaquée. Il se multiplie et l'infection s'étend pendant toute la période végétative, mais plus particulièrement en mai-juin, pendant la période de croissance la plus vigoureuse.

Espèces attaquées : pommier, cognassier.

Dégâts : les organes atteints paraissent saupoudrés de farine. Le mycélium blanc est visible dès l'hiver. Les bourgeons atteints gonflent ou se dessèchent. En cas d'infection précoce, les bourgeons, les fleurs et la pointe des rameaux meurent. Les fruits atteints sont difficiles à reconnaître ; cependant, à l'approche de l'automne, on distingue sur la peau un dessin typique, brunâtre, en forme de réseau. Au moment de l'infection, des taches de mycélium, qui prennent ensuite une couleur rougeâtre, se forment à la face inférieure des feuilles. Sur les jeunes rameaux, les feuilles s'enroulent un peu (photo 63).

Lutte préventive :
- éviter les variétés sensibles à l'oïdium dans les zones défavorables et trop sèches (Jonathan, Idared, Cox-

Orange, Gravensteiner, Transparente blanche, etc.) ;
- une fertilisation équilibrée, sans excès d'azote, diminue les attaques d'oïdium ;
- traiter régulièrement avec l'extrait de racine de rumex *(Rumex obtusifolius)* ; 150 grammes de purée de racines pour 10 litres d'eau, filtrer avant l'emploi (voir « Rumex », p. 211)
- traiter préventivement à intervalles réguliers, depuis peu avant la floraison jusqu'à la fin de la croissance des rameaux, avec de la décoction de prêle, seule ou combinée au soufre, ou avec du Bio-S (voir p. 226). Par temps chaud et lourd, traiter tous les 15 jours (voir p. 247).

Lutte directe :
- supprimer en hiver tous les rameaux atteints sans exception. Eliminer, en cours de végétation, tous les organes atteints ;
- traiter régulièrement avec de l'acétate d'alumine (argile activée) associé ou non au soufre, ou un produit à base d'argile et de soufre (voir p. 226)

Rouille grillagée *(Gymnosporangium sabinae)*

La rouille grillagée est provoquée par un champignon qui change d'hôte. Il hiverne sur les branches de plusieurs espèces de genévriers, mais pas sur le genévrier commun *(Juniperus communis)*. Sur les branches du genévrier, il provoque des excroissances en fuseau ou en massue. C'est en avril que les attaques sont les plus visibles. Puis apparaissent des pustules brun clair, qui éclatent par temps humide et deviennent gélatineuses. Cette substance sèche et les spores sont dispersées par le vent. Si les spores arrivent sur les feuilles humides d'un poirier, elles se développent dans leurs tissus sans les détruire. Mais l'activité des feuilles (assimilation) est diminuée.

Espèce attaquée : poirier. Hôtes d'hiver : divers genévriers d'ornement comme le *Juniperus sabina*, le *J. chinensis*, le *J. virginiana*, etc. Un genévrier atteint représente un risque permanent d'infection.

Dégâts : des taches jaune orangé luisantes, d'abord petites, puis plus grosses, se forment sur les feuilles du poirier. A l'approche de l'automne, il se forme, à la face inférieure des feuilles, des protubérances avec de petits capuchons filamenteux, ou d'aspect grillagé. Sur le genévrier, excroissances gélatineuses (photo 62).

Lutte préventive :
- ne pas planter de variétés de genévriers sensibles ;
- sur le genévrier, enlever les excroissances gélatineuses en creusant dans le bois sain jusqu'à 10 cm et les brûler.
- en avril, traiter les plantes atteintes avec du soufre mouillable (60 grammesitres pour 10 l d'eau). Le moyen le plus efficace pour se débarrasser du problème est la suppression de toutes les variétés de genévriers sensibles du quartier – ou même de la commune – après accord avec les voisins, ou par une initiative communale.

Lutte directe :
- il est difficile de lutter efficacement avec des fongicides ;
- contre la dissémination des spores en juin, traiter 2 fois le feuillage des poiriers, à 14 jours d'intervalle, avec 70-80 grammes de Bio-S (voir p. 226) et 10 grammes d'algues calcaires dans 10 litres d'eau.

Tavelure

Pomme *(Venturia inaequalis)*
Poire *(Venturia pirina)*

La principale forme de fructification du champignon hiverne sur les feuilles se trouvant au sol (et non pas sur celles de l'arbre) et sur les jeunes pousses non aoûtées. Au moment de la floraison, les spores sont dispersées par une action mécanique (pluie, vent, contact) et déposées sur les arbres par le vent. Si l'humidité est suffisante, les spores se développent en 9 à 17 jours. On fera attention au fait que les spores peuvent germer même si les températures sont basses. Il leur faut alors une période plus longue d'humidité constante des feuilles. Les spores ont besoin, pour germer, de 9 heures à 15 °C, de 14 heures à 10 °C et de 33 heures à 5 °C.

Une fois qu'elles ont germé, les spores se développent à la face supérieure des feuilles en demeurant tout d'abord à peine visibles. C'est seulement lorsque de nouvelles spores se forment, après environ 18 à 25 jours, que les taches brunes caractéristiques apparaissent.

Lors des années chaudes et humides, de nouvelles infections se produisent pendant toute la période végétative. Les spores d'été provoquent des taches de tavelure déjà au bout de 8 à 15 jours. Si l'infection intervient peu de temps avant la récolte, les dégâts n'apparaissent que lors de la conservation (tavelure de conservation).

Espèces attaquées : pommier et poirier ; plus rarement pêcher.

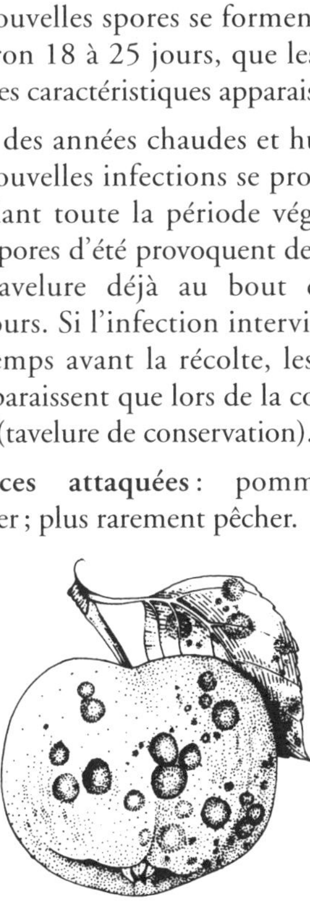

Dégâts : taches vert olive (premier stade) à gris-noir (stades ultérieurs) sur les feuilles, les rameaux (plus rarement) et les fruits. Face supérieure et inférieure des feuilles pour le pommier. Les zones atteintes se dessèchent et il se forme des crevasses, qui favorisent l'infection par les champignons responsables de la pourriture. Les attaques sévères peuvent conduire à la chute des feuilles et au dessèchement des extrémités. Les fruits atteints très tôt présentent de fortes déformations (excroissances). La tavelure tardive se traduit par le ratatinement des fruits au cours du stockage (photo 66 rt 67).

Seule la lutte préventive est efficace. Une fois que les filaments du champignon ont pénétré dans les tissus, la lutte n'est plus guère possible.

Lutte préventive :

- veiller, par la taille et le lieu d'implantation du verger, à ce que le feuillage et les fruits puissent bien sécher ;
- éviter une fertilisation trop riche en azote ;
- éviter les variétés sensibles ou en planter peu (Golden delicious, Reinette blanche du Canada, Calville blanc). Variétés peu sensibles : Boskoop, Spartan, James Grieve. Variétés récentes résistantes à la tavelure : Florina Querina, Priam ;
- Variétés de poires peu sensibles : Conférence, Clapps Favourite et Williams ;
- ramasser les feuilles tombées et bien les composter ;
- mettre du compost sous les arbres et le recouvrir de paille, de foin ou d'herbe ;
- planter de la ciboulette sous les arbres ;
- une fertilisation en automne avec des engrais organiques à action rapide, comme le tourteau de ricin ou le purin d'ortie, ou une fertilisation foliaire, avec un purin d'ortie dilué, favorise la décomposition du feuillage sur le sol et diminue, de ce fait, les risques d'attaque de tavelure au printemps ;
- semer des engrais verts et mulcher. Couper l'herbe et la laisser sur le sol ;
- pour renforcer le feuillage, traiter avec des orties, de la prêle, de la poudre d'algues, des extraits d'algues, de la bentonite ou des mélanges du commerce.

Lutte directe :

- de récentes expériences ont montré une bonne diminution de la tavelure chez les variétés les moins sensibles, en cas de traitements réguliers avec des extraits de plantes riches en saponine (extraits de feuilles de lierre par exemple) ;
- traiter régulièrement avec des produits à base de terre argileuse, ou d'un mélange terre argileuse-soufre (voir p. 226) ;
- pour les variétés très sensibles, traiter préventivement, en fonction du temps, tous les 8 à 14 jours, avant et

après la floraison, avec du soufre mouillable ou du Bio-S (voir p. XX), éventuellement associé au silicate de soude. En cas de pluie persistante, il ne faut pas attendre plus de 8 jours. La pellicule protectrice est éliminée par une pluie supérieure à 25 mm. Par temps sec, en particulier à partir de fin juin, on peut laisser un intervalle de 2 à 3 semaines entre deux traitements. Le risque d'infection est maximum d'avril à juin, lorsque la croissance est la plus active. **Attention** : certaines variétés sont sensibles au soufre (par exemple, Cox-Orange). Traiter les variétés destinées à la conservation 4 à 5 semaines avant la récolte ;
- par temps froid (moins de 15 °C), on peut traiter avant la floraison avec des produits à base de cuivre (par exemple, oxychlorure de cuivre à 0,05 %, concentration maximale) ;
- en culture bio-dynamique, on traite avec la préparation silice de corne pour favoriser la maturation lorsque les fruits ont la grosseur d'une noix.

Maladies des fruits et maladies de conservation

Plusieurs maladies cryptogamiques peuvent se développer pendant la conservation des pommes et, à un moindre degré, des poires.

En premier lieu :
- veiller à une croissance régulière des arbres ;
- faire en sorte que la lumière pénètre bien dans la couronne des arbres ;
- éviter les blessures de la peau et de la chair des fruits ;
- effectuer des contrôles lors du stockage ;
- utiliser des emballages et des locaux de stockage propres ;
- récolter les fruits au bon moment. On reconnaît le moment optimal de la cueillette aux indices suivants : pédoncule se détachant facilement du bois, coloration caractéristique, largeur et profondeur de l'œil (à l'opposé du pédoncule), disparition de la coloration verte dans la chair du fruit.

Pourriture du pénicillium (ou pourriture bleue)

Il s'agit d'un parasite secondaire, qui pénètre dans le fruit lorsque la peau est endommagée.

Plantes attaquées : arbres fruitiers à pépins.

Dégâts : apparition de taches brun jaunâtre, puis d'un feutrage verdâtre, sur les fruits en cours de conservation. La chair du fruit se ramollit et prend une odeur de moisi ou de pourri.

Lutte préventive :
- soigner l'entretien des arbres, la cueillette, le triage et le transport des fruits. Eliminer les fruits blessés avant d'entreposer ;
- veiller à une propreté rigoureuse des claies et des locaux d'entreposage.

Pourriture du cœur *(Fusarium sp.)*

L'infection peut se produire tout de suite après la floraison ou ultérieurement. Elle est favorisée par une croissance vigoureuse.

Plantes attaquées : arbres fruitiers à pépins.

Dégâts : la pourriture reste en général invisible extérieurement. Lorsqu'on coupe le fruit, on observe des filaments mycéliens jaune-orange. C'est surtout le cœur qui est atteint, puis, à un stade ultérieur, tout le fruit.

Lutte préventive :

- faire une fumure modérée (peu d'azote) ;
- effectuer des sondages, en coupant quelques fruits, avant d'entreposer les pommes.

Moniliose *(Monilia fructigena)*

Cette pourriture est provoquée par le champignon *Monilia*. Dans les fruits atteints tardivement, elle ne se manifeste que lors du stockage (voir p. 132).

Plantes attaquées : fruits à pépins, cerises et quetsches.

Dégâts : les fruits prennent une coloration brun-noir brillante.

Lutte préventive :

- éviter de blesser la peau des fruits sur l'arbre ;
- éliminer, lors du triage, les fruits portant des blessures visibles.

Pourriture lenticellaire *(Pezicula spp., Gloeosporium spp.,* etc.)

Cette maladie de conservation est fréquente. L'infection se produit dès l'été sur les arbres. La pourriture est favorisée par une cueillette tardive.

Plantes attaquées : arbres fruitiers à pépins.

Dégâts : la pourriture apparaît d'abord sous forme de points, puis de taches circulaires qui se rejoignent.

Lutte préventive :

- ne pas cueillir trop tardivement ;
- ne pas stocker trop longtemps ;
- stocker dans des conditions optimales : 3 à 4 °C, 90 à 94 % d'humidité relative, aération. Ces conditions ralentissent le vieillissement des fruits.

Maladies physiologiques

En plus des maladies cryptogamiques, plusieurs perturbations physiologiques peuvent endommager le fruit (voir p. 47).

Brunissement du cœur

Il apparaît lorsque la récolte est faible, lorsqu'elle est tardive et lorsque la température de stockage est basse.

Plantes attaquées : arbres fruitiers à pépins (notamment variétés de pommes Jonathan, Boskoop, James Grieve, Mac Intosh).

Dégâts : ramollissement et brunissement de la chair du fruit.

Lutte préventive :

- cueillir au bon moment ;

- faire mûrir à 20 °C et consommer immédiatement les fruits douteux ;
- ne pas stocker à des températures trop basses.

Vitrosité

Cet accident apparaît en cas de fertilisation azotée excessive, de croissance trop vigoureuse et de récolte trop tardive.

Plantes attaquées : arbres fruitiers à pépins (notamment variétés de pommes Reine des reinettes, Gloster, etc.).

Dégâts : la chair du fruit est vitreuse par endroits, déjà sur l'arbre.

Lutte préventive :
- avoir des arbres plus chargés en freinant leur croissance (par exemple, en courbant certaines branches et en diminuant la fumure) ;
- cueillir les fruits atteints tôt et les mûrir à 15-20 °C.

Taches des Jonathan

Ce type de taches, caractéristique de la variété Jonathan, est favorisé par une récolte trop tardive.

Plantes attaquées : Jonathan, Idared et autres variétés de pommes.

Dégâts : taches brunes ou noires disséminées sur la peau du fruit.

Lutte préventive :
- cueillir tôt et stocker immédiatement à basse température ;
- consommer précocement, avant que les taches ne soient trop nombreuses.

Taches amères

Les causes de cet accident sont une fumure azotée trop tardive et trop élevée, un excès de potasse, une teneur du sol en humus trop faible, des fruits de gros calibre en raison de leur faible nombre. Des variations importantes de température et d'humidité avant la récolte favorisent le bitter pit.

Plantes attaquées : arbres fruitiers à pépins (notamment variétés de pommes Boskoop, Maigold, Gravensteiner, Cox-Orange, etc.).

Dégâts : taches brunes, spongieuses, amères, sous la peau du fruit.

Lutte préventive :
- fertilisation modérée et équilibrée, bon apport d'humus ;
- approvisionnement régulier en eau ;
- s'efforcer d'avoir des arbres plus chargés ;
- traiter aux algues liquides 1 ou 2 mois avant récolte si les arbres sont insuffisamment chargés.

Arbres fruitiers à noyaux : cerisier (Rosacées)

Le cerisier est sensible aux gelées tardives. C'est un arbre qui aime les sols profonds et bien aérés. Fumer modérément.

Puceron du cerisier *(Myzus cerasi)*

Ce puceron est noir brillant. Il attaque surtout les jeunes arbres sur la face inférieure des feuilles. En juillet, les pucerons migrent sur des plantes herbacées. Présence de fourmis. Les œufs d'hiver sont pondus dans des fentes de l'écorce ou sur le bois à fruits.

Espèces attaquées : hôte principal et hôte d'hiver : cerisier. Hôtes secondaires : aspérule, gaillet et véronique.

Dégâts : les feuilles sont enroulées. La croissance est stoppée. Les feuilles et

Dégâts	Parasite ou maladie	Page
Branches, rameaux		
Croissance inhibée, pucerons noirs, fumagine	Puceron du cerisier	140
Les rameaux se fanent, les extrémités se dessèchent	Moniliose (photo 70)	132
Emplacements déprimés sur l'écorce avec écoulement de gomme	Chancre bactérien	141
Feuilles		
Feuilles fortement gaufrées et enroulées, pucerons noirs, fumagine	Puceron du cerisier	140
Feuilles minées	Mineuse de la feuille des arbres fruitiers	126
Taches vert clair, puis brunes	Chancre bactérien	141
Petites taches rouge-brun, puis perforation ; chute prématurée des feuilles	Maladie criblée (photo 72)	143
Taches arrondies, rouge violacé, le long de la nervure centrale	Cylindrosporiose	143
Enduit noir	Fumagine	67
Bourgeons, fleurs		
Bourgeons noirs, mauvaise floraison	Pourriture amère	142
Les fleurs fanent	Moniliose	132
Fruits		
Chair des fruits rongée, pourriture	Mouche de la cerise (photo 71)	141
Fruits rongés	Cheimatobie	123
Taches rondes, brunes, déprimées, goût amer	Pourriture amère	142
Taches noires	Chancre bactérien	141
Chute prématurée	Trouble de la nutrition dû à une sécheresse ou une humidité excessive	51

les rameaux sont souillés par une abondante excrétion de miellat et par de la fumagine (photo 69).

Lutte :voir « Puceron » (p. 66) et « Pucerons sur les fruits à pépins » (p. 127).

Mouche de la cerise *(Rhagoletis cerasi)*

La mouche atteint 5 mm de longueur. On la reconnaît au dessin caractéristique sur les ailes et à son petit bouclier jaune à l'arrière du thorax. Elle vole de mi-mai à juillet. Les œufs sont pondus sur les cerises en cours de maturation. Les larves se nourrissent de la chair des fruits. Elles se nymphosent dans le sol, à partir de juillet, dans des pupes de 4 mm de longueur où elles passent l'hiver.

Espèces attaquées : toutes les variétés de cerisiers, notamment dans les zones chaudes et encaissées. Les variétés précoces et les arbres se trouvant dans des endroits bien ventilés sont moins menacés.

Dégâts : les larves mangent la chair, les cerises véreuses pourrissent (photo 71).

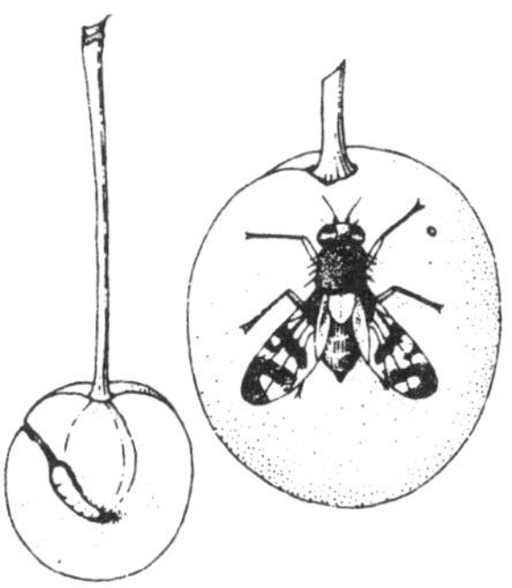

Lutte préventive :
- ramasser les fruits tombés prématurément ;
- récolter tous les fruits tôt dans la saison ;
- mettre des poules dans le verger dès que les premiers fruits véreux tombent des arbres ;
- les mouches éclosent lorsque le sol est assez réchauffé. Retarder ce réchauffement sous les arbres par le mulching jusqu'à ce que les cerises soient suffisamment mûres ;
- traiter plusieurs fois, de 3 à 5 semaines après la floraison, avec de l'infusion d'absinthe, pour empêcher les mouches de pondre.

Lutte directe :
- une méthode biologique pour capturer les mouches consiste à suspendre, en mai, des pièges à mouche de la cerise. Cette méthode est efficace pour les arbres isolés. Les pièges doivent être enlevés aussitôt après la récolte, faute de quoi de nombreux autres insectes sont attrapés (voir p. 223) (photo 103).

Chancre bactérien *(Pseudomonas mors-prunorum* et *P. syringae)*

Le chancre bactérien est devenu un problème ces dernières années, notamment dans les jeunes plantations. L'infection se fait déjà à l'automne sur les feuilles, les bourgeons et les bouquets de mai, par les cicatrices des feuilles et par les fentes et blessures de l'écorce.

Espèces attaquées : cerisier, pêcher, prunier, abricotier.

Dégâts : taches vert clair, devenant rapidement brunes, sur les feuilles. Taches noires sur les fruits. Zones déprimées sur l'écorce (nécrose) avec écoulement de gomme. Mort de branches entières ou de tout l'arbre, surtout au début de l'été.

Lutte préventive :
- éviter les variétés sensibles ;
- éviter les fumures excessives, trop riches en azote ;
- ne pas éclaircir trop fortement ; tailler en été ou à la fin de l'hiver ;
- désinfecter les instruments de taille avec de l'alcool ou du formol à 2 %.

Lutte directe :
- ablation des parties atteintes en pénétrant jusqu'à 10 cm dans le bois sain, aussitôt après la récolte. Mettre un produit cicatrisant sur les blessures. Brûler les branches atteintes ;
- traiter 2 fois, à la chute des feuilles, à 3 semaines d'intervalle, avec de la bouillie bordelaise ou un autre produit à base de cuivre ; faire éventuellement 2 autres traitements au gonflement des bourgeons.

Pourriture amère des cerises *(Gloeosporium fructigenum)*

Le champignon pénètre dans le fruit par la peau pendant la période de végétation. Les spores ne commencent à se développer que lorsque les fruits ont atteint un certain degré de maturité. Certaines souches de champi-

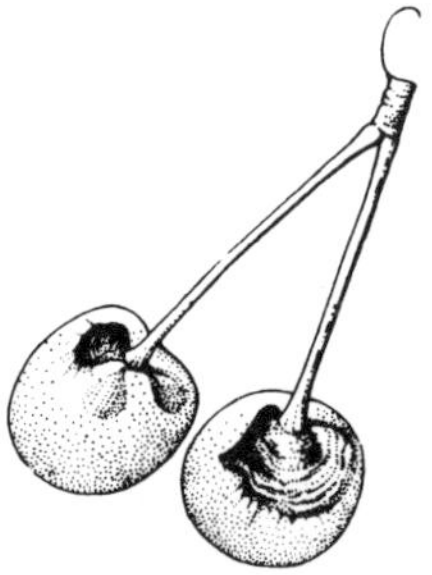

gnon, résistantes au froid, peuvent continuer à se développer en chambre froide. Les spores hivernent dans les fruits momifiés et sur les rameaux.

Espèce attaquée : cerisier.

Dégâts : taches rondes, brunes, déprimées, qui pénètrent profondément dans la chair. Des pustules de champignons, généralement rondes, blanches, rougeâtres ou noires, apparaissent ensuite. Les cerises ont un goût amer (pourriture amère). Les jeunes rameaux sont également atteints. Les années suivantes, la floraison est mauvaise.

Lutte préventive :
- cueillir les fruits atteints avant la récolte et les détruire ;
- choisir un emplacement exposé au vent ;
- tenir compte de la sensibilité des variétés ;
- couper soigneusement et détruire les parties de plantes atteintes ;
- si cette maladie apparaît fréquemment, faire 2 traitements fongicides (en juin) ;
- traiter au Bio-S (voir p. 226) ou au

soufre mouillable 4 semaines avant la récolte. Mais l'efficacité de ce traitement est limitée.

Maladie criblée *(Clasterosporium carpophilum)*

Le champignon hiverne sur les feuilles mortes ou sur les branches tombées. Les spores d'été sont visibles à la face inférieure des feuilles.

Espèces attaquées : tous les arbres fruitiers à noyaux, notamment le cerisier et le pêcher dans les régions pluvieuses.

Dégâts : présence de petites taches rouge-brun, rondes, sur les jeunes feuilles. Plus tard, elles se dessèchent et de petits trous bordés de rouge se forment (les feuilles semblent criblées de trous). Les feuilles malades sèchent prématurément et tombent dès juillet. Les fruits et les rameaux peuvent également être atteints (léger écoulement de gomme). Si l'attaque est forte, le rendement peut diminuer considérablement (photo 72).

Lutte préventive :
- ramasser les feuilles atteintes ;
- tailler précocement les rameaux atteints (surtout sur le pêcher).

Lutte directe :
- traiter au démarrage de la végétation avec de la décoction de prêle, ou, en cas de fortes attaques, au Bio-S (voir p. 226) combiné avec du soufre mouillable ou avec du soufre mouillable seul ;
- traiter au cuivre avant le gonflement des bourgeons (concentration maxima : 0,05 %) ;
- en cas de fortes attaques sur pêcher, traiter au cuivre après la chute des feuilles.

Cylindrosporiose *(Cylindrosporium padii)* (anthracnose)

Cette maladie fait des dégâts surtout par temps humide. De grosses masses de conidies apparaissent sur la face inférieure des feuilles ; elles durcissent en séchant.

Espèces attaquées : cerisier ; plus rarement prunier, abricotier.

Dégâts : taches rondes, rouge violacé, surtout le long de la nervure centrale des feuilles. Se développe surtout en été. En cas de forte attaque, les feuilles jaunissent et tombent.

Lutte : voir « Maladie criblée ».

Chute des fruits

Il s'agit de la chute prématurée et en nombre excessif des fruits non encore développés. Les changements de temps pendant et immédiatement après la floraison favorisent cette anomalie physiologique.

Plantes attaquées : certaines variétés de cerises.

Dégâts : chute des fruits conduisant à une baisse importante du rendement.

Lutte préventive :
- mettre du mulch au pied des arbres pour diminuer les effets des changements de temps ;
- apporter une fumure azotée modérée ;
- badigeonner les blessures ;
- traiter à la défloraison avec un extrait d'algues ;
- choisir des variétés peu sensibles.

Arbres fruitiers à noyaux : pêcher, abricotier (Rosacées)

Le pêcher et l'abricotier ont besoin de beaucoup de chaleur et d'une exposition abritée. Ils aiment les sols profonds, riches en calcaire et bien fertilisés.

Puceron vert du pêcher *(Myzus persicae)*

Les formes aptères sont vert olive mat à vert jaunâtre. Ce puceron a de nombreuses plantes comme hôtes d'été et, de ce fait, provoque beaucoup de dégâts. Sur le pêcher, il hiverne sous la forme œuf. Par temps doux, les colonies d'été peuvent également hiverner sur les hôtes d'été et dans les serres. La première génération apparaît à l'éclosion des bourgeons. Les attaques les plus importantes sont sur les hôtes d'été en juillet-août. Pas de fourmis.

Espèces attaquées : hôte d'hiver : pêcher, éventuellement aussi hôte d'été. Hôtes d'été : plus de 400 espèces (pomme de terre, laitue, poivron...).

Dégâts : les feuilles prennent une coloration claire, se gaufrent et tombent.

Dégâts	Parasite ou maladie	Page
Branches, rameaux		
Petits boucliers sur l'écorce	Cochenille	124
Fleurs desséchées à l'extrémité des branches	Monilia	132
Feutrage blanc, rameaux dépérissant	Oïdium	133
Rameaux déformés et tordus	Cloque du pêcher (photo 73)	146
Mort des extrémités des rameaux, écorce déprimée par endroits, écoulement de gomme	Chancre bactérien	141
Dessèchement de branches isolées, mort de l'arbre	Dépérissement du pêcher	146
Feuilles		
Feuilles gaufrées, pucerons verts, chute précoce des feuilles	Puceron vert du pêcher	145
Feuilles non gaufrées, pucerons farineux à la face inférieure, fumagine	Puceron farineux du prunier	147
Feuilles épaissies et boursouflées, souvent rougeâtres, chute des feuilles	Cloque du pêcher (photo 73)	146
Feutrage blanc, chute des feuilles	Oïdium	133
Fruits		
Petites chenilles rouge clair dans les abricots	Carpocapse de la pomme (dans les régions chaudes : rare)	121
Taches rondes déprimées, bordées de rouge	Maladie criblée	143
Taches noires, fruits souvent éclatés	Tavelure	135
Couche de moisissure sur le noyau, fruits farineux	Carence en bore	47

Le puceron transmet des maladies à virus aux pommes de terre.

Lutte : la lutte est difficile. Voir « Pucerons » (p. 66) et « Pucerons des arbres fruitiers à pépins » (p. 127).

Dépérissement des pêchers

Il est rare que ce phénomène, aux origines très diversifiées, puisse être imputé à un agent pathogène unique ou à un événement isolé. Souvent, des dégâts occasionnés par les intempéries (coup de soleil, gel), ou des blessures dues à une mauvaise taille, sont les déclencheurs du phénomène. Ensuite, certains champignons, virus et bactéries font périr l'arbre.

Espèce attaquée : abricotier.

Dégâts : L'arbre a l'air malade, ses feuilles jaunissent légèrement. De nombreuses enflures apparaissent sur les branches qui commencent à dessécher dès le démarrage de la végétation ou peu après la floraison. Parfois, une ou plusieurs branches se dessèchent subitement pendant l'été.

Lutte préventive :
- choisir un emplacement abrité ;
- fertilisation équilibrée et bonnes conditions de sol ;
- tailler soigneusement puis appliquer un cicatrisant sur les plaies ;
- badigeonner le tronc et les branches maîtresses à la fin de l'automne ;
- faire des traitements au Bio-S (p. 226).

Lutte directe :
- éliminer immédiatement les parties atteintes.

Cloque du pêcher *(Taphrina deformans)*

Le champignon hiverne sous les écailles des bourgeons et, de là, infecte les jeunes feuilles et les rameaux. Les parties de la plante plus âgées sont peu atteintes. Un temps froid et humide pendant le développement des feuilles favorise la dissémination rapide du champignon. Il fait rarement des dégâts sur les arbres en espaliers couverts.

Espèce attaquée : pêcher (notamment variétés tardives à chair jaune).

Dégâts : les feuilles attaquées présentent des taches jaunes bombées ; la face supérieure des feuilles se gaufre. Plus tard, les feuilles deviennent rouge violacé et tombent prématurément. Les jeunes rameaux sont déformés et tordus. Ecoulement de gomme. Zones ridées sur les fruits. L'arbre est affaibli (photo 73).

Lutte préventive :
- faire un bon apport de compost en automne et couvrir le sol ;
- planter de l'ail et des capucines sous les pêchers ;

- en automne, traiter les arbres et le sol avec du purin de prèle et du Bio-S (voir p. 226) ;
- traiter au démarrage de la végétation avec des algues calcaires à 2 % et du purin d'ortie à 5 % (2 fois en 3 semaines), ou 3 fois en 10 jours avec de la décoction de prèle ;
- en hiver, traiter préventivement 1 ou 2 fois avec du silicate de soude à 2 % et des algues calcaires à 2-3 % ;
- en culture biodynamique, faire un traitement préventif avec la préparation silice de corne, lorsque les fruits ont la taille d'une noix, pour favoriser la maturation ;
- éliminer et brûler les fruits momifiés.

Lutte directe :
- enlever et brûler les premières feuilles atteintes ;
- en cas de fortes attaques, traiter au cuivre au gonflement des bourgeons et à nouveau en automne.

Arbres fruitiers à noyaux : prunier (Rosacées)

Cet arbre peu exigeant préfère cependant les sols humides (même peu profonds).

Puceron vert du prunier *(Brachycaudus helichrysi)*

Les insectes aptères sont vert clair.

Espèces attaquées : hôtes principaux : prunier, quetschier (surtout jusqu'à la floraison). Hôtes secondaires : plantes herbacées, pissenlit, achillée, aster, bleuet.

Dégâts : dégâts par piqûres et excrétion de substances toxiques. Les feuilles se gaufrent et se dessèchent, la croissance est stoppée.

Puceron farineux du prunier *(Hyalopterus pruni)*

Le puceron, vert clair, est recouvert d'une cire qui lui donne un aspect farineux.

Espèces attaquées : hôtes principaux et hôtes d'hiver : arbres à noyaux. Hôtes secondaires : roseaux.

Dégâts : très fortes colonies de pucerons farineux à la face inférieure des feuilles. Formation de fumagine sur le miellat.

Lutte : voir « Pucerons » (p. 66) et « Pucerons des arbres à pépins » (p. 127).

Phytopte *(Eriophyes similis)*

Cet acarien hiberne dans les fentes des écorces. A l'arrivée du printemps, il se déplace vers les bourgeons pour y sucer les jeunes feuilles. C'est ainsi que se forme les galles. Les dégâts sont rarement graves.

Espèces attaquées : prunier, quetschier, mirabellier.

Dégâts : des galles vertes se forment sous les feuilles au printemps, et deviennent rouges en été. Une attaque importante peut entraîner la déformation des fruits.

Lutte préventive :
- bien soigner l'écorce, enlever les morceaux qui se détachent.

Lutte directe :
- traitement d'hiver avec de l'huile de colza ou de l'huile minérale.

Hoplocampe du prunier *(Hoplocampa minuta, Hoplocampa flava)*

L'hoplocampe mesure 4 à 6 mm et a des ailes veinées. Sa couleur est, selon l'espèce, rouge ou jaune. Les chenilles sont blanchâtres et ont une odeur de punaise. Le cocon est brunâtre. Les deux types d'hoplocampe volent en avril et en mai. Les œufs sont pondus

Dégâts	Parasite ou maladie	Page
Branches, rameaux		
Pucerons farineux, fumagine	Puceron farineux du prunier	147
Croissance inhibée, extrémités des rameaux fortement déformées, pucerons verts	Puceron vert du prunier	147
Des branches entières meurent, écorce déprimée, écoulement de gomme	Chancre bactérien	141
Feuilles		
Pucerons verts, fortes déformations	Puceron vert du prunier	147
Pucerons farineux à la face inférieure	Puceron farineux du prunier	147
Galles vert clair sur la face inférieure	Phytopte du prunier	147
Changement de couleur, chute précoce des feuilles	Acariens	53
Feuilles complètement rongées, nids contenant de petites chenilles	Hyponomeute du pommier (photo 60)	125
Petites taches jaunes à la face supérieure, pustules de champignons à la face inférieure	Rouille du prunier (photo 77)	150
Enduit brun-noir	Fumagine	67
Fruits		
Larves s'introduisant dans les fruits, déjections, odeur de punaises. Chute prématurée des fruits	Hoplocampe du prunier (photo 76)	148
Chair des fruits rongée, gouttes de sève à l'orifice, déjections	Carpocapse des prunes	149
Les fleurs dépérissent, les fruits mûrissant pourrissent	Moniliose (photo 74)	132

sous l'épiderme du calice. Les parties de la peau soulevées par la tarière se colorent en brun et sont faciles à reconnaître. Les hoplocampes vont se poser sur les arbres en pleine floraison ; la ponte est donc très variable selon le moment de la floraison. Les larves tombent sur le sol avec les derniers fruits atteints et se nymphosent dans des cocons à 8-10 cm sous terre.

Espèces attaquées : prunier, mirabellier et pommier (autre espèce). Les hoplocampes n'apparaissent en grand nombre que localement.

Dégâts : les jeunes larves pénètrent, toujours latéralement, dans les jeunes fruits et mangent l'intérieur. Une larve attaque 3 à 4 fruits. Lorsque l'on ouvre les fruits atteints, ils sont remplis de déjections et il s'en dégage une odeur de punaise (photo 76).

Lorsque les arbres sont très chargés, l'hoplocampe doit être considéré d'abord comme un moyen d'éclaircissage naturel. Mais il est nécessaire de bien surveiller les arbres (fin mai, c'est-à-dire dès que les fruits sont visibles). Pour déterminer le moment du vol, se procurer dans le commerce des pièges à glu spécifiques.

Lutte préventive :
- protection des oiseaux.

Lutte directe :
- ramasser les fruits tombés. Mais les vols peuvent également venir de l'extérieur ;
- en cas de fortes attaques, faire 2 à 3 traitements, après la chute des

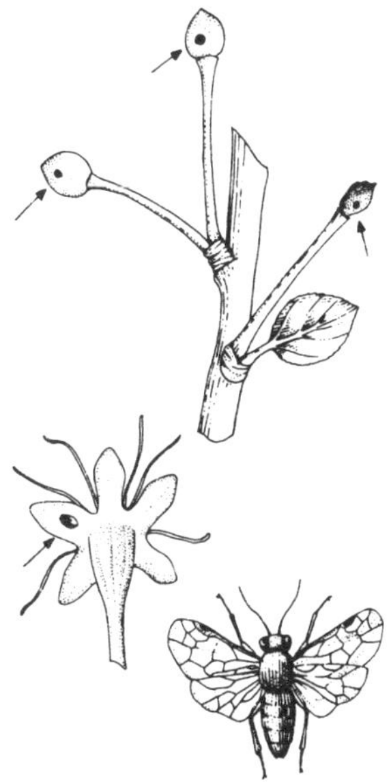

pétales, avec de l'infusion de tanaisie ou d'absinthe, de la décoction de quassia ou un produit à base de pyrèthre ou de roténone (si possible avec de l'eau chaude).

Carpocapse des prunes *(Grapholita funebrana)*

Le papillon a une envergure d'environ 15 mm. Les ailes antérieures sont gris-noir avec des dessins imprécis. La chenille est rouge carmin avec une tête brunâtre. Le carpocapse vole de mai à juin et de juillet à août, les journées chaudes, à l'aube. Les œufs sont pondus sur les fruits. La chenille hiverne dans des nids sur l'écorce. Elle se nymphose au printemps et au début de l'été.

Espèce attaquée : prunier (notamment les variétés tardives). Attaques de gra-

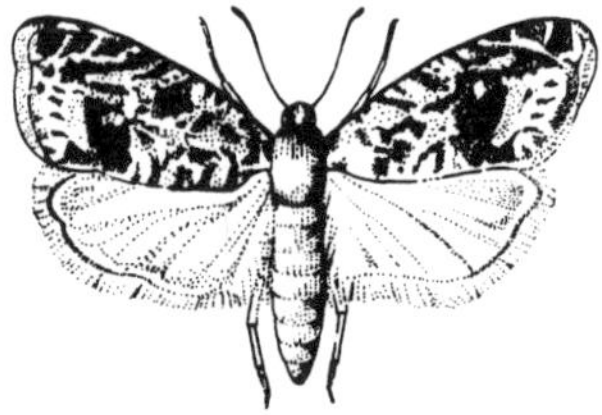

vité variable, plus importantes dans les régions chaudes.

Dégâts : la chenille creuse d'abord une galerie sous la peau du fruit et pénètre ensuite à l'intérieur. Les fruits atteints se colorent et tombent. La partie du fruit autour du noyau est mangée et remplie de déjections. Sur le fruit, à l'entrée du trou de pénétration, on peut voir une goutte de gomme.

Lutte préventive :
- protection des oiseaux ;
- lâcher des poules dans les vergers dès que des fruits attaqués tombent des arbres ;
- les forficules mangent les jeunes larves ;
- badigeonner les troncs.

Lutte directe :
- mettre des bandes-pièges (voir p. 218) de juillet à septembre, puis les enlever et les brûler. Mais leur effet est insuffisant ;

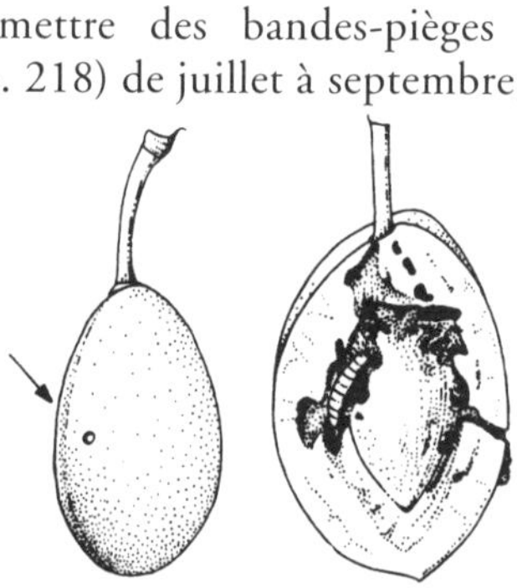

- ramasser les fruits atteints ;
- en cas de fortes attaques, faire 2 à 3 traitements au pyrèthre ou à la roténone à 10 jours d'intervalle pendant la période de ponte de la deuxième génération.

Rouille du prunier *(Tranzschelia discolor)*

Le champignon hiverne sous forme de mycélium sur les racines de différentes espèces d'anémones. Au printemps, il infecte les feuilles des arbres fruitiers. Plusieurs générations se développent, surtout en juillet-août. Les spores d'hiver, noires, se forment en automne. Elles germeront au printemps suivant, non plus sur les arbres fruitiers, mais sur différentes espèces d'anémones. Le champignon a donc un cycle de développement de 2 ans.

Espèces attaquées : surtout le prunier ; plus rarement le pêcher, l'abricotier et l'amandier. Les variétés sont plus ou moins sensibles. Hôtes intermédiaires : certaines espèces d'anémones.

Dégâts : petites taches jaunes à la face supérieure des feuilles, pustules brunes à la face inférieure. En cas de forte attaque, les feuilles meurent et tombent prématurément (photo 77).

Lutte préventive :
- traiter avec un produit destiné à renforcer la plante, associé au soufre (1 à 2 traitements en juin) ;
- ramasser les feuilles tombées.

Ravageurs et maladies des arbustes à baies

Fraisier (Rosacées)

Le fraisier a besoin de lumière, de chaleur et d'humidité. Il aime les terrains bien drainés, riches en humus. L'humidité stagnante favorise la formation de pourriture des racines et les attaques de champignons. Le mulching a fait ses preuves.

En espaçant suffisamment les pieds, on évite les maladies cryptogamiques.

Apport de fumure, de préférence à l'automne.

Anthonome du framboisier *(Anthonomus rubi)*

Ce coléoptère noir mesure 3 à 4 mm. Il pond en mai dans les boutons floraux. La larve, blanche et dépourvue de pattes, se nymphose dans le sol ou dans les fleurs tombées. L'insecte hiverne dans le sol ou sous de la matière végétale morte. Il n'est actif qu'à des températures supérieures à 18 °C. Il se multiplie abondamment pendant quelques années, puis disparaît.

Espèces attaquées : fraisier, en particulier les variétés à gros fruits, mais aussi groseillier et framboisier (dans les régions chaudes).

Dégâts	Maladie ou parasite	Page
Racines		
Racines rongées	Ver blanc, campagnol, courtilière, larves d'otiorrhynques	55, 57, 58, 65
Racines de couleur brun-noir	Pourriture des racines	153
Feuilles		
Feuilles gaufrées, brunies ; présence de petits acariens blancs	Tarsonème	152
Coloration blanche tachetée, puis gris-brun ; petits acariens clairs	Acarien commun	53
Feutrage blanc, face inférieure des feuilles rougeâtre ; feuilles enroulées	Oïdium	75
Petites taches brunes avec souvent une lisière rouge	Maladie des taches pourpres	152
Feuilles déformées, mort de la tige principale	Nématode (rare)	64
Fleurs		
Fleurs rongées, hampe florale sectionnée	Anthonome du framboisier (rare) (photo 79)	151
Fruits		
Fruits mangés	Limaces	59
Feutrage blanc ; les fruits pourrissent	Pourriture grise (photo 78)	165

Dégâts : la hampe florale est mordue lors de la ponte et les boutons floraux sèchent et se détachent environ 3 jours après. Les dégâts sont rarement importants.

Lutte préventive :
– couverture du sol ;
– couvrir le sol, tôt au printemps ou après la récolte, avec de la fougère.

Lutte directe :
– une lutte directe est rarement nécessaire ;
– ramasser les boutons atteints avec la hampe florale et les détruire avant que la larve ne sorte ;
– traiter le sol et les plantes avec de la tanaisie aussitôt après la récolte des fraises ;
– en cas de fortes attaques, traiter avec du pyrèthre ou de la roténone dès que les dégâts sont visibles.

Tarsonème *(Tarsonemus pallidus)*

Cet acarien ne mesure que 0,3 mm. Il est blanc translucide et devient brun après s'être nourri. La femelle hiverne dans les replis des feuilles du fraisier. Les œufs sont pondus dès mars dans les jeunes feuilles du cœur. Il y a plusieurs générations. Transmission par les plants atteints. Les plantes âgées sont plus fortement attaquées que les autres.

Espèces attaquées : fraisier et plantes ornementales de serre. Parasite commun mais causant rarement des dégâts importants.

Dégâts : les feuilles se gaufrent, les tiges se recourbent, la surface des feuilles brunit. Les boutons et les fleurs se ratatinent et se dessèchent. Les plantes se développent mal.

Lutte préventive :
– ne pas prélever des plants dans des plantations attaquées ;
– acheter des plants sains ; renouveler la plantation tous les deux ans ;
– il est important de diagnostiquer précocement l'attaque ;
– associer les fraisiers avec l'ail, l'oignon ou le poireau ;
– arroser fréquemment, du début du printemps jusqu'à la floraison, avec de l'infusion de pelures d'oignon ou d'ail.

Lutte directe :
- faire 3 traitements à 3 jours d'intervalle, tôt au printemps, lorsque la température est supérieure à 10 °C, dans le cœur de la plante et sur la face inférieure de la plante, avec de la décoction de tanaisie ou du Bio-S (voir p. 226) ;
- pour d'autres moyens de lutte, voir « Acariens », p. 53.

Maladie des taches pourpres *(Mycosphaerella fragariae* et *Diplocarpon earliana)*

Ce champignon hiverne sur les feuilles. Il se multiplie pendant toute la période de végétation. Les feuilles changent de couleur. Le métabolisme de la plante est perturbé.

Espèce attaquée : fraisier, notamment en cas de forte humidité. Sensibilité variable selon les variétés.

Dégâts : taches rouges violacées ou brunes ; les tissus morts deviennent gris. Les dégâts ne doivent pas être surestimés.

Lutte préventive :
- aussitôt après la récolte, couper et brûler les feuilles et les stolons atteints ;
- éviter les variétés sensibles (par exemple Hummi grande) ;
- traiter avec de la décoction de prèle ou du Bio-S (voir p. 226) ;
- planter à grand écartement pour que les plantes puissent bien sécher ;
- éviter les fumures trop riches en azote.

Lutte directe :
- en cas de fortes attaques, traiter avant la floraison et après la récolte avec un produit à base de cuivre.

Pourriture des racines *(Phytophtora fragariae* et *P. cactorum)*

Différentes espèces de champignons peuvent s'attaquer aux racines et au rhizome, au printemps ou en été. Elles se développent en particulier en cas d'humidité persistante et dans les sols prédisposés au compactage.

Espèce attaquée : fraisier.

Dégâts : coloration rouge ou brun-noir des racines.

Lutte préventive :
- éviter les variétés sensibles, comme Senga Sengana, Red Gauntlet, Gorelfa ;
- veiller à un bon drainage et améliorer le sol par des apports importants de compost. Planter sur buttes ;
- veiller à la rotation (les champignons peuvent survivre 20 ans dans le sol) ;
- arracher et brûler les plantes atteintes ;
- nettoyer soigneusement les outils de jardinage s'ils ont été mis en contact avec des plantes malades ;
- ne pas prélever de plants dans des plantations malades.

Framboisier, ronce (Rosacées)

Ces plantes d'origine forestière affectionnent les terres profondes, légèrement acides, riches en humus et bien drainées. Choisir des emplacements abrités et ensoleillés.

Ver des framboises *(Byturus tomentosus)*

Ce coléoptère, gris-brun, est ovale et mesure 4 à 5 mm. Il vole en mai et juin. De juin à juillet, il pond ses œufs sur les fleurs. Les larves, jaunes, se nymphosent dans des nids allongés sur l'écorce ou dans les fentes du tuteur. L'insecte hiverne dans le sol.

Espèces attaquées : framboisier et ronce.

Dégâts : l'adulte ronge les fleurs, les bourgeons, les feuilles, le réceptacle floral et les fruits verts. La larve mange la chair des fruits (photo 81).

Lutte préventive :
– mettre des poules ;
– bien couvrir le sol ;
– semer des myosotis entre les pieds.

Dégâts	Maladie ou parasite	Page
Branches, rameaux		
Coloration claire à la partie inférieure des rameaux ; taches rouge-brun à violet ; les rameaux meurent	Brûlure des dards	155
Rabougrissement	Virus	74
Pousses mortes au printemps	Dégâts du gel	51
Feuilles		
Feuilles crispées	Pucerons	66
Feuilles rongées	Hanneton, ver des framboises (photo 81)	58, 154
Feuilles déformées, jaunissantes, petites taches jaunes	Virus	74
En été, les feuilles et l'extrémité des rameaux jaunissent et fanent ; par temps sec, les dards se dessèchent brusquement ; Les jeunes plantes meurent	Fusariose	156
Bourgeons, fleurs		
Bourgeons et fleurs rongés	Ver des framboises (photo 81)	154
Hampe florale rongée ; les fleurs fanent	Anthonome du framboisier (photo 79)	151
Fruits		
Fruits verts mangés	Ver des framboises (adulte)	154
Chair des fruits mangée	Ver des framboises (larve)	154
Les mûres restent rouge clair et acides	Phytopte de la ronce (photo 80)	155
Pourriture, moisissure	Pourriture grise	76

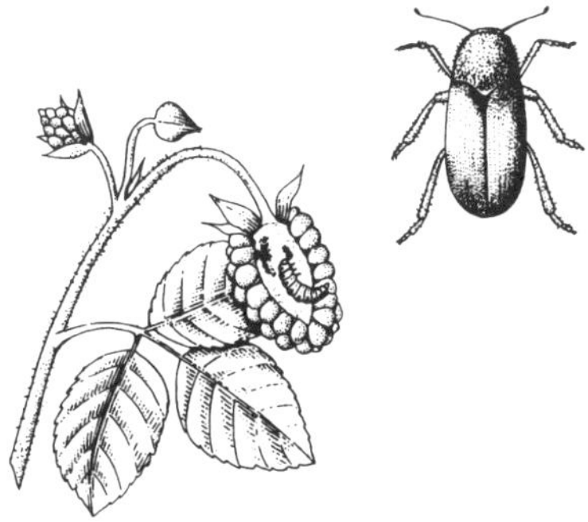

Lutte directe :
- suspendre entre les rangs – à 1 ou 1,5 mètre du sol – des pièges à glu blancs, bien visibles, qu'on retirera après le vol (voir p. 224) ;
- faire tomber les coléoptères dans des récipients en frappant sur les tiges et les ébouillanter ;
- en cas de fortes attaques, traiter (pulvérisation ou poudrage) à la floraison, le soir ou le matin de bonne heure, avec du pyrèthre ou de la roténone.

Phytopte de la ronce *(Eriophyes essigi)*

Cet acarien à la peau blanche hiverne sous l'écorce et dans les bourgeons, occasionnellement dans les baies desséchées de l'année précédente. Au départ de la végétation, il va sur les feuilles et, de là, sur les boutons et les fleurs.

Espèce attaquée : ronce.

Dégâts : les fruits restent rouge clair et durs et ont un goût acide (photo 80).

Lutte préventive :
- couverture du sol avec du compost de feuilles ;
- après la récolte, couper tous les rameaux formés l'année précédente (variétés remontantes : pratiquer cette taille après la première récolte).

Lutte directe :
- traiter, après la taille et au printemps, sur les jeunes feuilles, avec un mélange tanaisie et bentonite ou tanaisie et algues calcaires ;
- au printemps, dès la reprise de la végétation, traiter soigneusement à l'huile de colza, ou éventuellement à l'huile minérale (à base de paraffine) ;
- traiter, lorsque les rameaux atteignent 10 cm, par une journée chaude, avec du soufre (1 %) ou du Bio-S (voir p. 226).

Brûlure des dards *(Didymella applanata, Leptosphaeria coniothyrium)*

La brûlure des dards est causée par plusieurs champignons (qui accompagnent souvent la cécidomyie). Le champignon pénètre par les fentes de l'écorce et par les blessures, qui se produisent facilement à la suite de fortes variations de l'approvisionnement en eau. Il se développe pendant toute la période de végétation. Il hiverne sur les dards.

Espèce attaquée : framboisier.

Dégâts : des taches rouge-brun à violet apparaissent sur les rameaux, surtout autour des bourgeons, et la base des rameaux prend une coloration claire. Les tissus atteints se déchirent et toute la pousse se dessèche progressivement. Au printemps, les rameaux atteints poussent mal ou pas du tout.

Lutte préventive :

- les framboisiers sont des plantes forestières qui préfèrent les sols légèrement acides et les sites protégés du vent ;
- éviter de blesser les rameaux en travaillant le sol ;
- veiller à un approvisionnement en eau régulier ;
- bien couvrir le sol (paille, tourbe, sciure de bois) ;
- pas de fumure azotée excessive ;
- éclaircir la plantation dès le début de l'été ;
- après la récolte, couper près du sol tous les rameaux ayant porté des fruits ;
- mettre en place des plants sains ;
- éclaircir la plantation dès le début de l'été ;
- traiter, en automne et au printemps, avec de l'argile et du silicate de soude.

Lutte directe :

- couper et brûler soigneusement tous les rameaux atteints ;
- en cas d'attaque, traiter au cuivre au départ de la végétation et après la récolte ;
- en cas de mort répétée des rameaux, changer l'emplacement de la plantation.

Fusariose *(Fusarium sp.* et autres)

Cette maladie est causée surtout par des champignons du genre *Fusarium*, qui pénètrent dans les racines et au collet. Ils survivent pendant des années dans le sol. Les pépinières ne peuvent pas garantir avec certitude de fournir des plants indemnes, car les jeunes plants paraissent souvent sains alors qu'ils sont déjà infectés. Les plantations en sols lourds et compacts sont particulièrement sensibles.

Espèce attaquée : framboisier.

Dégâts : les jeunes plants ont un aspect maladif et meurent peu après la plantation. Les rameaux poussent mal. Les feuilles et les extrémités des pousses fructifères jaunissent et fanent. Par temps sec, les rameaux se dessèchent rapidement.

Lutte préventive :

- il est très important d'avoir un sol bien pourvu en humus par l'apport de compost et de mulch ;
- planter des plants sains, provenant éventuellement d'anciennes plantations saines ;
- ne jamais planter dans des sols où la maladie est déjà apparue.

Lutte directe :

- aucune lutte directe n'est possible, même avec des produits chimiques ;
- brûler les rameaux atteints ainsi que leurs racines.

Groseillier, groseillier à maquereau, cassis (Grossufariacées)

Le groseillier et le groseillier à maquereau sont peu exigeants en matière de climat. Par contre, ils ont une préférence pour les sols perméables, d'une humidité bien régulière. Une couverture de sol faite de matériaux organiques ou un engrais vert à port bas lui conviennent bien.

Cécidomyie du cassissier *(Dasyneura tetensi* syn. *Perrisia tetensi)*
Cette espèce de cécidomyie est en recrudescence depuis quelques années. Trois générations par an se succèdent. Elle vole de fin avril à fin août et pond ses œufs sur les extrémités des pousses foliaires. C'est là que se forment leurs larves, sans tête ni pied, de couleur blanchâtre puis jaunâtre. On les trouve en grand nombre entre les feuilles encore roulées. Elles se nymphosent quand elles ont atteint une taille de 2 à 3 mm. Les nymphes hibernent dans le sol.

Dégâts	Maladie ou parasite	Page
Troncs, racines		
Coques brunes ou grises	Lécanine	124
Bourgeons, rameaux		
Bourgeons mangés	Oiseaux	
Rameaux rabougris, pucerons	Puceron du groseillier	159
Pousses fanant et se cassant ; elles sont creuses à l'intérieur	Sésie du grosseillier (photo 82)	158
Sur groseillier à maquereau, feutrage blanc, puis brun	Oïdium du groseillier à maquereau	161
Feuilles		
Sur le cassis, taches jaunes et pustules à la face inférieure des feuilles	Rouille des groseilliers (rare) (photo 84)	161
Feuilles fortement enroulées, pucerons	Puceron du groseillier	159
Feuilles réduites à leurs nervures	Tenthrède verte	159
Chenilles mangeant les feuilles entières	Phalène du groseillier à maquereau	159
Taches jaunâtres, puis foncées ; chute des feuilles	Maladie de la chute des feuilles	160
Feuilles ressemblant aux feuilles d'ortie	Virus	74
Jaunissement des feuilles entre les nervures	Chlorose	48
Fruits		
Chute prématurée des fruits	Changements de temps	51
Fruits couverts d'une couche feutrée blanche, plus tard brunâtre ; ils se rabougrissent, éclatent	Oïdium du groseillier à maquereau	161

Espèce attaquée : cassis.

Dégâts : les feuilles de l'extrémité des pousses se gaufrent, brunissent et meurent. La croissance est perturbée. Entre les petites feuilles, on découvre des larves blanchâtres, qui plus tard deviendront jaunâtres.

Lutte préventive :
- bien travailler le sol, le couvrir ou l'ensemencer ;
- pour couvrir l'odeur, arroser avec une forte infusion de tanaisie, début avril.

Lutte directe :
- pincer et brûler les extrémités des pousses atteintes ;
- traiter au moment du vol (printemps) avec une solution au savon noir ou un produit à base de pyrèthre (bien respecter les délais préconisés).

Sésie du grosseillier
***(Synanthedon tipuliformis* syn.**
Aegeria tipuliformis)

Ce papillon possède des ailes transparentes d'une envergure de 15 à 20 mm et vole au mois de mai. Il pond jusqu'à 70 œufs isolés, dans des fentes d'écorce, à proximité des bourgeons. Après 7 à 14 jours, les larves sortent, s'introduisent dans les pousses et les évident. Les chenilles hibernent dans ces galeries pour former leur nymphe vers la fin avril de l'année suivante.

Espèces attaquées : groseillier, plus rarement groseillier à maquereau.

Dégâts : Les pousses sont creuses et noires à l'intérieur, elles fanent, se cassent et meurent. On y trouve la chenille ou la nymphe dont les excréments sortent vers l'extérieur par un petit trou. Les dégâts ne sont généralement pas importants mais si la contamination se prolonge plusieurs années, on enregistre parfois une baisse de rendement.

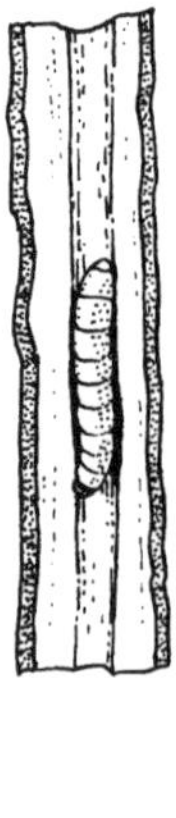

Lutte préventive :
- taille d'hiver et entretien régulier ;
- pour couvrir l'odeur, arroser en mai avec une infusion de tanaisie bien corsée.

Lutte directe :
- couper et brûler les extrémités des pousses atteintes ;
- traiter à deux reprises pendant la première moitié de juin, avec une solution au savon noir ou un produit à base de pyrèthre (bien respecter les délais préconisés).

Puceron du groseillier (*Aphis schneideri* et autres)

Les larves et les pucerons aptères sont vert foncé à gris. Ils sont légèrement farineux. Pas de changement d'hôte.

Espèces attaquées : groseillier et cassis.

Dégâts : feuilles fortement enroulées, rameaux rabougris.

Lutte : voir « Pucerons » (p. 66) et « Pucerons des arbres à pépins » (p. 127).

Tenthrède verte du groseillier à maquereau (*Nematus ribesii*)

Cette petite mouche noire et orange sort à partir d'avril du cocon dans lequel elle hibernait. Les femelles pondent leurs œufs dans des incisions qu'elles pratiquent elles-mêmes sur l'envers des feuilles, le long des nervures centrales. Des larves vertes pouvant atteindre 40 mm éclosent une semaine plus tard. Elles se nourrissent pendant un mois, environ, pour ensuite former leur nymphe dans le sol. Trois générations voient le jour pendant un cycle de végétation.

Espèces attaquées : groseillier à maquereau. Des mouches de la même famille s'attaquent aussi au groseillier.

Dégâts : elles dévorent les feuilles, ne laissant que les nervures. Les dégâts peuvent être importants.

Lutte préventive :
- favoriser la présence des oiseaux au jardin.

Lutte directe :
- contrôler les arbustes une fois par semaine à partir de mai, en commençant par le centre de l'arbre qui est atteint en premier. Ramasser les chenilles ;
- traiter soigneusement avec une solution de savon noir : dissoudre 100 à 300 grammes de savon noir, 0,5 litre d'alcool à brûler dénaturé, 1 cuillère à soupe de chaux et 1 cuillère de soupe de sel dans 10 litres d'eau chaude, et pulvériser cette solution encore tiède sur les plantes atteintes ;
- en cas d'attaque plus importante, traiter avec un produit à base de roténone ou avec une préparation de *Bacillus Thuringiensis.*

Phalène du groseillier à maquereau (*Abraxas grossularia*)

Cette espèce n'apparaît en grand nombre que localement. Papillon et chenille sont blancs avec des taches noires. Les chenilles ont des rayures jaunes sur la longueur et peuvent atteindre jusqu'à 40 mm. Elles progressent en arpentant. Le papillon vole en juillet et août. Les œufs sont déposés sous la feuille, isolément ou en petits tas. Après 15 jours environ, les petites chenilles sortent et commencent à dévorer les feuilles jusqu'à l'automne. Elles hibernent dans des fentes d'écorce, sous des feuilles, ou dans d'autres lieux abrités. A partir d'avril, elles recommencent à manger. En mai-juin, elles s'entourent d'un cocon voyant, rayé jaune et noir, accroché sur une plante-hôte, un mur ou une clôture, etc.

Espèces attaquées : groseillier à maquereau, groseillier, abricotier, poirier, prunier, noisetier, aubépine, pommier sauvage *(Malus sylvestris)*, fusain, laurier.

Dégâts : Les chenilles mangent les feuilles vers la fin d'été, et d'avril à juin l'année suivante. Elles peuvent dévorer tout le feuillage.

Lutte préventive :
- favoriser la présence des oiseaux au jardin.

Lutte directe :
- à partir d'avril, contrôler une fois par semaine. Les chenilles apparaissent d'abord au centre de l'arbuste : il faut les ramasser ;
- traiter soigneusement avec une solution de savon noir : dissoudre 100 à 300 grammes de savon noir, 0,5 litre d'alcool à brûler dénaturé, 1 cuillère à soupe de chaux et 1 cuillère de soupe de sel dans 10 litres d'eau chaude et pulvériser cette solution encore tiède sur les plantes atteintes ;
- un traitement à l'huile minérale peut diminuer la population de chenilles en hibernation ;
- en cas d'attaque plus importante, traiter avec un produit à base de roténone ou avec une préparation de *Bacillus thuringiensis.*

Maladie de la chute des feuilles *(Drepanopeziza ribis)*

Ce champignon se développe surtout les années humides. Il attaque les feuilles, parfois aussi les rameaux et les fruits. Il hiverne sur les feuilles tombées.

Espèces attaquées : groseillier, cassis, groseillier à maquereau.

Dégâts : des taches jaunâtres, puis foncées, apparaissent sur les feuilles vers la fin du printemps. Les feuilles tombent prématurément.

Lutte préventive :
- planter des variétés résistantes *(Ribes petraeum)*, par exemple Jonkheer van Tets ;
- ramasser et brûler les feuilles ;
- traiter avec du purin de pelures d'oignon.

Lutte directe :
- traiter, dès l'apparition de la maladie, avec un mélange de décoction de prêle et de purin d'ortie ;
- en cas de fortes attaques, traiter au cuivre tout de suite après la floraison (2 fois à 10-15 jours d'intervalle) ; refaire éventuellement un troisième traitement après la récolte.

1. Orvet

2. Carabe dévorant une larve

3. Carabe doré

4. Chrysope adulte

6. Larve de chrysope dévorant un puceron

7. Coccinelle à 7 points

5. Œufs de chrysope

8. Œufs de coccinelle

9. Larve de coccinelle à 7 points

10. Guêpe parasite en train de pondre

11. Chenille de piéride du chou parasitée par une de ces guêpes

12. Punaise anthocoride dévorant un puceron

13. Punaise miride

14. Syrphe

15. Syrphe en vol

16. Larve de syrphe dévorant un puceron

17. Symptôme de carence en phosphore sur haricot

19. Symptôme de carence en magnésium sur céleri

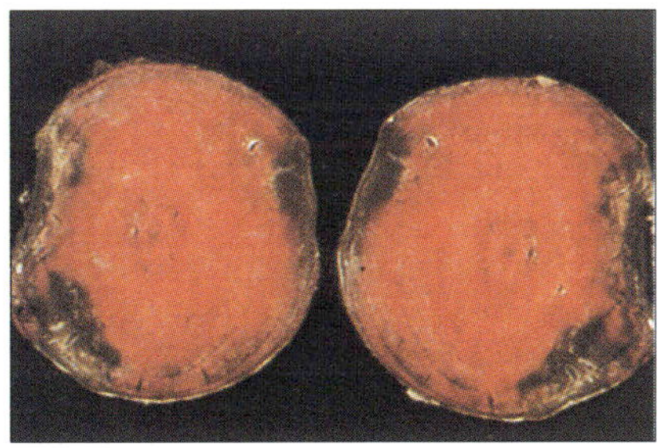

20. Symptôme de carence en bore sur betterave

18. Symptôme de carence en potasse sur haricot

21. Hanneton

22. Grosse limace *(Arion ater)* et sa ponte (200 à 300 œufs)

23. Accouplement d'othiorrhynques

24. « Poinçonnage » caractéristique des dégâts d'otiorrhynques sur feuilles

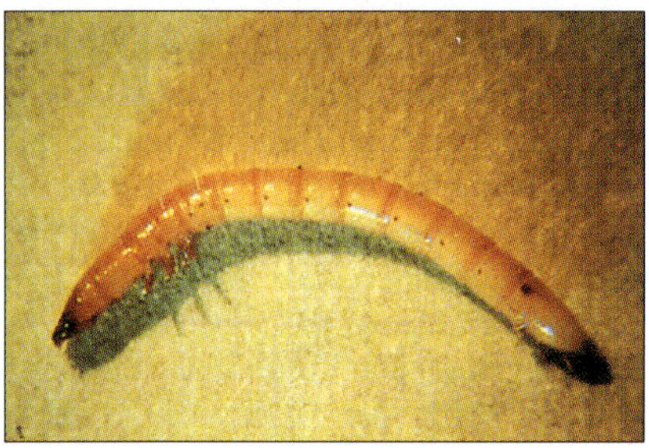

26. Larve du taupin (ou fil de fer)

27. Ver gris, larve de noctuelle

25. Une colonie de pucerons pond ses œufs d'hiver

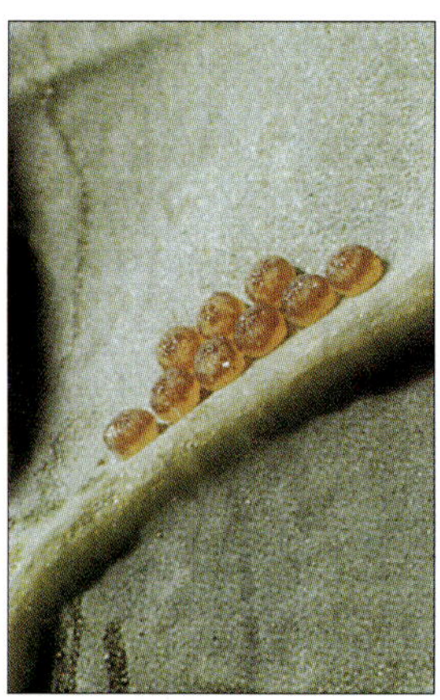

28. Œufs de noctuelle

29. Fonte des semis

30. Dégâts de nématodes sur carottes

31. Pourriture noire de la carotte (alternariose)

32. Larve de la piéride du chou

33. Piéride du chou (adulte)

36. Dégâts d'acariens sur concombre de serre

34. Puceron cendré du chou (à droite œuf de syrphe)

35. Oïdium sur cucurbitacées (feutrage blanc)

37. Mildiou sur cucurbitacées

38. Mildiou de l'épinard

39. Rouille du haricot

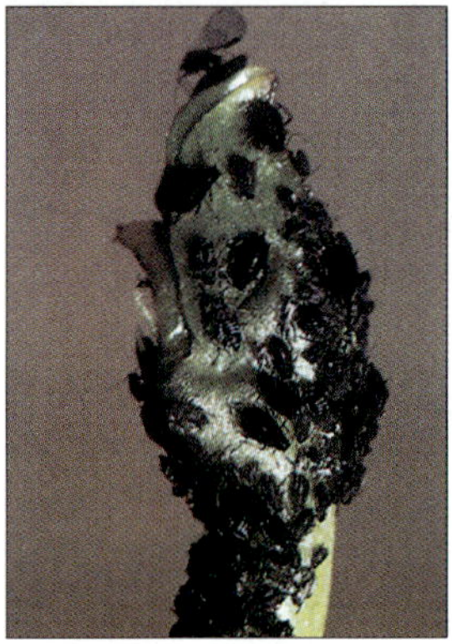

40. Puceron noir des fèves et du haricot

41. Anthracnose (à gauche) et graisse du haricot (à droite)

42. Rouille du poireau

43. Sitone du pois

44. Doryphores adultes

45. Larves de doryphore

46. Mildiou de la pomme de terre

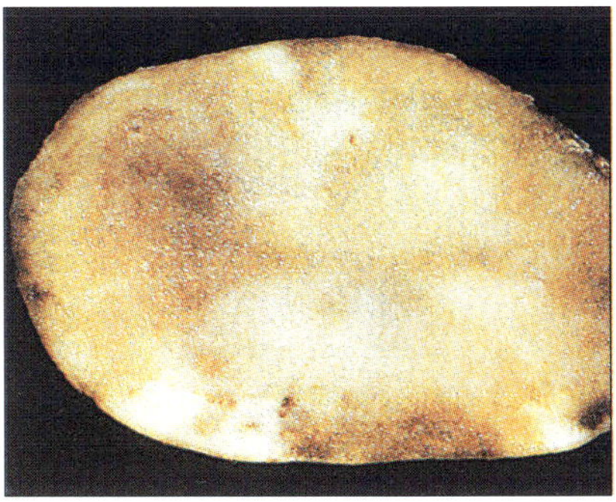

47. Mildiou de la pomme de terre, dégâts sur tubercule

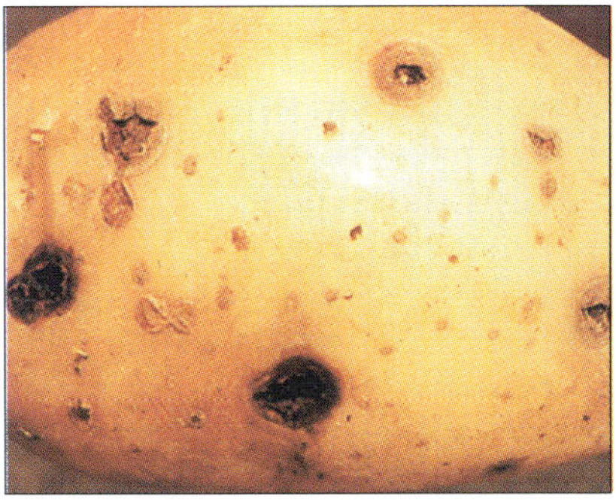

48. Rhizoctone de la pomme de terre

49. Dégâts de l'altise sur radis

50. Galeries creusées par la larve de la mouche du chou dans un navet

51. Pourriture noire du navet

52. Mildiou sur salade

53. Pourriture sur salade *(Sclérotinia)*

54. Mildiou de la tomate

55. Maladie de l'enroulement des feuilles de tomates

56. Puceron cendré du pommier

57.Dégâts du puceron cendré sur jeune pousse de pommier

59. Larve de psylle du pommier

58. Psylle du poirier adulte

60. Dégâts d'hyponomeute sur pommier

61. Cochenilles lécanines

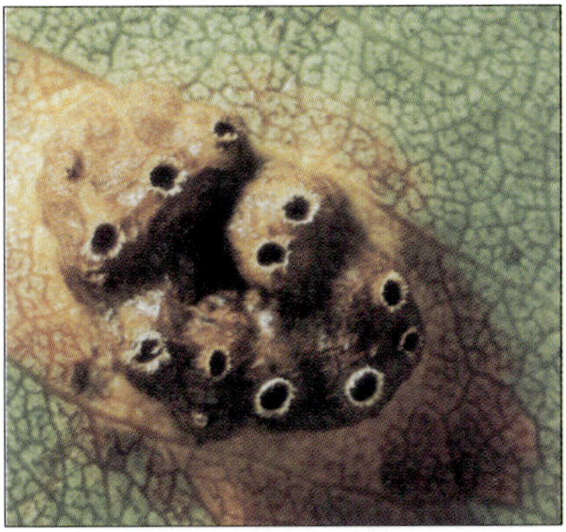
62. Rouille grillagée du poirier

63. Oïdium sur pommier

64. Feu bactérien

65. Moniliose sur poires

66. Tavelure sur pommes

67. Tavelure sur poire

68. Bitter pit, taches amères liégeuses

69. Fumagine

70. Moniliose sur cerisier

71. Mouche de la cerise

72. Maladie criblée du cerisier

73. Cloque du pêcher

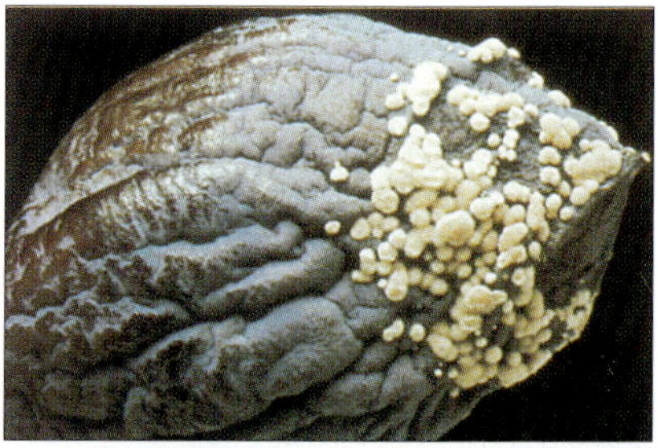
74. Moniliose sur prune

75. Colonie de pucerons verts du pommier avec larve de syrphe

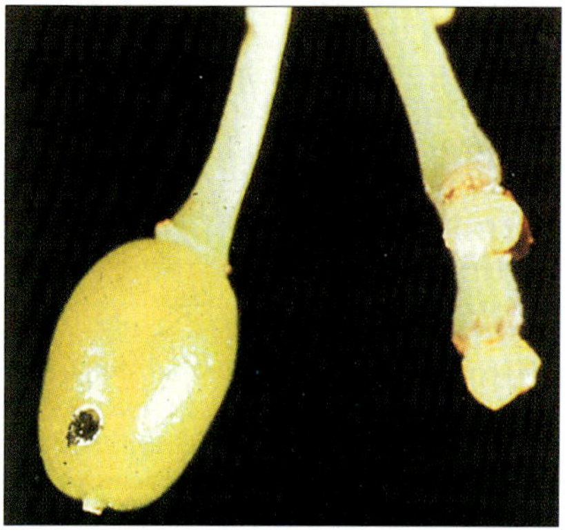
76. Dégâts de l'hoplocampe du prunier

77. Rouille du prunier

78. Pourriture grise sur fraisier

79. Anthonome du framboisier

80. Dégâts du phytopte sur la ronce

81. Ver des framboises

82. Sésie du groseillier

83. Puceron vert du cassis avec œufs de coccinelle

85. Tordeuse ou ver de la grappe

84. Rouille du groseillier

86. Oïdium sur grappe de raisin

87. Mildiou sur feuille de vigne

88. Dégâts de la mouche mineuse sur chrysanthème

89. Rouille de la rose trémière

90. Galles foliaires sur azalée

91. Oïdium sur rosier

92. Rouille du rosier

93. Maladie des taches noires du rosier

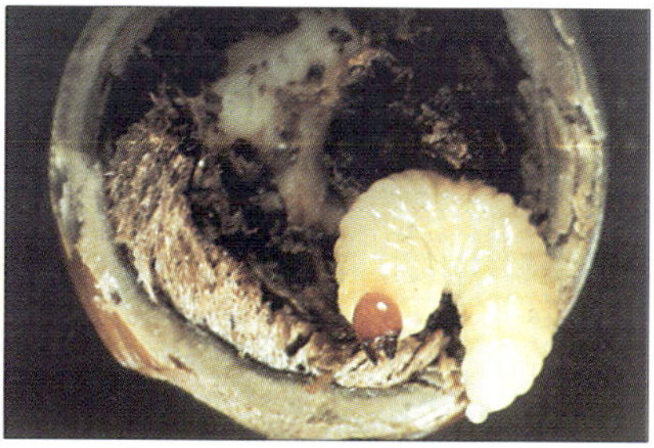
94. Larve de balanin ayant vidé une noisette

95. Balanin adulte

96. carton de protection contre la mouche du chou

97. Filets anti-insectes contre la mouche du chou

98. Association carottes/poireaux contre les vers

99. Association ail/fraisier contre les maladies

100. Tanaisie, utilisable contre de nombreux parasites

101. Bandes-pièges pour le carpocapse

102. Collier de glu

103. Piège à mouche de la cerise

104. Piège rouge avec attractif contre les bostryches

105. Colonie de pucerons parasités par des champignon

Rouille des groseilliers
(Cronartium ribicola)

Cette maladie a besoin, pour son développement, de deux hôtes secondaires. La dissémination s'effectue pendant la période végétative par les spores d'été, aussi bien sur le cassis que sur le groseillier à maquereau. Plus tard se développent les spores d'hiver, qui infestent les rameaux des pins. Ces rameaux ressemblent à des fuseaux couverts de laine (même aspect que le chancre) ; plus tard apparaissent des pustules oranges, vésiculeuses. Après le second hiver, les groseilliers sont à nouveau infectés à partir des pins.

Espèces attaquées : cassis, groseillier à maquereau, pin.

Dégâts : à partir de juillet, de petites taches jaunes, sur lesquelles se forment de très petites pustules ocre-jaune, apparaissent à la face inférieure des feuilles. Les feuilles tombent prématurément. Les dégâts sont rarement importants (photo 84).

Lutte préventive :
- ne pas planter des groseilliers à proximité des pins ;
- traiter 2 à 3 fois, avant et après la floraison, avec de la décoction de prèle ou du Bio-S (voir p. 226) combiné éventuellement au permanganate de potassium (0,03 %).

Lutte directe :
- traiter soigneusement les parties inférieures et supérieures des feuilles avec de l'huile de fenouil ;
- en cas de fortes attaques, traiter au cuivre.

Oïdium du groseillier à maquereau
(Sphaerotheca mors-uvae)

Le champignon se développe sur les arbustes du groseillier à maquereau. Il hiverne sur la plante et dans le sol. C'est la maladie la plus importante du groseillier à maquereau. Elle apparaît surtout après des hivers froids, par temps humide ou après une fumure azotée excessive.

Espèces attaquées : groseillier à maquereau et certaines variétés de cassis.

Dégâts : la maladie se manifeste déjà en hiver. Les rameaux sont anormalement courts et leur extrémité est rabougrie. Au printemps, un feutrage blanc, qui devient plus tard marron (couleur cuir), se développe sur les feuilles, l'extrémité des rameaux et les fruits. Les fruits se ratatinent et éclatent. La croissance des arbustes est inhibée et ils deviennent sensibles au gel.

Lutte préventive :
- les arbustes haute-tige et demi-tige sont moins attaqués ;
- planter dans un endroit bien aéré ;
- tailler régulièrement, raccourcir les rameaux ;
- traiter le sol avec de l'extrait de tanaisie et mulcher avec de la tanaisie ;
- en cas de risque de gel, traiter à la valériane ;
- les années humides, traiter le feuillage, avant le départ de la végétation, avec un mélange de tanaisie, de prèle et d'ortie.

Lutte directe :
– éliminer et brûler immédiatement les parties atteintes ;
– en cas de forte attaque, traiter au débourrement au soufre ou au Bio-S (voir p. 226).

Ravageurs et maladies de la vigne (Ampélidées)

La vigne a besoin d'un emplacement abrité et bien chaud, si possible hors gel. Elle affectionne les sols perméables qui se réchauffent rapidement.

Tordeuse de la grappe
Chenille de la cochylis *(Eupoecilia ambiguella)*
Chenille de l'eudémis *(Lobesia botrana)*

Les papillons des deux espèces de tordeuses ont une envergure de 12-15 mm. Les ailes antérieures ont une bande transversale noire. La chenille, rougeâtre avec une tête noire, mesure 9 à 12 mm. La nymphe a 5 à 8 mm de longueur. Le papillon vole la nuit à partir de fin avril et en juillet-août ; son vol est lourd. Les œufs sont pondus sur les bractées, les boutons floraux et les jeunes grains de raisin. Les chenilles pénètrent dans les fleurs non encore épanouies et les dévorent après les avoir réunies par des filaments soyeux, formant des sortes de nids dans la grappe. A la deuxième génération, les chenilles (tête brun verdâtre) pénètrent dans les grains de raisin. Elles se nymphosent en juillet sur

Dégâts	Maladie ou parasite	Page
Feuilles, rameaux		
Présence de petites coques et de fumagine sur les rameaux et les feuilles	Cochenille lécanine (rare) (photo 61)	124
Croissance des rameaux inhibée, coloration brillante plombée ; présence de très petits acariens	Acarien	53
Feuilles piquées qui se décolorent, croissance inhibée	Acariose de la vigne *(Calepitrimerus)*	164
Végétation retardée, pustules sur la face supérieure, feutrage sur la face inférieure	Erinose *(Eriohpyes vitis)*	165
Taches huileuses sur la face supérieure, efflorescences blanches sur la face inférieure, chute des feuilles	Mildiou de la vigne (photo 87)	166
Plages blanchâtres sur la face supérieure, les feuilles fanent rapidement	Oïdium de la vigne	165
Pourriture du pédicelle	Pourriture grise	165
Bourgeons, fleurs		
Boutons floraux et jeunes fleurs rongés, nids	Cochylis (tordeuse de la grappe)	163
Grappe		
La chenille pénètre dans le grain et le mange	Eudémis (tordeuse de la grappe)	163
Grains ratatinés	Mildiou	166
Les grains éclatent	Oïdium (photo 86)	165
Les grains moisissent	Pourriture grise	165

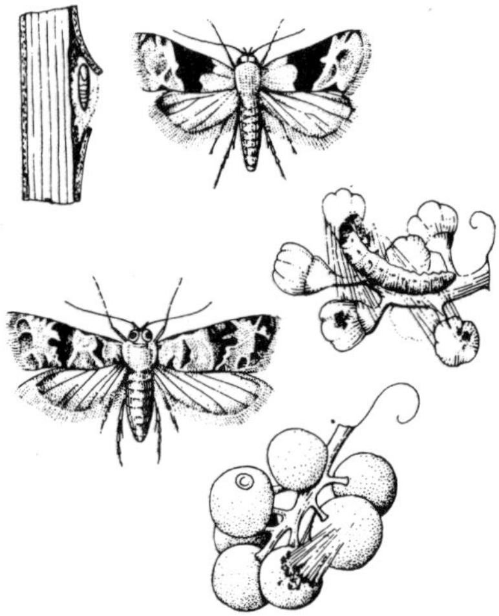

les feuilles, et en hiver, pour hiverner, dans les fentes de l'écorce et sur les tuteurs. Les nids soyeux sont remplis de déjections. Les temps chauds et humides favorisent une multiplication massive.

Espèce attaquée : vigne (rare au jardin).

Dégâts : les chenilles de la première génération mangent les boutons floraux et les fleurs ; les chenilles de la deuxième génération mangent les grains, qui éclatent et se dessèchent (photo 85).

Lutte préventive :
- un enherbement du sol avec une végétation continuellement en fleurs assure la présence d'auxiliaires. Faucher en alternance ;
- suspendre des nichoirs pour les oiseaux (mésanges) et les chauves-souris.

Lutte directe :
- déterminer l'époque des vols par des pièges appâtés avec une solution de marc, de vinaigre de vin et de sucre ;
- en cas de fortes attaques, traiter au pyrèthre ou à la roténone (l'efficacité étant limitée, ce traitement n'est pas recommandé officiellement) ;
- contre les chenilles de la deuxième génération, traiter au *Bacillus Thuringiensis* additionné de 1 % de sucre ou de mélasse.

Acariose de la vigne *(Calepitrimerus vitis)*

Ces acariens blanchâtres de 0,15 mm hibernent au stade adulte sous les écailles des bourgeons et dans les fentes des écorces. Au début du printemps, ils se dirigent vers les bourgeons et les feuilles. Ils vivent sous les feuilles où ils pondent leurs œufs. Les nymphes passent par différents stades pour, en l'espace de 15 jours, devenir des adultes mûrs. Ceux-ci se retirent fin août dans leurs caches d'hiver, où ils survivent même à de fortes gelées.

Espèce attaquée : vigne.

Dégâts : les feuilles piquées et sucées se décolorent. Les acariens se déplacent vers la pointe des pousses, sans entraver le développement des pousses secondaires non atteintes qui forment des extrémités fasciculées ou rabougries. Les bractées atteintes restent petites ou se dessèchent. L'aoûtement des pousses étant insuffisant, la plante devient plus sensible au gel.

Erinose *(Eriophyes vitis)*

Cet acarien blanchâtre de 0,15 mm, qui ressemble à un petit rouleau, hiberne sous les écailles des bourgeons et commence déjà à sucer au stade de cocon.

Espèce attaquée : vigne.

Dégâts : croissance retardée, la plante végète. Le phytopte est peu agile. La feuille réagit à sa salive en formant, autour de la piqûre, un feutre blanc qui protège l'acarien du dessèchement et de ses ennemis naturels. A la longue, ce feutre blanc brunit. La surface des pustules se colore de rouge.

Lutte préventive :

– attirer les auxiliaires (acariens et punaises prédateurs, chrysopes etc.) en semant un engrais vert fleurissant abondamment.

Lutte directe :

– an cas d'attaque d'acariens dans l'année précédente, traiter au moment de l'ouverture des bourgeons avec un mélange de soufre (1 %), de silicate de soude (1,25 %) et de savon noir (2 %), ou bien avec 1,25 % de savon noir et 1 % d'alcool à brûler. Renouveler ce traitement 8 à 10 jours après.

Pourriture grise *(Botrytis cinerea)*

Cette maladie est favorisée par un temps humide, surtout lorsque les grappes sont mangées par les guêpes ou les larves de tordeuses, ou encore lorsqu'elles sont très serrées.

Espèces attaquées : vigne, fraisier et autres.

Dégâts : les grains sont couverts de moisissures grises.

Lutte : une légère attaque de pourriture grise, par temps sec, peu avant la récolte, peut être souhaitable (teneur en sucre plus élevée, pourriture dite « noble »). Des méthodes de lutte spécifiques sont rarement nécessaires. Voir « Pourriture grise » (p. 76).

Lutte préventive :

– choisir des variétés à maturité précoce ;

– enlever des grains sur les grappes trop serrées ;

– lutter contre la tordeuse et les guêpes ;

– faire des poudrages répétés avec des algues calcaires ou de la poudre de roche tant que la grappe est peu serrée.

Lutte directe :

– traiter régulièrement au Bio-S (voir p. 226) (voir « mildiou »), ou de juillet à mi-août au soufre.

Oïdium *(Uncinula necator)*

Le champignon hiverne sous forme de mycélium sur les bourgeons et les rameaux. La première infection intervient peu après le départ de la végétation, mais l'attaque principale a lieu par temps chaud et variable. Les feuilles, les fruits et les rameaux sont atteints.

Espèce attaquée : vigne.

Dégâts : moisissures superficielles (sur les feuilles seulement sur la face supérieure) ; peu après apparaissent les premières taches sombres des tissus morts. Les feuilles fanent en général rapidement, sans toutefois mourir complètement, et tombent prématurément. Les grains atteints éclatent, les blessures qui en résultent ouvrent la porte à l'infection par d'autres maladies.

Lutte préventive :
- faire des apports d'humus abondants ;
- éviter les excès d'azote ;
- couvrir le sol ;
- choisir des variétés peu sensibles ;
- traiter plusieurs fois, en début de végétation, avec de la décoction de prêle ;

- badigeonner tout le bois, en automne et au printemps, avec un mélange d'argile et de décoction de prêle.

Lutte directe :
- traiter régulièrement, depuis le départ de la végétation, tous les 8 à 14 jours, avec du soufre combiné éventuellement à 0,5 % de silicate de soude (ne pas traiter par forte chaleur en raison des risques de brûlure des feuilles).

Mildiou *(Plasmopara viticola)*

Les spores hivernent sur les restes de feuilles. Elles sont disséminées par le vent. Par temps de pluie ou par forte rosée, elles germent et pénètrent dans les feuilles par les stomates. Toutes les parties vertes de la plante sont infectées. Par temps humide, l'extension de la maladie est très rapide.

Espèce attaquée : vigne (printemps et été jusqu'en août).

Dégâts : les premiers symptômes sont des taches huileuses à la face supérieure des feuilles ; plus tard, un feutrage blanc apparaît à la face inférieure. Les grains atteints se dessèchent (photo 87).

Lutte préventive :
- une bonne fertilisation à base de compost additionné de poudre de roche favorise la décomposition des feuilles tombées ;
- choisir les variétés les moins sensibles ;
- traiter plusieurs fois au purin de prêle au début de la végétation ;

- bien attacher et tailler les rameaux, pour qu'ils sèchent rapidement ;
- ramasser les feuilles, les brûler ou les composter soigneusement.

Lutte directe :

- traiter préventivement, tous les 8 à 14 jours, avec du Bio-S (voir p. 226) associé éventuellement au silicate de soude ;
- les traitements réguliers (tous les 8 à 12 jours, suivant la gravité de l'attaque) avec de la terre argileuse activée et du sulfate de cuivre (1 à1,5 %) donnent de bons résultats ;
- en cas de fortes attaques, traiter en plus, tous les 8 jours, avec un produit à base de cuivre (bouillie bordelaise, bouillie bourguignonne, éventuellement oxychlorure de cuivre). Attention : le cuivre peut, en particulier pendant la floraison, provoquer des brûlures ;
- pulvériser de la bouillie bordelaise (maximum 200 grammes de cuivre dans 10 litres d'eau pour 100 m^2) ; à renouveler tous les 8 jours en cas d'humidité constante. Vérifier le taux du cuivre dans le sol (analyse du sol).

Ravageurs et maladies du noisetier et du noyer

Balanin, ver du noisetier *(Curculio nucum)*

Ce coléoptère brun clair à brun foncé, d'un centimètre environ, possède une large trompe. En mai et juin, les femelles piquent les tendres et vertes noisettes pour y déposer un œuf. La larve vide la coque et la quitte ensuite pour s'enfoncer dans le sol et hiberner. Elle peut y rester jusqu'à trois années. Les jeunes coléoptères sortent en mai.

Espèce attaquée : noisetier dans le jardin ou à la lisière des forêts.

Dégâts : la coque de la noisette présente un trou et l'intérieur ne contient que des excréments. L'été, on trouve encore la larve blanche dans la noisette (photos 94 et 95).

Lutte préventive :
- travailler le sol sous les arbustes, vers la fin de l'été ou à l'automne. Lâcher des poules après le décompactage du sol.

Lutte directe :
- en mai, contrôler les arbustes et faire tomber les coléoptères sur un tissu ;
- en été, contrôler les noisettes avant que les larves ne puissent migrer vers le sol. Récolter les noisettes attaquées et les brûler ;
- pendant la période de vol, en mai, traiter 2 ou 3 fois avec une décoction de quassia ou un produit à base de pyrèthre et de roténone. (L'efficacité est insuffisante.)

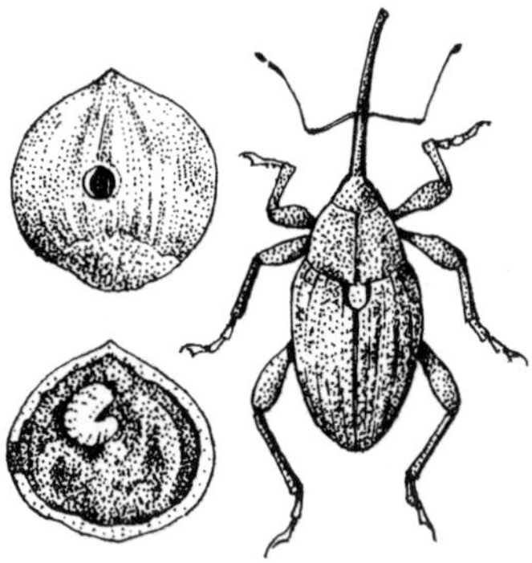

Brunissement des feuilles du noyer *(Gnomonia leptostyla* et *Marssonina juglandis)*

Le brunissement des feuilles est la maladie la plus dangereuse pour les noyers. Elle apparaît souvent en même temps que le feu bactérien. Il peut y avoir de grandes pertes de rendement dans les années humides. Le champignon attaque les feuilles, les jeunes pousses et les noix. Sur les deux faces des feuilles se forment des taches grises à bord foncé. On peut voir de petits points noirs sur la face supérieure. Les feuilles gravement atteintes jaunissent et tombent prématurément, tout comme les noix qui, elles, portent des points en creux, d'un brun foncé.

Même si la maladie fait son apparition plus tard dans la saison, les noix ne mûrissent pas et le rendement baisse. Le champignon hiberne sur les feuilles malades tombées au sol, et au printemps, les spores transportées par le vent réintègrent l'arbre.

Espèces attaquées : le noyer et éventuellement le noisetier.

Dégâts : des taches grises apparaissent tout d'abord, puis les feuilles jaunissent et tombent prématurément. On peut voir sur la coque des points foncés, concaves, et les fruits tombent eux aussi prématurément, sans mûrir.

Lutte préventive :

- enlever les feuilles qui tombent en automne, les composter ou les brûler. Il est conseillé de composter les feuilles du noyer séparément car elles contiennent un taux élevé de juglone qui ralentit le processus de décomposition ;
- éclaircir les arbres plus âgés.

Lutte directe :

- enlever et brûler les feuilles et fruits malades ;
- renforcer le feuillage à plusieurs reprises, au démarrage de la végétation, par le traitement avec une décoction de prêle ;
- en cas d'attaque traiter 2 fois, en mai et en juin, avec un produit à base de cuivre (en Allemagne le cuivre n'est pas autorisé pour cette culture).

Ravageurs et maladies du jardin d'ornement

S'il est devenu courant de renoncer à l'emploi de pesticides chimiques au jardin potager, il n'en va pas de même du jardin d'ornement, où le jardinier pense ne pas pouvoir s'en passer. Nombre de gens n'ont pas conscience que tout emploi de pesticide représente une agression et une pollution de la nature, et que le problème ne se limite pas à la présence de résidus dans les aliments. Le jardin est un tout qui s'inscrit dans un paysage. Même les plantes qualifiées de mauvaises herbes – et qui, souvent, sont bien adaptées à leur environnement – représentent une précieuse source de nourriture pour de nombreux insectes. Elles ne devraient donc être arrachées que si elles posent réellement problème.

Pour éviter presque totalement l'emploi de pesticides directs, il suffit de choisir des espèces peu fragiles correspondant au sol et au climat. L'utilisation de pesticides sur des annuelles d'ornement ne se justifie qu'exceptionnellement. Il faut également éviter l'utilisation répétée de produits à base de cuivre, ce dernier s'accumulant dans la terre au détriment de la vie du sol. L'important est une bonne préparation du terrain, et un apport de compost et d'engrais approprié aux besoins de chaque espèce. Trop d'engrais azoté rend les plantes sensibles aux attaques de ravageurs et aux maladies. Quant aux maladies cryptogamiques, elles sont souvent le fait d'un arrosage inapproprié. Inutile d'arroser les plantes tous les jours : un arrosage matinal copieux, de temps à autre, convient très bien. Toujours arroser le pied et non la plante. L'arrosage préventif avec une décoction de prêle renforce le tissu végétal des feuilles.

S'il est vrai que le choix de plantes et arbustes d'ornement est grand, seul un petit nombre ont pu être retenus. Nous n'évoquerons le problème des ravageurs non spécifiques (comme les escargots, les limaces et les pucerons...) que si un conseil plus spécifique s'impose. Exception faite des rosiers, ce chapitre ne contient pas de tableau récapitulatif des problèmes selon les espèces car, pour la plupart des plantes ornementales, les problèmes spécifiques sont rares.

Plantes d'ornement annuelles et persistantes

Asters et chrysanthèmes (Composées)

Que ce soit en plein air ou sous serre, les asters et les chrysanthèmes sont la proie de différents ravageurs, champignons et virus. Il est de la plus grande importance de changer chaque année l'emplacement des annuelles et de brûler les débris végétaux malades ou contaminés. Les asters et les chrysanthèmes ont besoin d'un endroit aéré pour que le sol, comme la plante, puissent rapidement sécher. La terre doit être fertile et bien aérée.

Pucerons

Mis à part le petit puceron vert du prunier *(Brachycaudus helichrysi)*, c'est le puceron des chrysanthèmes *(Pyrethromyzus sanborni)* qui cause le plus de dégâts.

Espèces attaquées : chrysanthèmes, quetschier et autres.

Dégâts : les feuilles ondulent, se gaufrent, et restent rabougries.

Lutte : voir « Pucerons » (p. 66) et « Puceron vert du prunier » (p. 147).

La mouche mineuse *(Phytomyza syngenesiae)*

Cet insecte de 3 mm, qui vole par à-coup entre les feuilles des chrysanthèmes, passe presque inaperçu. Il pique dans le tissu végétal de la plante pour aspirer la sève, laissant derrière son passage des points blancs caractéristiques. La femelle pond environ 100 œufs dans le tissu végétal. Une fois écloses, les larves creusent dans les feuilles des galeries de plus en plus importantes. Après deux ou trois semaines, elles forment leurs cocons – petites protubérances noires – sur la plante. Les larves comme les cocons se voient généralement bien si l'on regarde la feuille à contre-jour. Dans le cas des plantes d'extérieur, les mouches apparaissent en mai et juin.

Espèces attaquées : chrysanthèmes, cinéraires, soucis des champs, salades, etc.

Dégâts : Les larves minent les feuilles, laissant derrière elles des traces blanches et marron. Si l'attaque est importante, la plante peut péri (photo 88).

Lutte préventive :
- ne choisir que des variétés peu sensibles.

Lutte directe :
- écraser les larves dans les feuilles ;
- éloigner et détruire les feuilles touchées ;
- dans la serre, introduire des prédateurs à 3 reprises, à 7 jours d'intervalle : par exemple des espèces de guêpe parasites *(Dacnusa sibirica)* au printemps, et *Diglyphus isaea*, en été.

Maladies entraînant le fanage des asters

Ces maladies sont une plaie pour les chrysanthèmes et les asters. Différents agents provoquent les symptômes de la maladie de fanage. Les actions préventives sont d'autant plus importantes que la lutte directe est très difficile.

Septoriose *(Septoria chrysantemella et S. obesa)*

Si l'attaque est forte, cette maladie des asters d'hiver peut entraîner la mort des feuilles. Dès le début du printemps, le champignon contamine la plante en commençant par les feuilles les plus basses. Il forme des taches brun-noir sur lesquelles se développent les spores qui propageront la maladie. Le champignon passe l'hiver sur des débris végétaux morts et dans le sol. L'humidité favorise son développement.

Espèces attaquées : asters d'hiver, chrysanthèmes.

Dégâts : des taches rondes, brunes ou noires, s'agrandissent et se propagent sur les feuilles.

Lutte préventive :
- les plantes doivent être suffisamment espacées ;
- ne planter les espèces à grosses fleurs qu'à l'abri des intempéries ;
- renforcer le tissu végétal par des pulvérisations à base de plantes.

Lutte directe :
- éliminer et détruire les plantes contaminées ;
- si l'on craint une attaque, pulvériser de la bouillie bordelaise ou autre produit à base de cuivre (au maximum 200 grammes de cuivre dans 10 litres d'eau pour une surface de 100 m^2).

Fusariose

Les champignons du *Fusarium oxysporum* et du *F. callistephi* pénètrent dans la plante en empruntant les vaisseaux. Si l'on coupe une tige, on constate que ces derniers ont une drôle de couleur et sont endommagés. Par temps humide, le champignon attaque l'épithélium de la tige, qui brunit et se couvre de spores jaune orangé.

Les champignons du *Fusarium lateritium* et du *F. culmorum* s'attaquent principalement au tissu de l'épithélium. Le bas de la tige fonce et commence à pourrir, puis la plante fane en peu de temps.

Verticilliose *(Verticillium albo-atrum, Acrostalagmus vilmorini)*

Cette maladie fait uniquement son apparition à la fin de l'été ou à l'automne. Symptôme caractéristique, la feuille n'est attaquée que d'un côté ou, seules, certaines parties de la plante fanent. L'intérieur des tiges est brun, mais l'extérieur ne présente pas de taches. Il est à remarquer que les plantes transplantées tardivement sont moins attaquées. Le champignon de la verticilliose hiberne dans les mauvaises herbes.

Les agents pathogènes passent du sol à la plante par les vaisseaux.

Espèces attaquées : asters, phlox, pied d'alouette.

Lutte préventive :

- planter des variétés résistantes comme Bukett, Herzogin, Germaine. Les variétés hautes sont moins sensibles ;
- changer régulièrement l'emplacement des asters. En cas de contamination, ne pas revenir au même endroit avant 4 à 5 ans ;
- éviter d'endommager les racines. Semer de préférence directement pour avoir des plantes moins sensibles ;
- prévoir l'apport systématique de préparations à base de plantes pour renforcer les tissus (voir p. 209).

Lutte directe :

- enlever immédiatement les plantes atteintes et leur motte de terre pour les brûler. Ne mettre en aucun cas sur le compost ;
- même les produits chimiques ne peuvent pas désinfecter complètement un sol contaminé.

Bégonias

Les bégonias se plaisent dans les sols meubles et acides. Les fumures trop riches en azote fragilisent les plantes face aux maladies. Les bégonias à bulbes aiment particulièrement les endroits frais. Ils ont des besoins en eau mais il ne faut pas les arroser le soir.

Otiorrhynque *(Otiorrhynchus sulcatus)*

Voir « Otiorrhynque » (p. 65).

En automne, contrôler si les bulbes ne sont pas infestés de larves avant de les stocker. En cas d'attaque arroser avec une préparation à base de nématodes (voir p. 221).

Oïdium *(Oidium begoniae)*

Voir « Oïdium » (p. 75).

Un sol trop sec autour des racines favorise les attaques.

Espèces attaquées : différentes variétés de bégonias, chrysanthèmes, cyclamens.

Dégâts : un feutrage blanc et farineux se forme sur les deux faces des feuilles, ainsi que sur les tiges et les pédoncules, dont l'intérieur devient brunâtre.

Lutte préventive :

- pour les bégonias arroser la terre, jamais la plante ;
- traiter avec du purin de prèle pour renforcer les tissus ;
- dès le début de l'attaque, appliquer une préparation à base de lécithine

de soja ou un extrait d'huile de fenouil, le soir ou par ciel couvert, à intervalles de 7 jours.

Lutte directe :

– aux premiers signes d'attaque, enlever les feuilles atteintes et pulvériser plusieurs fois la plante avec des produits stimulant la croissance des plantes, additionnés de soufre ;
– en cas d'attaque grave, traiter avec un produit à base de soufre mouillable.

Pourriture grise

voir « Pourriture grise » (p. 76).

Lutte : comme pour l'oïdium.

Dahlia (Composées)

Les dahlias exigent un emplacement bien aéré et des apports de compost mûr.

A l'automne, ne les déplacer que par temps sec.

Punaises

Voir « Punaises nuisibles » (p. 69).

Ne pas planter les dahlias dans un sol trop sec. Choisir des variétés à feuillage foncé, moins sensibles.

Perce-oreille

Voir « Forficules ou perce-oreilles » (p. 39).

Le perce-oreille a un faible pour les fleurs tendres. Eliminer les fleurs fanées et abîmées. On peut poser de petits pots de fleurs sur le sol et transporter ensuite les perce-oreilles qui s'y sont cachés pour la journée dans une autre partie du jardin.

Acarien des racines *(Rhizoglyphus spec)*

Voir « Acariens » (p. 53).

Comme ces acariens se reproduisent pendant l'hiver dans les lieux de stockage, il faut nettoyer ceux-ci à l'automne, et contrôler aussi les rhizomes au printemps. Le cas échéant, les traiter avec des produits à base de tanaisie ou de roténone.

Pourriture grise

Voir « Pourriture grise » (p. 76).

Viroses

Voir « Maladies à virus » (p. 74).

C'est surtout au printemps qu'apparaissent des taches vert-jaune le long des nervures ou, par endroits, des taches suspectes en forme d'anneaux ou de zigzags.

Vesce d'ornement (Papilionacées)

Les papilionacées affectionnent les terrains bien pourvus en calcium, riches en humus mais aussi les emplacements peu ensoleillés. Il faut changer l'emplacement tous les ans pour éviter la maladie des taches brunes. La chute des fleurs peut être imputée soit à de trop grandes variations de température, soit à des apports d'eau irréguliers, soit à des arrosages à l'eau trop froide. Un bon mulch stabilise le climat au sol.

Oïdium

Voir « Oïdium » (p. 75).

Dégâts : les feuilles et les pousses présentent des taches blanches et farineuses, ou sont complètement couvertes de mycélium blanc. En cas d'attaque importante, les plantes périssent.

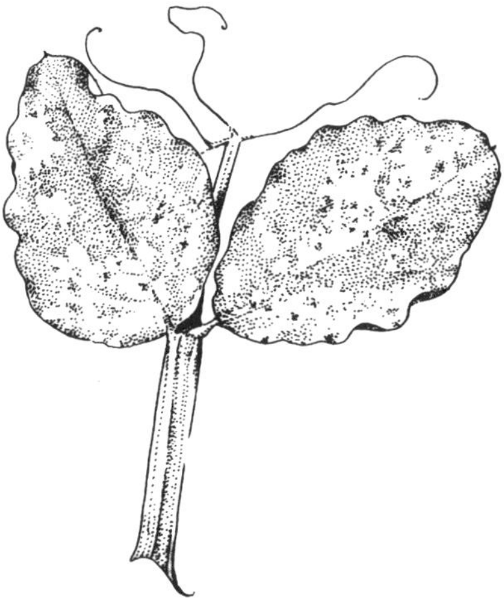

Lutte préventive :

- ne pas planter en plein soleil. Bien aérer la serre ;
- veiller à ce que le sol soit constamment humide ; un manque d'eau temporaire peut être favorable à une attaque.

Lutte directe :

- si l'on craint une contamination, utiliser des préparation à base de lécithine de soja ou d'extrait d'huile de fenouil, le soir ou par temps couvert, à intervalles de 7 jours ;
- traiter avec du soufre mouillable. Attention : les fleurs supportent mal le soufre.

Maladie des taches blanches *(Ramularia deusta* syn. *Clodosporium album)*

Cette maladie cryptogamique apparaît principalement par temps chaud et humide.

Espèces attaquées : vesce d'ornement.

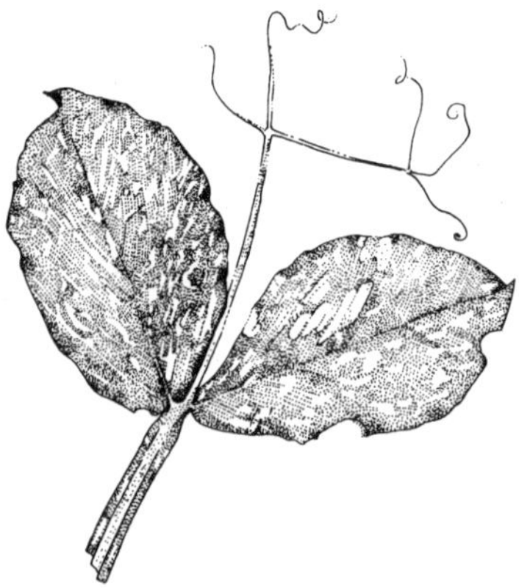

Dégâts : Des taches blanches comme celles de l'oïdium apparaissent sur les feuilles. Elles brunissent rapidement et entraînent le dessèchement des feuilles. La tige est elle aussi atteinte, et la plante meurt. Des spores brunâtres sont visibles sur la face inférieure des feuilles.

Lutte préventive :

- garder les jeunes plants de préférence dans un endroit frais et sec.

Lutte directe :

- si l'on redoute une attaque, traiter la plante avant floraison avec un produit à base de soufre.

Pourriture des racines *(Thielaviopsis basicola)*

Une mauvaise aération du sol combinée à une humidité stagnante peut déclencher une attaque sur de jeunes plants et les décimer.

Le champignon survit dans le sol sur des végétaux morts et pénètre dans les plantes par les racines. Celles-ci brunissent et pourissent.

Espèces attaquées : vesce d'ornement, plantes en pots comme les cyclamens et les poinsettias.

Dégâts : Sur les racines et le collet apparaissent des taches brunes qui pourrissent. Les plantes jaunissent et meurent.

Lutte préventive :

- assurer une bonne aération par un travail du sol en profondeur et l'apport de compost ;

- un sol trop fin et une humidité stagnante favorisent le développement de la maladie ;
- avant et après la plantation, arroser avec une décoction de prêle ;
- changer les pots ou les bacs, ou les désinfecter très soigneusement.

Lutte directe :

- changer l'emplacement. Ne pas replanter pendant 4 années.

Fuchsia (Onagracées)

Les fuchsias nécessitent un emplacement aéré et doivent être suffisamment espacés. Un apport régulier d'engrais favorise la floraison.

Mouches blanches (aleurodes)

voir « Mouches blanches « (p. 63)

Pourriture grise *(Botrytis cinerea)*

Cette maladie apparaît souvent au cours des années pluvieuses, ou sur de jeunes plantes trop serrées qui sèchent mal.

Espèces attaquées : fuchsia et beaucoup d'autres plantes.

Dégâts : une pourriture sèche apparaît à la base des tiges, ou sur les pousses, et la plante meurt. Cette maladie peut apparaître sans que l'on voit le feutrage gris sur les feuilles.

Lutte : voir « Pourriture grise » (p. 76).

Géranium

Voir « Pélargonium ».

Iris (Iridacées)

Les iris ne sont pas exigeants mais ont besoin d'un sol calcaire, chaud et perméable. Les rhizomes doivent être couverts de 5 cm de terre. Les touffes trop serrées de plantes âgées doivent être divisées et replantées ailleurs.

Hétérosporiose de l'iris *(Heterosporium gracile)*

Le champignon hiberne sur des débris végétaux. Les rhizomes ne sont pas atteints, donc les dégâts sur la plante ne sont pas importants. Les attaques sont plus fortes les années pluvieuses, et dans les endroits humides et ombragés.

Espèce attaquée : iris.

Dégâts : à partir de la pointe des feuilles se forment des taches rondes ou longues, aux bords clairs puis foncés. Le développement de la maladie est rapide, surtout après la floraison. Les feuilles se dessèchent.

Lutte préventive :
– choisir des espèces rustiques ;
– planter dans des endroits ensoleillés et plutôt secs ;
– apporter peu d'azote.

Lutte directe :
– enlever régulièrement les feuilles atteintes. Ramasser les vieilles feuilles en été ;
– traiter préventivement avec une préparation à base de plantes (voir p. 209) ;
– traiter avec un produit à base de cuivre (uniquement si l'on craint une attaque massive).

Pourriture des rhizomes *(Pectobacterium carotovorum)*

Cette pourriture est provoquée par des bactéries. Elle peut apparaître tout au long de l'année, surtout en cas d'apports azotés trop importants.

Espèces attaquées : iris, iris à bulbes.

Dégâts : les extrémités des feuilles jaunissent et se dessèchent. Les rhizomes

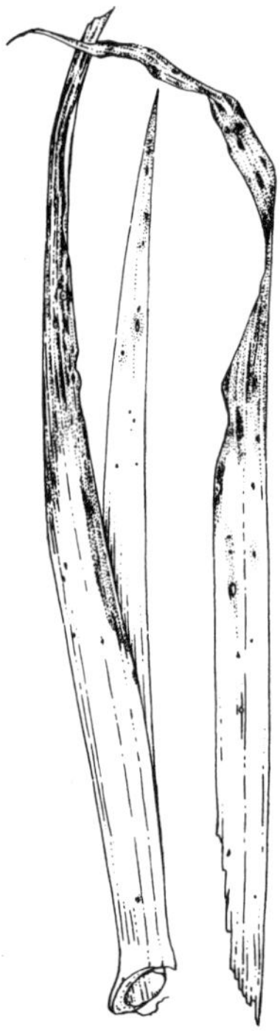

se décomposent en une bouillie jaunâtre et malodorante.

Lutte préventive :

– pas d'apports d'azote, pas de fumier frais.

Lutte directe :

– couper les parties malades des rhizomes avec un bon couteau, en entaillant profondément le tissu sain. Laisser sécher à l'air pendant plusieurs jours puis appliquer une poudre cicatrisante. Replanter à un autre endroit.

Lys (Liliacées)

Les lys ont besoin d'un emplacement aéré. Ils ne supportent ni les sols compacts, ni une humidité permanente, car les bulbes pourrissent facilement. Ne pas mouiller les tiges florales à l'arrosage surtout si les boutons sont déjà formés. Les lys doivent être plantés serré et profondément pour que les tiges florales se développent bien. En serre, ils nécessitent un endroit frais, sinon ils perdent leurs boutons. Le pH du sol peut être corrigé par un compost de feuilles. Il ne doit pas dépasser 6,5 sous peine de carence en fer et de jaunissement des feuilles (chlorose).

Stocker les bulbes dans de la tourbe ou du sable, à 2 °C environ. Un bain d'eau tiède de deux heures, à 40 °C, juste avant la plantation, stimule la croissance.

Nématode des feuilles *(Aphelenchoides fragariae)*

Les nématodes se trouvent à la base des rejets et sous les écailles des bourgeons. Ils sont transportés par les graines ou les bulbes et se développent seulement en cas d'humidité.

Espèces attaquées : lys, mauvaises herbes et autres.

Dégâts : les nématodes provoquent des taches délimitées par les nervures. Une attaque grave inhibe la croissance. Les boutons et les fleurs se rabougrissent et se dessèchent, la plante jaunit et meurt.

Lutte : voir « Nématodes » (p. 64).

Lutte préventive :

– éliminer les plantes atteintes.

Lutte directe :

– une semaine après l'arrachage, placer les bulbes atteints dans un bain d'eau pendant 2 heures à 40 °C.

Criocère *(Lilioceris lilii et Lilioceris merdigera)*

Ces deux coléoptères se ressemblent beaucoup et s'attaquent tous deux aux lys. De couleur rouge vif ou rouge orangé, ils atteignent 6 à 7 mm de longueur, et font leur apparition dès le printemps sur le lys de la madone et sur la fritillaire impériale, pour passer ensuite sur des plantes plus tardives. Ils déposent leurs œufs de 1,5 mm en lignes, à la face inférieure des feuilles.

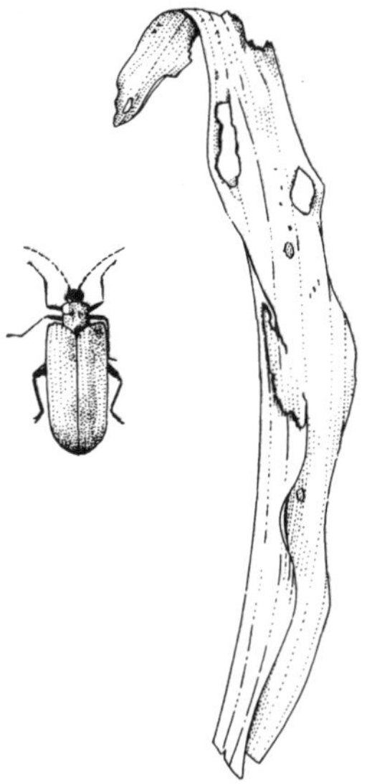

Des larves visqueuses, couvertes d'excréments, sortent début mai. Il naît deux à trois générations dans le courant d'un été. Les coléoptères de la dernière génération hibernent dans le sol.

Espèces attaquées : lys, fritillaire impériale, morelle douce-amère.

Dégâts : les larves et les coléoptères font des trous dans les feuilles et les fleurs.

Lutte préventive :

– éliminer la plante hôte, la morelle douce-amère *(Solanum dulcamara)* ;
– changer l'emplacement.

Lutte directe :

– à la première apparition, ramasser les coléoptères à la main ;
– traiter avec un produit à base de roténone ou de pyrèthre.

Pourriture grise *(Botrytis epileptica* et *B. cinerea)*

Voir « Pourriture grise » (p. 76).

Espèces attaquées : lys, vigne, fraises et autres.

Dégâts : sur les fleurs et les boutons apparaissent tout d'abord de petits points bruns qui se transforment en taches brunes légèrement affaissées, puis donnent naissance à de la pourriture. Les boutons ne s'ouvrent pas, et si le temps est humide et l'attaque importante, c'est la plante entière qui meurt. Les lys blancs sont particulièrement sensibles à cette maladie.

Lutte préventive :

– éviter les emplacements humides à l'abri du vent ;

– bien aérer les serres ;
– arroser dès le printemps avec une préparation à base de plantes (voir p. XX).

Lutte directe :
– voir « Pourriture grise » (p. 76 et 165).

Pourriture des racines, des bulbes et des tiges (fusariose)
(Fusarium oxysporum)

Cette pourriture commence dans la plupart des cas sur le bulbe ou le collet.

Espèce attaquée : lys.

Dégâts : jaunissement et mort de la plante entière.

Lutte préventive :
– bonne préparation du sol ;
– ne pas abîmer les bulbes ;
– tremper les bulbes dans de l'eau chaude, ou éventuellement dans une décoction de prêle.

Lutte directe :
– détruire les bulbes atteints ;
– renoncer à cet emplacement pendant plusieurs années.

Muflier, gueule-de-loup (Labiées)

La gueule-de-loup demande un emplacement ensoleillé, à l'abri du vent. Cette plante annuelle peut hiberner dans les régions à hiver doux.

Taches foliaires du muflier *(Phyllosticta antirrhini)*

Cette maladie cryptogamique apparaît en cas de forte humidité.

Espèce attaquée : gueule-de-loup.

Dégâts : sur les feuilles, les tiges, et l'enveloppe des graines, apparaissent des taches brunâtres à bord foncé, qui deviennent ensuite blanches. A la loupe, on peut distinguer de petits points noirs au centre. Les feuilles se dessèchent, l'enveloppe des graines brunit.

Lutte préventive :
- utiliser seulement des graines de plantes saines ;
- arroser le matin sans mouiller les plantes.

Lutte directe :
- éliminer les plantes atteintes ;
- si l'on craint une attaque, traiter plusieurs fois avec un produit à base de cuivre.

Rouille *(Puccinia antirrhini)*

Le champignon de la rouille touche les feuilles, les tiges, les feuilles du calice et les gousses des graines. Les feuilles du bas sont les premières atteintes. Les spores sont dispersées par le vent, l'eau et les insectes. Le champignon hiberne dans les gueules-de-loup n'ayant pas été enlevées en automne.

Espèce attaquée : gueule-de-loup.

Dégâts : le champignon produit des taches jaunâtres sur les feuilles, et de petites pustules dessous. Les plantes peuvent mourir.

Lutte préventive :
- planter des variétés résistantes à la rouille ;
- bien arroser en période de sécheresse, mais ne pas mouiller les plantes ;
- apporter une fertilisation équilibrée ;
- à titre préventif, traiter toutes les semaines avec une décoction de prèle.

Lutte directe :
- si l'on craint une attaque, traiter à intervalles de 7 jours avec une préparation à base de lécithine de soja ou avec de l'extrait d'huile de

fenouil, le soir ou par temps couvert (ne pas mélanger avec des préparations à base d'argile ou de soufre).

Maladie du pied noir *(Pythium debaryanum* et *Rhizoctonia solani)*
Voir « Maladie du pied noir » (p. 73 « Fonte des semis »).

Mauve (Malvacées)

La rose trémière, une malvacée vivace très appréciée dans les jardins, appartient à la même famille de plantes d'ornement que la mauve et l'hibiscus. Plusieurs malvacées sont des plantes médicinales traditionnelles. Elles aiment un bon apport en compost et une exposition ensoleillée mais pas trop sèche. Leurs graines se disséminent souvent seules.

Altise de la mauve, puce de terre *(Podagrica fuscicornis)*
Ce coléoptère vert-bleu, ne dépassant pas 3 à 5 mm, et dont la tête, la carapace du cou et les pattes sont rouge orangé, fait son apparition en mai et juin. Il pond ses œufs à la naissance des tiges. Les larves s'attaquent aux jeunes pousses et aux racines.

Espèces attaquées : malvacées.

Dégâts : les coléoptères font de petits trous dans les feuilles qui finissent par ressembler à une passoire. Ils mangent boutons et fleurs.

Lutte préventive :
- garder le sol humide, mulcher ;
- saupoudrer les plantes entières de poudre de roches (sans oublier la base des tiges), tôt le matin, au moment où elles sont encore humides de rosée.

Lutte directe :
- traiter avec une infusion bien corsée de tanaisie ou d'absinthe ;
- traiter avec un produit à base de roténone ou de pyrèthre.

Rouille de la mauve *(Puccinia malvacearum)*

Les spores du champignon de la rouille germent déjà en été et survivent à l'hiver. Elles s'accrochent aussi aux semences, propageant ainsi la maladie.

Espèces attaquées : rose trémière et autres malvacées.

Dégâts : sur l'ensemble de la plante, et en particulier sous les feuilles, il se forme de petites verrues tout d'abord blanches, plus tard foncées. Sur la partie supérieure des feuilles, des plaques jaunes et concaves apparaissent. Le tissu végétal jaunit et meurt. En cas d'attaque importante la plante peut périr. Au printemps suivant, la maladie réapparaît sur les nouvelles tiges et feuilles (photo 89).

Lutte préventive :
- veiller à maintenir un sol riche et constamment humide ;
- renforcer les tissus avec des préparations à base de plantes.

Lutte directe :
- éliminer immédiatement les parties atteintes et les brûler ;
- traiter à plusieurs reprises avec un produit à base de plantes additionné de soufre ;
- traiter très soigneusement avec un produit à base d'huile de fenouil.

Œillet (Caryophyllacées)

Pour qu'ils puissent sécher plus rapidement, ne pas planter les œillets trop profondément ni trop rapprochés. Les arroser le matin, et éviter les excès d'azote.

Thrips *(Thrips spec.)*

Voir « Thrips » (p. 69).

Rouille de l'œillet *(Uromyces dianthi)*

Les spores d'été et d'hiver de ce champignon se développent sur différentes variétés d'œillets. La rouille de l'œillet peut causer d'importants dégâts en cas d'humidité élevée du sol et de l'air, surtout dans les serres.

Espèces attaquées : œillets, œillet du poète *(Dianthus barbatus)*, gypsophile, et autres. Hôtes d'hiver : euphorbiacées.

Dégâts : Ce champignon est facile à reconnaître : il forme des pustules rouge foncé sur les parties visibles de la plante.

La lutte est très difficile.

Lutte préventive :
- ne pas planter les œillets près des euphorbes, et enlever les mauvaises herbes ;
- ne pas mouiller les plantes ;
- fertilisation équilibrée, surtout phosphorique et potassique ;
- traiter en fin d'automne et au printemps avec du purin de prèle ou une préparation à base de plantes ;

Lutte directe :
- dès la première apparition, éliminer et détruire les parties atteintes (voire la plante entière en cas d'attaque grave) ;
- traiter dès que l'on craint une contamination, le soir ou par temps couvert, à intervalles de 7 jours, avec une préparation de lécithine de soja ou un extrait d'huile de fenouil. Ne pas traiter par grand soleil.

Pourriture noire de l'œillet

Cette maladie cryptogamique apparaît sur plusieurs espèces d'œillet et peut se propager rapidement par temps humide.

Espèces attaquées : œillet du poète, œillet superbe.

Dégâts : des taches rondes ou longues, gris-brun au centre et rouge foncé ou violet sur les bords, se forment des deux côtés de la feuille, ainsi que sur les tiges, les feuilles du calice et les fleurs. Les feuilles se dessèchent, les pousses se cassent.

Lutte préventive :
- veiller à de bonnes conditions du sol, sans forte fertilisation azotée ;
- éviter les plantations trop rapprochées et l'ombre ;
- ne pas prélever de boutures sur les plantes atteintes.

Lutte directe :
- enlever immédiatement les plantes atteintes pour les brûler ;
- si l'on redoute une attaque, traiter à plusieurs reprises avec un produit à base de cuivre.

Pélargonium, « Géranium » (Géraniacées)

Il est important, pour le développement de ces plantes, de les entreposer au sec pendant l'hiver, sans les serrer, dans un endroit frais et bien aéré. Au départ de la végétation ne pas trop arroser et maintenir une température de 10 à 15 °C. Il est conseillé de les replanter tous les ans dans une terre dont le pH se situe entre 5,5 et 6,5. Arroser le matin sans mouiller la plante, afin qu'elle sèche rapidement.

Puceron du pélargonium *(Aulacorthum pelargonii)*

Ce puceron fait aussi des dégâts sur les jeunes pousses du géranium. Les feuilles sont rabougries et bombées à la partie supérieure. Cette espèce de puceron transporte des virus et des maladies bactériennes (voir « Pucerons, p. 66).

Les variétés de géranium ne sont pas toutes sensibles aux pucerons.

Mouche blanche

Voir » Mouches blanches » (p. 63).

Bactériose du pélargonium *(Xanthomonas pelargonii)*

Cette maladie bactérienne existe sous deux formes différentes pouvant apparaître indépendamment l'une de l'autre.

Espèce attaquée : pélargonium.

Dégâts : les taches nécrotiques se manifestent d'abord sur les feuilles inférieures, qui fanent et se dessèchent. Les vaisseaux des plantes sont atteints, les tiges noircissent et meurent. Cette pourriture apparaît aussi sur les boutures, qui ne développent pas de racines et noircissent en partant de la surface de coupe.

Des températures élevées et une fertilisation non équilibrée favorisent la maladie.

La **bactériose** se reconnaît d'abord aux petites bulles transparentes qui se forment sous les feuilles. Au fur et à mesure que le tissu dépérit, des taches brun-rouge, entourées d'une couronne translucide, apparaissent sur les feuilles. La maladie démarre sur les vieilles feuilles lorsque l'humidité de l'air est très élevée.

Lutte préventive :
– changer la terre avant de rempoter ;
– laver très soigneusement les pots et les bacs (intérieur et extérieur) avec de l'eau sodée chaude ;

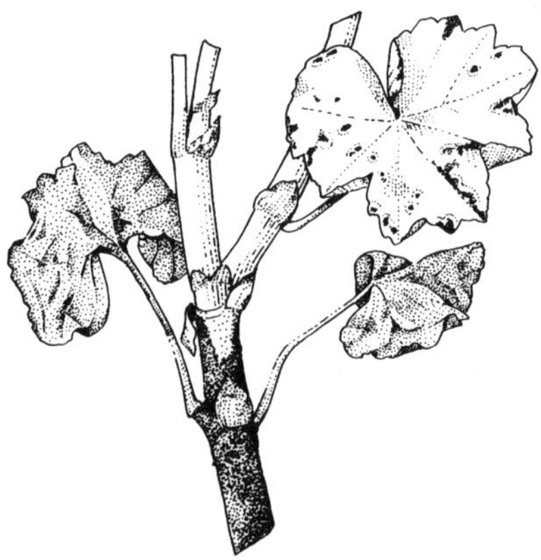

– arroser avec de l'eau claire sans mouiller les plantes ;
– ne prélever de boutures que sur des plantes entièrement saines ;
– lors du bouturage, désinfecter régulièrement le couteau à l'alcool à brûler.

Lutte directe :
– éliminer les parties atteintes dès leur apparition ;
– traiter plusieurs fois avec une préparation à base de plantes (voir p. 209).

Tumeurs liégeuses

En général, les tumeurs des tissus ne sont pas d'origine bactérienne mais sont provoquées par de mauvaises conditions climatiques : trop d'eau et pas assez de lumière. Quelquefois, ces tumeurs proviennent de la succion des pucerons ou des acariens.

Espèce attaquée : pélargonium.

Dégâts : des verrues et callosités liégeuses (subéreuses) apparaissent sous les feuilles.

Lutte préventive :
– protéger les plantes de la pluie, prévoir une exposition aérée et ensoleillée ;
– arroser modérément, le matin ;
– ne pas planter trop serré ;
– fertiliser modérément par temps froid et humide.

Rouille *(Puccinia pelargonii-zonalis)*

Ce champignon s'attaquant aussi aux jeunes plants, il est important de procéder très tôt à des contrôles réguliers.

Espèce attaquée : pélargonium.

Dégâts : dépôts circulaires de spores bruns visibles sur le dessous des feuilles ; taches jaunâtres sur le dessus.

Lutte préventive :
– ne pas mouiller les plantes à l'arrosage ;
– inspecter soigneusement les jeunes plants ;
– renforcer les tissus par une préparation à base de prèle et de terre argileuse ;
– en cas de risque, traiter avec un produit à base de lécithine de soja ou d'extrait d'huile de fenouil, le soir ou par temps couvert, à intervalles de 7 jours.

Lutte directe :
– éliminer et détruire les premières feuilles atteintes et traiter la plante entière, à plusieurs reprises, avec un produit à base d'huile de fenouil ou de soufre ;
– arracher immédiatement les plantes atteintes et les détruire ;
– il est pratiquement impossible de lutter efficacement contre la rouille, même avec des produits phytosanitaires chimiques.

Pétunia (Solanacées)

Les pétunias se portent bien si on les protège de la pluie. Ils aiment les emplacements chauds et demandent une fertilisation modérée mais régulière.

Pourriture du collet *(Phytophthora cryptogaea, P. parasitica)*

Comme ce champignon se transmet par le substrat, il importe de toujours utiliser du terreau neuf pour les semis et les plantations en pots.

Espèce attaquée : pétunia.

Dégâts : les parties supérieures de la racine et la base des tiges brunissent ou noircissent. Les plantes fanent et dépérissent en partant du bas.

Lutte préventive :
- utiliser du terreau frais ;
- assurer une humidité stable de la terre ;
- choisir des emplacements à l'abri de la pluie.

Lutte directe :
- éliminer immédiatement les premières parties atteintes de la plante ;
- par temps pluvieux, traiter régulièrement avec un produit à base de plantes ou, en cas d'attaque importante, à base de cuivre.

Pivoine (Paeoniacées)

Pour que les pivoines se portent bien et fleurissent, veiller à choisir un emplacement dégagé où les pieds peuvent se développer à leur aise, et ne pas planter trop profondément. La pivoine a besoin d'une bonne fumure de compost ou de fumier mûr.

Pourriture grise *(Botrytis paeoniae)*

Maladie de la tige, des feuilles et des boutons ; voir « Pourriture grise » (p. 76).

Espèce attaquée : pivoines.

Dégâts : les jeunes feuilles fanent généralement peu après la reprise de la végétation et pendent vers le bas. Une pourriture humide est visible à la base de la tige, sous la terre. Le rhizome n'est en général pas atteint. Si le temps est sec, la maladie peut s'arrêter d'elle-même.

A part cette pourriture des tiges, ce champignon déclenche souvent une pourriture des boutons. Les feuilles du calice, les pétales et les pédoncules brunissent puis se dessèchent ou pourrissent. Ils sont couverts d'une couche de moisi. L'infection se propage des boutons aux feuilles.

Lutte préventive :
- en automne, couper les feuilles très bas, nettoyer le sol soigneusement sans apporter de protection pour l'hiver ;
- pas d'apport de fumier frais au printemps, peu d'azote.

Lutte directe :
- éliminer et brûler les parties atteintes de la plante ;

– si l'on redoute une attaque, traiter avec un produit à base de cuivre.

Rouille des paeonacées (*Cronartium flaccidum*)

Ce champignon hiberne sur les pins et porte alors le nom de « rouille de l'écorce ». Il se présente sous la forme d'amas de spores très voyants. A partir de là, les spores de printemps passent sur les pivoines et d'autres plantes d'ornement.

Espèces attaquées : pivoine, capucine, balsamine et autres. Hôte d'hiver : pin.

Dégâts : la partie supérieure des feuilles présente des taches brunes à bords violets. L'envers des feuilles est ponctué d'amas de spores. Les pustules brun clair se recouvrent ensuite d'un feutrage sombre.

Lutte préventive :
- ne pas planter de pivoines à proximité des pins ;
- traiter à plusieurs reprises avec du soufre mouillable ou un produit à base de plantes et de soufre ;
- en cas de risque, traiter avec un produit à base de lécithine de soja ou d'extrait d'huile de fenouil, le soir ou par temps couvert, à intervalles de 7 jours.

Lutte directe :
- détruire soigneusement les parties atteintes de la plante ;
- si le risque est très élevé, traiter avec un produit à base de cuivre.

Phlox (Polémoniacées)

Le phlox a besoin d'une terre riche et profonde et d'un emplacement ensoleillé. Par temps sec, il faut arroser en profondeur.

Nématodes des tiges (*Ditylenchus dipsaci*)

Voir « Nématodes » (p. 64).

Cette maladie est provoquée par le nématode des tiges, qui vit sur la base des tiges.

Espèces attaquées : phlox, œillet du poète, primevère, verge d'or et autres.

Dégâts : les pousses s'épaississent, se tordent et présentent des fentes longitudinales. Les feuilles prennent une coloration vert jaunâtre et se rétrécissent pour devenir filiforme. Les bords des feuilles se recroquevillent vers le bas.

Lutte préventive :
- planter dans une terre bien travaillée en espaçant les pieds ;
- ne prélever de boutures que sur des plantes saines.

Lutte directe :
- couper à ras et brûler les pousses atteintes ;
- changer l'emplacement ;
- traiter les boutures que l'on pense malades dans un bain d'eau chaude : les tremper d'abord 10 minutes dans de l'eau à 30 °C, puis 30 minutes dans de l'eau à 43 °C.
- en cas de bouturage des racines, rincer soigneusement les boutures à l'eau courante.

Oïdium *(Erysiphe cichoriacearum)*

Voir « Oïdium » (p. 75).

Espèces attaquées : phlox, concombre.

Dégâts : couche blanche et farineuse sur les feuilles.

Lutte : voir « Oïdium » (p. 75).

Verticilliose *(Vertcillium albo-atrum)*

Voir « Verticilliose des asters » (p. 172).

Espèces attaquées : phlox, aster.

Dégâts : la maladie apparaît d'abord sur les feuilles du bas et se propage ensuite vers le haut. Les feuilles fanent, se recourbent vers le haut et se dessèchent. Les pousses sont de plus en plus rares, de moins en moins vigoureuses, puis la plante meurt.

Lutte préventive :
- changer l'emplacement (ne pas replanter au même endroit avant 4 à 5 ans) ;
- ne jamais pas multiplier de plantes atteintes.

Lutte directe :
- enlever les plantes malades avec leur motte et les brûler. Ne les mettre en aucun cas sur le compost.

Pied d'alouette (Renonculacées)

Pour éviter la transmission de maladies aux pieds d'alouette, il est important de les couper très bas et de bien nettoyer les emplacements en automne. Le pied d'alouette ne supporte ni les sols lourds trop humides, ni les sols pauvres et trop secs. Il a besoin de bons apports de compost. Pour pouvoir repartir vigoureusement, les plantes plus âgées doivent être divisées et replantées à un autre emplacement.

Bactériose *(Pseudomonas delphinii)*

Cette maladie bactérienne apparaît le plus souvent par temps pluvieux et froid.

Espèce attaquée : pied d'alouette.

Dégâts : cette maladie est à l'origine de taches noires sur les feuilles, qui se bombent légèrement sur le dessus et se creusent sur le dessous. En cas d'attaque importante, les tiges et les inflorescences sont atteintes et se dessèchent elles aussi.

Les taches noires peuvent aussi être le symptôme de champignons de type *Phyllosticta.* Les moyens de lutte sont les mêmes.

Lutte préventive :
- planter des variétés peu sensibles ;
- bien rabattre les plantes en automne et nettoyer le sol ;
- ne pas utiliser de graines ou de boutures de plantes malades.

Lutte directe :
- couper profondément les parties atteintes, ou enlever la plante entière et la brûler ;
- si la maladie est apparue l'année précédente, traiter à plusieurs reprises les jeunes feuilles avec un produit à base de cuivre.

Oïdium *(Erysiphe polygoni)*

Voir « Oïdium » (p. 75).

Lutte préventive :
- planter des variétés résistantes ;
- changer l'emplacement. Le sol ne doit être ni trop sec, ni trop pauvre. Pas d'apport d'azote trop important.

Lutte directe :
- en cas de forte attaque, couper la plante entière en profondeur ;
- à titre préventif, appliquer de l'acétate d'alumine (argile activée) ou une préparation à base de soufre (que l'on peut mélanger), à intervalles de 8 à 12 jours.

Zinnia (Composées)

Les zinnias ont besoin d'un emplacement très ensoleillé et d'un sol riche et perméable. Arroser copieusement par temps sec, sans mouiller les plantes. Les zinnias sont sensibles au froid et, dans certaines régions, on ne peut planter en extérieur qu'à partir de mi-mai.

Alténariose *(Alternaria zinniae)*

Ce champignon peut apparaître sur les fleurs et infecter ensuite les semences, provoquant ainsi des dégâts catastrophiques sur les jeunes plantules. L'humidité favorise la contamination.

Espèce attaquée : zinnia.

Dégâts : sur les feuilles apparaissent des taches gris-brun à bords pourpres. Souvent, les feuilles basses sont envahies et meurent. L'infection démarre sur l'envers des feuilles.

Lutte préventive :
- ne pas utiliser de semences provenant de zinnias malades ;

- protéger de l'humidité, bien arroser ;
- ne pas planter trop serré ;
- arroser lors de la plantation et traiter ensuite avec une décoction de prèle ou toute autre préparation à base de plantes.

Lutte directe :
- éliminer les plantes malades ;
- traiter dès l'apparition avec un produit à base de cuivre.

Pourriture grise *(Botrytis cinerea)*

Voir « Pourriture grise » (p. 76).

Lutte préventive :
- planter les variétés à grandes fleurs dans un emplacement abrité ;
- traiter avec une décoction de prèle ou une préparation à base de plantes (voir p. 209).

Lutte directe :
- en cas d'attaque plus importante, traiter avec un produit à base de cuivre.

Arbres et arbustes d'ornement

Comme pour les autres plantes d'ornement, la règle d'or est de choisir judicieusement l'emplacement et les conditions de sol. Prendre les conseils de professionnels pour connaître les besoins des plantes et les soins qu'elles nécessitent. Prévoir un trou de plantation profond et large. Le fond de l'excavation doit être ameubli et recouvert de gravillons ou de petits cailloux qui garantiront un bon drainage. Ne pas placer la tourbe, le compost ou le fumier au fond du trou car ils retiennent l'eau et risquent de pourrir. Il est préférable d'amender le sol en surface, en y incorporant du compost. Pour faire repartir des arbres qui végètent, qui sont vieux ou maladifs, il faut veiller à ce que les racines aient suffisamment d'air, d'eau et d'éléments nutritifs. Or, apportés en surface, les engrais et l'eau ne réussissent pas à atteindre le cœur des racines, à 50 ou 70 cm de profondeur. Voici une méthode pour résoudre ce problème : tracer un cercle autour de l'arbre, à 80 cm du tronc. Sur ce cercle, tous les mètres, enlever à l'aide d'une foreuse une carotte de terre de 4 à 6 cm de diamètre et de 50 à 70 cm de profondeur. Remplir ces trous d'engrais organique pour arbres en prenant soin de s'arrêter à 10 cm du sol. Ne pas recouvrir de terre ni arroser. Ce système permet à l'air et à l'eau de circuler en profondeur dans le sol. Cette fumure alimentera l'arbre pendant environ cinq années. **Attention** ! Il faut prendre des précautions avant de forer, et vérifier qu'il n'y ait pas canalisations d'eau, ni câbles électriques. Avant de traiter directement un végétal, il faut toujours commencer par essayer d'améliorer les conditions de sol, par la taille ou la transplantation.

Azalée, rhododendron (Ericacées)

Si vous voulez que vos azalées et rhododendrons se portent bien, suivez bien les conseils de plantation et d'entretien à la lettre. Ces plantes demandent un sol léger et acide (pH 4-5). Comme elles supportent mal le dessèchement, les grandes chaleurs, mais aussi le soleil d'hiver trop brutal, il est bon de choisir une exposition ombragée. Après la floraison, couper les inflorescences fanées. Ne plus arroser à partir du mois de septembre pour que les pousses se lignifient bien.

Une eau trop chlorée ou trop calcaire étant nocive, n'utiliser votre eau qu'après l'avoir laissé stagner. Pour acidifier une eau très calcaire, y laisser tremper un sac poreux rempli de tourbe pendant 12 heures (pour 100 litres d'eau/2-3 kg de tourbe). Ces plantes ont besoin d'une humidité suffisante et constante, notamment en période de formation des bourgeons et de croissance. Un dessèchement de la motte de racines peut entraîner la chute des feuilles et des fleurs.

La chlorose des feuilles chez le rhododendron est provoquée par un pH trop élevé du sol, une concentration en minéraux trop importante dans le sol, une eau d'arrosage trop calcaire, une humidité stagnante ou une activité insuffisante des racines.

Otiorrhynque

Voir « Otiorrhynque » (p. 65).

Septoriose *(Septoria azaleae)*

Le manque de lumière, une humidité stagnante, mais aussi un emplacement trop sec, sont autant de facteurs pouvant favoriser cette maladie. L'infection se propage des feuilles tombées au sol vers les autres parties de la plante. Une fertilisation riche en azote augmente les risques. Les variétés ne sont pas toutes sensibles.

Espèces attaquées : azalée, rhododendron.

Dégâts : des taches d'abord jaunâtres, puis allant en noircissant, s'étendent sur les feuilles qui finissent par dessécher et tomber une à une.

Lutte préventive :
- choisir un emplacement favorable ;
- veiller à un arrosage régulier ;
- planter des variétés résistantes.

Lutte directe :
- ramasser les feuilles tombées et les détruire ;
- dès les premiers signes de contamination, traiter avec un produit à base de cuivre (maximum 0,2 %). Certaines azalées sont sensibles aux produits cuivrés, surtout au stade de formation des pousses. Le produit de traitement doit pouvoir sécher rapidement.

Galles foliaires *(Exobasidium japonicum)*

Ce champignon est probablement propagé par des ravageurs (par exemple les cochenilles). Les différentes variétés sont plus ou moins sensibles.

Espèces attaquées : azalée, rhododendron.

Dégâts : provoque des excroissances galleuses blanches, principalement sur les jeunes feuilles et les boutons. Des feuilles isolées et l'extrémité de certaines pousses s'épaississent jusqu'à former une masse compacte (photo 90).

Lutte préventive :
- planter des variétés moins sensibles.

Lutte directe :
- enlever et brûler immédiatement les parties atteintes ;
- traiter avec un produit à base de cuivre. **Attention** : certaines azalées ne supportent pas le cuivre.

Rosier (Rosacées)

Les rosiers ont absolument besoin, pour prospérer, d'un sol profond, plutôt lourd, bien fertilisé et bien aéré. Ils ne supportent pas l'humidité persistante : de ce fait, un drainage est souvent nécessaire. On ne choisira que des plantes vigoureuses et parfaitement saines, parmi des variétés adaptées aux conditions locales. Il faut tenir compte du fait qu'il existe de grandes différences en matière de sensibilité de chaque variété aux maladies (mildiou, maladie des taches noires, rouille) ou aux araignées rouges et aux thrips. Bien se renseigner lors de l'achat des rosiers.

En automne, il faut entretenir le taux d'humus du sol par l'apport de fumier mûr ou d'un bon compost mélangé à du fumier. Il est conseillé de mélanger une poudre de roche riche en magnésium au compost ou au fumier (ou de la saupoudrer directement sur le fertilisant).

Du début du printemps jusqu'à la fin de la première floraison, on arrosera

Dégâts	Maladie ou parasite	Page
Racines		
Racines rongées, mort de la plante	Ver blanc, campagnol	55, 58
Feuilles, pousses		
Enduit visqueux, brillant, fumagine, déformation des jeunes pousses, pucerons	Puceron	196
Larves semblables aux limaces rongeant la face inférieure des feuilles, feuilles réduites à leur squelette	Larve de tenthrède	196
Les feuilles changent de couleur et tombent prématurément	Acarien	197
Petites taches blanches à la face supérieure des feuilles, tiges recroquevillées	Cicadelle du rosier	197
Feutrage blanc	Oïdium (photo 91)	198
Sur la face inférieure des feuilles, petits amas de spores jaunes, puis foncés ; les feuilles jaunissent et tombent	Rouille du rosier (photo 92)	199
Sur la face supérieure des feuilles, taches circulaires brun noir, avec une auréole radiale	Maladie des taches noires (photo 93)	200
Bourgeons, fleurs		
Les bourgeons fanent	Puceron	196
Les bourgeons se recroquevillent	Cicadelle du rosier	197
Les feuilles du calice sont mangées irrégulièrement, surtout à la fin de l'été et en automne	Tipules	70
Feutrage blanc	Oïdium	198

avec du purin d'ortie, auquel on peut mélanger de la poudre d'os, de la poudre de corne et des cendres de bois. La plantation d'ail entre les rosiers protège contre les maladies. La lavande, les capucines ou le cresson éloignent les pucerons. Une fumure tardive augmente la sensibilité des rosiers au gel.

Les sols ayant reçu une fumure minérale déséquilibrée et intensive, ou dans lesquels des rosiers poussent depuis de nombreuses années, donnent souvent des signes de fatigue. Dans ce cas, les rosiers doivent être changés de place. A la rigueur, on peut se contenter d'une bonne aération du sol et d'un changement de fertilisation.

Un excédant ou un manque d'eau peuvent entraîner des troubles de croissance. Les arrosages fréquents ne conviennent pas et, par temps sec, il est préférable de mouiller abondamment le sol chaque semaine, ou toutes les deux semaines (30 litres/m^2). Pour obtenir une température relativement constante du sol, planter assez serré afin que le feuillage donne de l'ombre (10 plantes/m^2), ou couvrir le sol de paille hachée ou de tontes de gazon séchées. Une couverture de branches de sapin permettra d'éviter les dégâts dus au gel.

Pour prévenir les attaques de ravageurs et de maladies, il est bon de renforcer la plupart des variétés par des traitements réguliers : pulvérisations renouvelées de préparations à base de plantes, et saupoudrage occasionnel de poudre de roches finement broyée.

Puceron vert du rosier (*Macrosiphum rosae* et autres)

Ce puceron, long de 3 à 4 mm, peut être vert feuille, rouge sang ou jaune citron. Il est légèrement farineux. Il n'est pas accompagné de fourmis.

Plantes attaquées : hôte principal : rosier ; hôtes secondaires : valériane, cardon, artichaut, parfois fraisier, pommier et poirier.

Dégâts : au début, les rameaux ne se recroquevillent pas. Seuls les bourgeons fanent. En cas de forte attaque, les feuilles deviennent visqueuses, les jeunes pousses se recroquevillent. La fumagine s'étend.

Lutte : voir « Pucerons » (p. 66).

Tenthrède (*Caliroa sp*)

Ce sont les larves qui sont nuisibles. Elles ressemblent aux limaces.

Espèce attaquée : rosier.

Dégâts : la larve fait d'abord des trous à la face supérieure des feuilles dans le parenchyme, et plus tard à partir du bord, jusqu'à réduire les feuilles à leur squelette de nervures.

Lutte préventive :
- les variétés à feuilles lisses, brillantes ou ondulées sont moins sensibles.

Lutte directe :
- en cas de fortes attaques, traiter (pulvérisation ou poudrage) avec du pyrèthre ou de la roténone.

Acariens communs
(*Tetranychus urticae* et autres)

Voir « Acariens » (p. 53).

L'araignée rouge est le plus grand ennemi des rosiers, surtout des variétés *Polyantha* et *Flonbunda.* Les emplacements trop secs et chauds favorisent les attaques d'acariens.

Espèces attaquées : rosier, arbres fruitiers, vigne, légumes et plantes d'ornement.

Dégâts : les feuilles sont endommagées par la succion ; elles changent de couleur, deviennent jaune et tombent prématurément.

Lutte préventive :
- ne pas planter les rosiers contre des murs de maison en plein soleil et chauds ;
- couverture du sol ;
- traitements réguliers avec des produits à base de plantes (voir p. 209) pour renforcer le tissus des feuilles.

Lutte directe :
- immédiatement avant le début de la végétation faire un traitement d'hiver avec de l'huile de colza ou éventuellement une huile minérale (à base de paraffine) ;
- traiter avec un produit à base de pyrèthre ou de roténone le soir.

Cicadelle du rosier
(Typhlocyba rosae)

Cette cicadelle jaunâtre mesure 3 mm. Au repos, ses ailes sont en forme de toit. Elle pond ses œufs dans l'écorce des jeunes rameaux. Les œufs hivernent. Il y a plusieurs générations par an. La cicadelle est facile à reconnaître, car on peut facilement la faire sauter. Elle a une préférence pour les emplacements chauds.

Espèces attaquées : rosier, ligneux, graminées, herbes.

Dégâts : la cicadelle suce la sève à la face inférieure des feuilles et produit des taches blanches. Les rameaux et les bourgeons se ratatinent.

Lutte directe :
- traitement d'hiver contre les œufs avec des émulsions d'huile ;
- en cas de fortes attaques, traiter la face inférieure des feuilles au pyrèthre ou à la roténone.

Cercopides *(Philaenus spumarius)*

Les larves d'un vert jaunâtre sont entourées d'une substance mousseuse blanche appelée « crachats de coucou » dans laquelle elles se dissimulent. Les adultes apparaissent en juin et juillet. Elles sont brunâtres et leur corps à tête triangulaire et à pattes sauteuses mesure 10 mm de longueur. Les œufs hivernent entre les gaines des feuilles et dans les fentes de l'écorce des plantes hôtes.

Espèces attaquées : rosiers, marguerites, œillets, différents ligneux et mauvaises herbes.

Dégâts : les larves et les insectes adultes sucent les pousses et les bourgeons. Les dégâts ne sont généralement pas importants.

Lutte préventive :
– bon entretien général des cultures.

Lutte directe :
– écraser les larves entre les doigts, dans leur mousse ;
– projeter dans la mousse un jet puissant de produit insecticide (pyrèthre, roténone) ;
– en novembre et décembre, pulvériser un lait de chaux très dilué.

Oïdium
(Sphaerotheca pannosa var. rosae)

Voir « Oïdium » (p. 75).

Un emplacement mal aéré, de grands écarts de température, des périodes humides accompagnées d'une température supérieure à 20 °C, sont autant de facteurs favorisant les attaques d'oïdium.

Dégâts : les tiges, les feuilles et les bourgeons sont couverts d'un duvet blanc. Pousses et bourgeons se déforment et se dessèchent. Les feuilles tombent prématurément et le bois ne peut pas se lignifier (photo 91).

Lutte préventive :
– le choix des variétés est très important, car il existe de grandes différences de sensibilité d'une variété à l'autre ;
– traiter le sol et les plantes en automne et au printemps à la décoction de prèle ;
– choisir un emplacement aéré et ensoleillé afin que les plantes puissent sécher rapidement ;
– préférer des variétés à feuillage dur comme du cuir ;
– pas de fertilisation uniquement azotée ;
– ramasser et brûler les feuilles tombées ;
– bien arroser si l'emplacement est sec ;
– à partir de juin traiter, à 2 ou 3 reprises, à intervalles de 3 semaines, avec une décoction de prèle ou un produit à base de plantes (voir p. 209) ;
– en cas de risque d'attaque, traiter avec une préparation de lécithine de soja ou un extrait d'huile de fenouil, le soir ou par temps couvert, à intervalles de 7 jours.

Lutte directe :
– par la taille et par des traitements d'automne, empêcher l'hibernation du champignon sur le bois ;
– à titre préventif, appliquer une préparation à base d'argile activée (voir p. 213) ou un produit à base de soufre (éventuellement mélangés entre eux), tous les 8 à 12 jours.

Mildiou *(Peronospora sparsa)*

Voir « Mildiou » (p. 74).

Le mildiou apparaît souvent suite à de longues périodes de temps humide et chaud, ou après de forts écarts de température à la fin de l'été.

Espèce attaquée : rosiers

Dégâts : une couche blanche se forme principalement sur l'envers des feuilles. Plus tard, des taches allant du jaune-brun au bleu-rouge font leur apparition. Les feuilles tombent, la croissance est ralentie, les jeunes pousses meurent. L'année suivante, la reprise de végétation se fait mal.

Lutte préventive :

- choisir des variétés résistantes ;
- choisir un emplacement aéré et veiller à maintenir le sol bien meuble ;
- fertilisation équilibrée, pas trop azotée ;
- bien arroser notamment les plates-bandes placées le long d'un mur si elles sont sèches.

Lutte directe :

- traiter régulièrement les variétés sensibles avant la formation des bourgeons, avec une décoction de prèle ou un produit à base de plantes pouvant être additionné de cuivre (0,1 %) ;
- pour éviter une nouvelle infection l'année suivante, couper les pousses atteintes avant que les feuilles ne tombent.

Rouille du rosier
(Phragmidium subcorticium)

On enregistre de temps à autre une recrudescence de cette maladie, surtout lorsque les plantations sont trop espacées, sur un emplacement humide et frais, ou après de longues périodes pluvieuses quand le feuillage ne peut pas bien sécher.

Espèce attaquée : rosier.

Dégâts : de petites pustules jaunes, poussiéreuses, devenant noires en automne, apparaissent à la face inférieure des feuilles. Des taches jaune-orange apparaissent sur la face supérieure. Les feuilles malades tombent (photo 92).

Lutte préventive :

- choix des variétés ;
- planter les rosiers assez rapprochés en choisissant des emplacements ensoleillés et bien aérés ;
- veiller à un apport suffisant de potassium. Enrichir le compost avec de la cendre de bois ou du fumier de poules, ou épandre la cendre de bois directement ;
- renforcer la plante par un produit à base de plantes (voir p. 209) ;
- si l'on craint une attaque, traiter avec une préparation de lécithine de soja ou un extrait d'huile de fenouil, le soir ou par temps couvert, à intervalles de 7 jours, (ne pas mélanger à de la terre argileuse ni à un produit à base de soufre). Traiter également la face inférieure des feuilles

Lutte directe :

- enlever les feuilles malades ou tombées ;
- après ce nettoyage, traiter à fond l'ensemble de la plate-bande avec une infusion de prèle, ceci à titre préventif ; répéter l'opération plusieurs fois, à intervalles hebdomadaires ;
- en cas d'attaque importante, enlever toutes les feuilles de la plante et ramasser celles tombées au sol, à l'automne, puis traiter la plante et le sol avec un produit à base de soufre ;
- ne pas travailler le sol en automne.

Maladie des taches noires
(Marssonina rosae)

La maladie des taches noires est très répandue et occasionne des dégâts sur presque toutes les variétés, dans les emplacements humides et froids, ou chauds et secs. Un arrosage par temps chaud peut déclencher une attaque subite. Les dégâts apparaissent généralement à la fin de l'été et en automne. Par contre, si le temps est défavorable, il se peut qu'elle se développe dès le printemps.

Espèce attaquée : rosier.

Dégâts : apparition, sur la face supérieure des feuilles, de taches circulaires, brun-noir, avec une auréole au contour étoile. Jaunissement et chute des feuilles (photo 93).

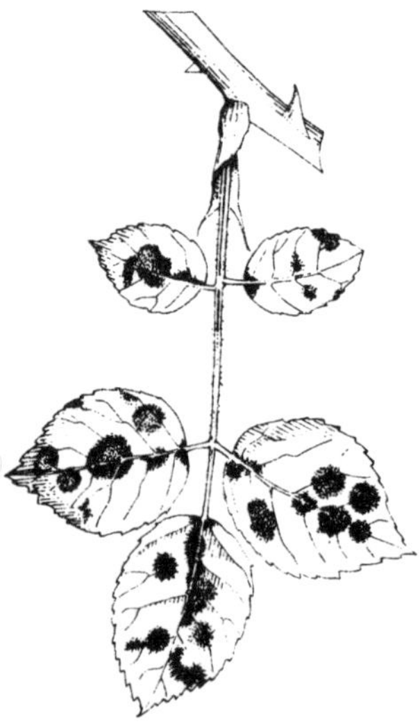

Lutte préventive :
- les variétés anciennes sont souvent plus résistantes que les obtentions récentes ;
- éviter les emplacements humides et ombragés ;
- bien préparer le sol à la plantation ;
- traiter régulièrement avec des produits à base de plantes qui renforcent les tissus (voir p. 209).

Lutte directe :
- ramasser immédiatement les feuilles tombées ;
- par mauvais temps, traiter toutes les 3 semaines, à partir de juin, avec de la décoction de prèle et, en cas de fortes attaques, avec du Bio S (voir p. 226) additionné de 0,05 % de cuivre, ou avec un produit à base de cuivre. Ne pas oublier la face inférieure des feuilles.

Feuillus

Pucerons

Les feuillus sont colonisés par de nombreuses espèces de pucerons, dont certains excrètent un miellat entraînant la formation d'une couche de fumagine. Les dégâts sont sans importance sur les grands arbres et les arbustes.

Par contre, une attaque importante peut provoquer un ralentissement de la croissance des pousses, ce qui entrave la formation de la couronne.

Dégâts : les feuilles et les extrémités des pousses se gaufrent. Chute des feuilles, ralentissement de la croissance des pousses, couche de fumagine.

Lutte : voir « Pucerons » (p. 66).

Otiorrhynques

Voir « Otiorrhynques » (p. 65).

Galles sur feuilles, pousses et bourgeons

Certains nuisibles comme les cécidomyies, les tarsonemidae, et quelques espèces de pucerons, font naître des galles et des déformations (inhérentes à la succion de leurs larves) et provoquent l'enroulement des feuilles. Les maladies cryptogamiques ou bactériennes engendrent parfois des dégâts similaires mais de moindre importance.

Lutte :

- enlever et détruire les parties atteintes des plantes ;
- l'utilisation de produits n'est généralement pas nécessaire.

Puceron laineux du hêtre

Le puceron laineux du hêtre *(Phyllaphis fagi)* ainsi que d'autres du même type sont assez courants. Ils sécrètent des pelotes de fils blancs et laineux. Ils changent d'hôtes.

Espèces attaquées : arbres fruitiers, feuillus et conifères.

Dégâts : les feuilles, ou mêmes de grandes parties des branches, sont couvertes d'une couche blanche et cotonneuse. Les dégâts sont provoqués par la succion des pucerons sur les feuilles, les extrémités des pousses et les plaies de l'écorce.

Lutte : voir « Pucerons » (p. 66).

Lutte directe :

- traiter 1 ou 2 fois à intervalle de 7 à 10 jours, en hiver ou au printemps (avant le démarrage de la végétation), avec une solution d'huile de colza ou d'huile minérale,

Tétranyques

Voir « Acariens » (p. 53).

Plusieurs espèces de tétranyques peuvent faire leur apparition et provoquer des taches brunâtres ou rougeâtres. Ces minuscules animaux jaunâtres ou rougeâtres vivent sur la face inférieure des feuilles.

La sécheresse et la chaleur favorisent leur développement, ce qui explique que les plantes poussant le long des chemins goudronnés ou des murs soient souvent atteintes.

Lutte : voir « Acariens » (p. 53).

Anobie, vrillette dissemblable *(Anisandrus dispar)*

Ce bostryche est un dangereux nuisible pour l'écorce et le bois. Il peut provoquer la mort rapide de tout l'arbre. Son nom, vrillette dissemblable, fait référence à la différence de forme entre le mâle non ailé (2 mm) et la femelle ailée (3 à 5 mm). Le mâle est bombé comme une demi-sphère, alors que la femelle est plutôt cylindrique et de couleur brun foncé à noire.

En avril et mai, la femelle perce l'écorce pour atteindre le bois, en général à proximité d'une fourche. A partir de cette première galerie sont creusées des galeries secondaires horizontales, perpendiculaires aux cernes, ou dans le sens de la branche. Ces galeries, blanches au départ, vont ensuite noircir. La ponte a lieu d'avril à juin. Le jeune coléoptère sort en juillet et en août et hiberne dans les galeries.

Espèces attaquées : tous les ligneux fruitiers et feuillus surtout s'ils ont des problèmes de croissance.

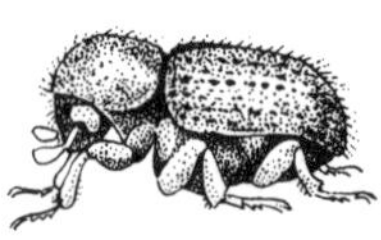

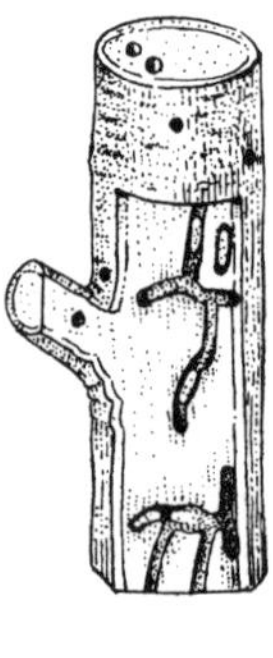

Dégâts : des trous se forment sur l'écorce des arbres malades, qui paraissent criblés de plombs. De la gomme suinte des arbres fruitiers (fruits à noyaux). L'écorce se détache légèrement. On peut voir des galeries de la grosseur d'une aiguille à tricoter s'enfoncer profondément dans le bois.

Lutte préventive :
- bien entretenir les arbres, fertilisation équilibrée, traitements préventifs à base de plantes ;
- épais badigeonnage du tronc, particulièrement au printemps ;
- dans les régions à risques, protéger les jeunes arbres, d'avril jusqu'en automne, en enroulant autour du tronc un papier épais, bien serré.

Lutte directe :
La lutte est très difficile.
- enlever immédiatement les arbres mourants ou déjà morts et toutes les parties touchées pour les brûler ;
- boucher les trous avec une glu contre les insectes ;
- à partir d'avril, suspendre des pièges pour vrillettes (pièges à alcool, voir p. 224).

Feu bactérien *(Erwinia amylovora)*

Voir « Feu bactérien » (p. 131 « Arbres fruitiers à pépins »).

Le feu bactérien apparaît particulièrement chez certaines variétés d'aubépine *(Crataegus)*, le cotonéaster, le buisson d'ardent *(Pyracantha)*, le cognassier du Japon *(Chenaenomeles japaonica)* et le sorbier.

Armillaire ou pourridié *(Armillaria spec.)*

L'armillaire est une dangereuse maladie qui s'attaque aux arbres, mais aussi aux arbres et arbustes d'ornement. Les jeunes champignons sont jaunes au départ puis brunissent plus tard. Ils poussent en touffes très serrées.

Espèces attaquées : épicéa, feuillus, arbustes d'ornement.

Dégâts : le mycélium forme de longs cordons qui s'introduisent dans les tissus (morts ou sains) de l'écorce et des racines, formant de véritables réseaux.

Lutte préventive :
- bien enlever et brûler tout reste de bois, en particulier les racines des arbres morts ;
- éviter l'humidité stagnante.

Lutte directe :
- si l'on craint la présence de l'armillaire, il faut décoller un morceau d'écorce au collet de la racine pour vérifier si le bois qui est dessous est bien blanc et imprégné de sève.
- si le bois et l'écorce sont parcourus par un réseau de champignons, il faut arracher et brûler la plante avec toutes ses racines car l'armillaire du miel est trop difficile à combattre.

Verticilliose des feuilles et des pousses *(Verticilium spec.)*

Les feuilles fanent au printemps et en été, les pousses meurent. Par temps chaud, la plante entière peut mourir en quelques jours. Le champignon s'y introduit par les racines.

Espèces attaquées : forsythia, tamaris, spirée, érable japonais, rhododendron, rosier, etc.

Dégâts : les vaisseaux se trouvant à l'intérieur des pousses malades deviennent bruns à gris foncé.

La lutte est très difficile :
- éliminer les plantes atteintes avec leurs racines ;
- ne pas replanter d'espèces sensibles au même emplacement.

Conifères

Araignée rouge des sapins *(Oligonychos ununguis)*

Voir « Acariens » (p. 53).

Sur les aiguilles apparaissent de petites taches vert clair à jaunâtres. Les aiguilles attaquées sont couvertes d'une fine toile blanche dans laquelle vivent les araignées rouges. Par temps orageux, elles peuvent proliférer.

Espèces attaquées : différentes variétés des conifères.

Dégâts : au début, apparition de petites taches claires ; en cas d'attaque importante, les aiguilles brunissent et tombent.

Lutte préventive :
- repenser l'emplacement. Une exposition trop sèche et un sol compact facilitent la contamination.

Lutte directe :
- de temps en temps, arroser les plantes au milieu de la journée avec un fin jet d'eau froide ;
- voir « Acariens » (p. 53).

Pucerons galligènes *(Pineus pini, spec.)*

Les différentes espèces de ce puceron secrètent toutes des filaments de cire typiques, laineux et frisottés. Au printemps, certaines d'entre elles, comme par exemple *Sacchiphantes viridis*, produisent – par leur succion – des galles en forme d'ananas, d'où sortent de petits pucerons ailés qui migrent sur les mélèzes.

Espèces attaquées : conifères et feuillus.

Dégâts : chute d'aiguilles ; les aiguilles se tordent (surtout dans le cas du sapin), les extrémités des pousses meurent.

Lutte directe :
- les écraser à la main dès la première apparition des pucerons, au printemps ;
- en mai et juin arracher les galles encore vertes et les brûler ;
- en cas d'attaque importante sur de jeunes arbres, traiter en mai et en juin, à plusieurs reprises, avec un produit à base de roténone ;
- appliquer 1 ou 2 fois une huile de colza (2 %) ou éventuellement une huile minérale (à base d'huile paraffinée).

Rouille grillagée sur genévriers *(Gymnosporangium sabinae)*

Voir « Rouille grillagée » du poirier (p. 134).

Armillaire

Voir p. 203.

Brunissement et chute d'aiguilles

En été et en automne, les vieilles aiguilles et les écailles des feuilles situées vers l'intérieur des branches se décolorent et tombent. Les jeunes pousses de l'année sont épargnées. Les branchages se dénudent fortement sans pour autant enrayer la croissance l'année suivante. Pour les thuyas et les faux cyprès, de nouvelles pousses peuvent même se former dans la même année. Si les nuisibles ne sont pas visibles, on peut penser que les dégâts ne sont pas le fait de parasites.

La chute des vieilles aiguilles et des écailles de feuilles est un processus naturel. Leur durée de vie est de plusieurs années mais varie selon les espèces de conifères. La chute se produit généralement en août.

Certaines années, le brunissement des aiguilles et leur chute sont particulièrement importants sans que les causes en soient bien déterminées. Deux hypothèses sont actuellement retenues :
– les variations trop extrêmes du climat ou de l'humidité du sol, qui entraîneraient des perturbations dans l'absorption des substances nutritives ;
– un pH ou une teneur en calcaire trop élevés.

Espèces attaquées : conifères.

Dégâts : les aiguilles deviennent rouges ou brunes. Sur leur face inférieure, on aperçoit des dépôts de spores noires ou rougeâtres. Pour certaines espèces de champignons, les aiguilles restent sur les branches, pour d'autres elles se détachent.

Lutte préventive :
– améliorer le sol (voir p. 11) ;
– drainer s'il existe un risque d'humidité stagnante ;
– éclaircir des plantations trop serrées.

Lutte directe :
– ramasser les aiguilles tombées et les brûler.

Gazon

Le gazon fait l'objet d'attentes les plus diverses. Dans un jardin biologique, s'il n'est pas possible d'avoir un pré fleuri à flore variée, opter pour un mélange contenant du trèfle. Tondre régulièrement à environ 3 cm du sol, et procéder à une dernière tonte en octobre pour éviter les maladies cryptogamiques.

Les gazons ayant de l'âge peuvent être aérés et nettoyés à l'aide du scarificateur. Ceci relance la croissance et enraye la formation de **mousse**. Une fumure organique modérée à dominante phosphorée, complétée par un apport de compost en automne, constitue un complément nutritif suffisant. Enlever soigneusement les tontes et les feuilles.

Larves de hannetons (vers blancs) et vers gris

Ils dévorent les racines et le gazon se dégarnit par plaques. Leurs principaux ennemis naturels sont les merles, les pics, les taupes et les musaraignes.

Aérer le sol aux endroits touchés avec une fourche ou une pioche. Ramasser les larves de hanneton et les vers gris (voir p. 58 et 72 sur les hannetons et vers gris)

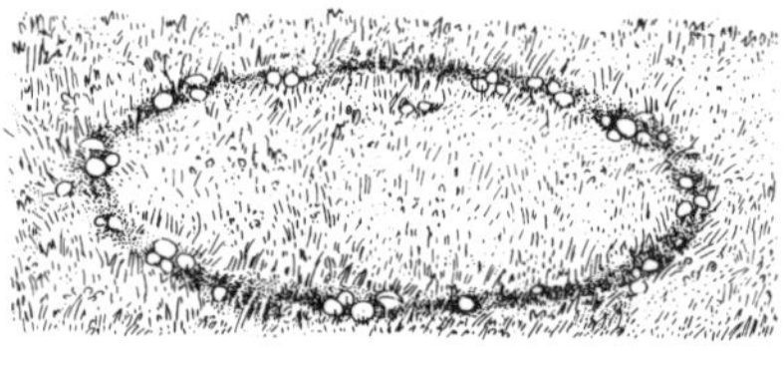

Les ronds de sorcière

Le mycélium de cette famille de champignons se développe en formant des anneaux dans le sol. A leur extrémité se forme les champignons. Ils apparaissent même sur les gazons bien entretenus, signe que le sol est trop compact. Ratisser pour supprimer les champignons et aérer le sol avec la fourche à bêcher.

Méthodes de lutte

Dans un jardin cultivé selon des techniques biologiques optimales, la nature assure elle-même, dans une large mesure, une autorégulation des attaques parasitaires ; c'est pourquoi le nombre des moyens de lutte nécessaire est relativement limité.

Les techniques de base du jardinage biologique peuvent être complétées par des mesures préventives spécifiques :
– utilisation des effets des associations culturales et des plantes répulsives (p. 208) ;
– utilisation de préparations à base de plantes ou de substances minérales, en vue de renforcer la résistance des plantes cultivées (p. 209) ;
– prise en considération de l'expérience acquise en agriculture biodynamique (p. 215) ;
– mise en place de moyens de lutte mécaniques (p. 216).
– la lutte biologique et biotechnique contre les nuisibles (p. 219).

En dépit de toutes ces mesures, de fortes attaques de maladies ou de ravageurs peuvent survenir et nécessiter l'usage de substances fongicides (p. 224) ou insecticides (p. 228).

Cette nécessité peut provenir de conditions climatiques extrêmes, ou du fait que notre civilisation a perturbé les équilibres biologiques au point que les mécanismes naturels de régulation ne fonctionnent plus normalement. S'assurer de la présence d'une diversité et d'un nombre suffisants d'auxiliaires dans un jardin isolé est beaucoup plus difficile que de parvenir au même résultat pour l'ensemble d'une région. Cependant, dans les jardins cultivés biologiquement depuis plusieurs années, on constate que les cas dans lesquels il est nécessaire d'intervenir directement sont rares.

Dans les vergers familiaux, on peut facilement prendre le risque d'une attaque parasitaire, alors que dans les vergers professionnels, il est indispensable d'utiliser préventivement un certain nombre de moyens de lutte. Avant d'intervenir avec un produit, il convient d'évaluer l'importance des dégâts prévisibles.

Dans le choix des produits, on ne doit pas se borner à prendre en considération l'efficacité vis-à-vis de la maladie ou du parasite à combattre. En culture biologique, on utilise, dans la mesure du possible, des produits qui, en même temps, renforcent les plantes. Contre les parasites animaux, on utilise principalement des produits à base de plantes, qui se dégradent très rapidement. Lorsque l'on utilise des produits antiparasitaires, il faut se conformer aux prescriptions réglementaires et prendre certaines précautions (p. 233 et 234).

Association de plantes et plantes répulsives

La pratique, ainsi que les ouvrages d'agriculture et de jardinage biologiques, donnent des indications sur les influences favorables, ou défavorables, des plantes cultivées en association ou au voisinage les unes des autres. Des recherches anglaises et russes sur les substances excrétées par les parties aériennes ou par les racines (phytoncides) permettent d'expliquer ces phénomènes. Mais l'effet des associations de plantes varie selon la nature du sol, le climat, la fumure et le choix des variétés. C'est pourquoi il est difficile de donner des règles générales : dans ce domaine, de nombreuses recherches sont encore nécessaires. C'est donc au jardinier qu'il revient de faire ses propres expériences.

Le tableau donne les exemples les plus souvent cités d'effets de voisinage :

Associations culturales favorables à la diminution du parasitisme

En général, les associations suivantes donnent de bons résultats (voir tableau ci-dessous).

La rotation demeure nécessaire même si on pratique les cultures associées.

Plantes répulsives

On nomme ainsi les plantes employées - avec plus ou moins de succès - pour éloigner les parasites et les maladies. Parallèlement à la mise en place de cultures associées, il est possible de faire fuir certains nuisibles, ou de leur couper l'appétit, en pulvérisant ou arrosant la plante entière avec des infusions ou extraits de plantes dégageant une forte odeur. Mais il ne faut pas surestimer l'effet des répulsifs car, d'une part, les animaux nuisibles s'habituent aux odeurs et, d'autre part, les substances odorantes ou amères s'évaporent rapidement, ce qui oblige à renouveler régulièrement le traitement.

Associations	Contre
Haricot + tomate	Mouche des semis
Haricot + sarriette	Mouche des semis
Carotte + poireau, oignon, échalote, ciboulette (photo 98)	Mouche de la carotte
Chou + salade, épinard	Altise du chou
Chou + spergule, tomate, céleri, trèfle	Mouche du chou, piéride du chou
Poireau + carotte, céleri	Teigne du poireau
Oignon + carotte (photo 98)	Mouche de l'oignon
Fraisier + ail (photo 99)	Maladies cryptogamiques, acariens

Préparations à base de plantes et de substances minérales

Nous mentionnerons, ci-après, différentes préparations à base de plantes qui peuvent être utilisées pour renforcer les plantes et en même temps pour « dissuader » les parasites et les maladies. Les résultats obtenus avec ces préparations sont très variables. Leur efficacité semble dépendre de divers facteurs, que la recherche scientifique n'a encore que très partiellement mis en évidence. Il est généralement admis, sur la base des observations et des expériences effectuées, que ces préparations favorisent les mécanismes de défense des plantes et renforcent la paroi cellulaire. Certaines plantes contiennent également des substances qui inhibent ou tuent les insectes, les bactéries et les champignons. Les observations faites dans ce domaine démontrent que des recherches complémentaires seraient très profitables.

De telles préparations à base de plantes (essences, huiles et extraits) sont utilisées fortement diluées, surtout dans la méthode biodynamique. L'ortie et la prèle, dont nous parlerons plus en détail ci-dessous, sont les deux plantes les plus utilisées. Pour le mode d'emploi des autres plantes, comme la tanaisie, la camomille, la valériane, le pissenlit, la consoude, l'ail, l'oignon, etc., on se reportera aux tableaux récapitulatifs (voir p. 239 et suivantes).

Pour les produits disponibles dans le commerce, nous ne mentionnerons que les marques les plus connues.

Prèle des champs *(Equisetum arvense)*

Cette plante, bien connue pour ses vertus médicinales, est très riche en acide

Agit contre	Plantes
Puceron lanigère, puceron du rosier	Semer des capucines ou du cresson des jardins sous les arbres ou en bordure
Fourmis	Répandre de la lavande, de la tanaisie ou de la marjolaine. Semer de la mâche. Arroser d'une infusion corsée de tanaisie
Campagnol	Semer du mélilot en bandes ou sous les arbres. Planter de l'ail, la couronne impériale *(Fritillaria imperialis)*, l'euphorbe *(Euphorbia enthyrus)*, la langue-de-chien *(Cynoglossum vulgare)*
Nématode des racines	Semer du tagète sous les plantes cultivées ou en bordure
Oïdium du rosier et des arbres fruitiers, cloque du pêcher	Planter à côté de la ciboulette ou de l'ail
Pourriture grise du fraisier	Planter de l'ail
Rouille du groseillier	Planter de l'absinthe ou de la ciboulette

silicique. Elle aime les sols humides, sablo-limoneux. Au printemps apparaît d'abord la tige brune, non ramifiée, qui porte les spores.

La prèle ne donne pas de fleurs. Après la dispersion des spores, cette pousse meurt et des tiges vertes, ramifiées, hautes de 10 à 15 cm, apparaissent alors.

Utilisation

Les préparations à base de prèle sont utilisées sous forme de décoction ou de purin contre les maladies cryptogamiques et pour renforcer les plantes. On les utilise de préférence par temps ensoleillé, mais avant la chaleur de la mi-journée, sur les plantes ou sur le sol.

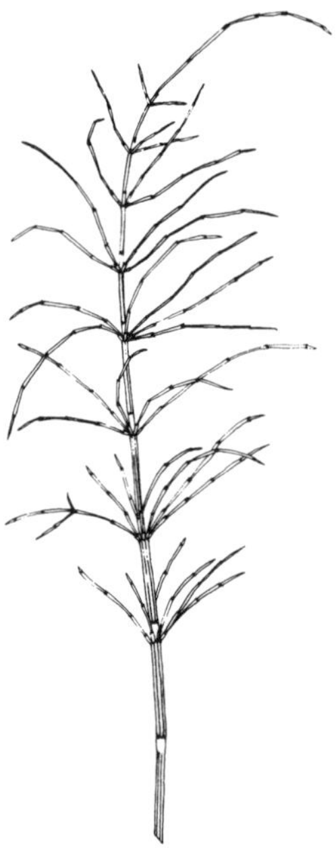

En usage préventif contre les maladies cryptogamiques (notamment rouille et mildiou) des légumes et des arbres fruitiers, il est préférable de répéter périodiquement les traitements.

A ce jour, les effets suivants ont été prouvés scientifiquement :

– forte diminution de la germination et du développement de la rouille du haricot, à la condition de traiter préventivement ;

– effet analogue, mais plus faible, sur le mildiou de la pomme de terre et de la tomate ;

– des laitues ont eu, après traitement, une croissance plus vigoureuse et ont été moins attaquées par les maladies bactériennes et cryptogamiques responsables de la pourriture ;

– contre l'oïdium, l'effet est très variable. On a observé une diminution des attaques sur le pied d'alouette *(Delphinium)* et les céréales, mais pas sur l'oïdium du concombre.

Il est utile de traiter en automne et au printemps toute la superficie du jardin et du verger (pour ce dernier, à la chute des feuilles et au démarrage de la végétation). Mais, si les conditions sont particulièrement favorables aux maladies cryptogamiques (par exemple, temps chaud et humide, variétés sensibles), l'action de la prèle est insuffisante et des fongicides spécifiques doivent être utilisés. Les préparations à base de prèle ne doivent pas être mises dans des récipients métalliques (voir p. 140).

Rumex à feuilles obtuses *(Rumex obtusifolium)*

Le rumex est considéré comme une mauvaise herbe indésirable par la plupart des propriétaires de prairies. Comme ses semences et ses racines sont particulièrement résistantes, elles ont été étudiées de plus près par un institut suisse de recherches pour l'agriculture biologique (Schweizer Forschungsinstitut für biologischen Anbau) dont les chercheurs ont testé leurs propriétés fortifiantes sur les végétaux.

Utilisation

Que ce soit en laboratoire ou sur le terrain, l'extrait de racine de rumex (préalablement épluchée) s'est révélé efficace dans la prévention contre l'oïdium du concombre et de la pomme. Les résultats obtenus sont équivalents à ceux des traitements au soufre. Cet extrait entrave la formation des organes d'adhérence des champignons, qui permettent la pénétration des spores dans les feuilles. En période dangereuse, le traitement ne sera efficace que s'il est renouvelé, à titre préventif, tous les 7 à 8 jours.

Préparation de l'extrait

Laver des racines fraîches ayant plus de deux ans, les couper en morceaux et les réduire en purée fine. Mélanger 150 grammes de cette bouillie avec 10 litres d'eau et laisser reposer une heure pour que les substances actives passent dans le liquide. Filtrer. On peut utiliser moins d'eau et congeler le mélange pour le conserver. Mais au moment de l'emploi, il faudra le diluer jusqu'à obtention de la bonne concentration. Exposée à la chaleur, cette décoction perd vite ses propriétés (voir p. 240).

Ortie *(Urtica dioica* et *Urtica urens)*

L'ortie, connue depuis longtemps comme plante médicinale, est riche en vitamine A, en vitamine C et en minéraux (particulièrement en fer). Les possibilités d'emploi sont multiples. On utilise la plante entière, racine exceptée, avant la formation des graines. Des orties récoltées début mai sont plus riches en éléments nutritifs, alors que, récoltées plus tard, elles sont plus riches en matière sèche. L'origine (prairie, bois, proximité d'un tas de fumier) et le mode de préparation (orties fraîches ou séchées) influent peu sur la teneur en éléments minéraux. L'apport dans le compost de grandes quantités d'ortie fraîche ou séchée, ou de poudre d'ortie, favorise sa décomposition et notamment la transformation des substances riches en azote.

Utilisation

L'ortie se prête très bien à la préparation de purin. On ajoutera périodiquement, à l'eau d'arrosage (dilution au dixième), du purin d'ortie bien fermenté, dans lequel on peut mettre un peu de poudre d'os ou de corne, de fumier et de poudre de roches.

Le purin d'ortie est riche en calcium, potasse et azote, 40 % de ce dernier se trouvant sous forme ammoniacale, rapidement disponible pour les plantes. La teneur en ces éléments peut varier dans des proportions importantes. Des expériences scientifiques ont mis en évidence une nette stimulation de la croissance de la plante et de ses racines, de sa respiration, ainsi que de l'activité microbienne du sol. On admet que l'effet stimulant sur la croissance provient de la bonne assimilabilité des éléments nutritifs, de la présence de petites quantités de substances de croissance et du nombre important de bactéries productrices de gaz carbonique (gaz qui joue un rôle essentiel dans la photosynthèse).

La pulvérisation de purin d'ortie sur les feuilles favorise la croissance et la formation de chlorophylle. Il faut toutefois le diluer suffisamment car il pourrait provoquer des brûlures sur les feuilles. La combinaison avec la décoction ou le purin de prèle est, de ce point de vue, favorable.

Les choux ne doivent pas être traités trop souvent au purin d'ortie, car l'odeur de celui-ci attire la piéride du chou.

Les orties ayant séjourné 12 heures dans l'eau froide sont efficaces pour la lutte contre les pucerons, dans la mesure où l'attaque n'est pas trop forte (voir p. 240).

Huile de fenouil *(Oleum foeniculi)*

Disponible dans le commerce, l'huile de fenouil renforce les plantes et prévient la formation d'oïdium et de rouille. En Suisse, l'huile de fenouil est actuellement testée et autorisée contre l'oïdium et la rouille des baies et des cucurbitacées. Elle est partiellement efficace contre l'oïdium de la vigne et des plantes d'ornement.

Utilisation

Pulvériser l'huile de fenouil le soir ou par temps couvert, sur les deux faces des feuilles, jusqu'à ce que le produit perle sur la plante. On peut l'utiliser conjointement à d'autres produits, exception faite des préparations à base de soufre mouillable et d'argile. On l'emploie d'avril à septembre. Ne pas dépasser le dosage indiqué (sous peine de brûler les feuilles)

Toxicité : non toxique.

Intervalles d'utilisation : 3 jours pour les cucurbitacées, 3 semaines pour les arbres fruitiers.

En vente en Suisse, non disponible en France.

Poudres de roches

Les poudres de roches ont des teneurs élevées en oligo-éléments et ont des compositions variables selon leur origine. En sols calcaires, on utilisera des roches riches en silicium et pauvres en calcium ; en sols acides, on aura recours aux roches riches en calcium.

Utilisation

Les poudres de roches sont utilisées pour améliorer les sols lourds et humifères, et comme adjuvants pour favoriser la décomposition du compost.

En poudrage, les roches siliceuses ont une action préventive contre les maladies cryptogamiques (par exemple, la septoriose du céleri), et, par temps humide, contre les insectes piqueurs-suceurs et défoliateurs. Mais leur efficacité, tout comme celle des algues calcaires dont nous parlerons plus loin, ne doit pas être surestimée.

Noms commerciaux : poudre de roches siliceuses (composition variable), poudre de basalte, de quartz, etc.

Fournisseurs : spécialistes de la VPC (Hector, Magellan, Nutrisol, Profertyl, voir p. 241).

Terres argileuses en poudre

Les terres riches en argile (bentonite, kaolin) ont plusieurs propriétés intéressantes. Elles ont une grande capacité de rétention en eau et constituent de bons liants pour les produits de traitement.

Utilisation

En raison de leur teneur élevée en argile, ces terres constituent de bons moyens pour améliorer les sols légers et sableux. On peut également en ajouter aux composts et aux purins.

En arboriculture, les terres argileuses ou l'argile sont des constituants importants des mélanges utilisés pour badigeonner les troncs et pour effectuer les traitements d'hiver (par exemple, sous la forme de mélanges argile + silicate de soude, ou argile + purin de prêle). Des mélanges tout prêts pour badigeon à base de silice et d'argile sont également disponibles. Ils sont efficaces contre la cloque du pêcher et la moniliose.

Les terres argileuses ne doivent pas être utilisées en mélange avec les insecticides végétaux (par exemple pyrèthre), car elles diminuent leur efficacité.

Noms commerciaux : bentonite, kaolin, montmorillonite opalite. Badigeons : Preicobakt, Ledax-it (en Suisse).

Fournisseurs : Hector (Preicobakt), Magellan, Nutrisol (voir p. 251).

Extraits d'algues

On trouve dans le commerce, sous formes liquide ou pulvérulente, différents extraits d'algues vertes ou brunes (Laminaires, Ascophyllum, Fucus, etc.), qui proviennent pour la plupart de Bretagne. Ces algues, appelées également varech, sont, à l'inverse des algues calcaires *(Lithothamnium calcareum)*, relativement riches en matières organiques, en éléments minéraux (surtout en potasse) et en oligo-éléments.

Utilisation

En apports foliaires, les extraits d'algues, sous formes liquide ou pulvérulente, favorisent la croissance des plantes et augmentent leur résistance aux parasites. La concentration à utiliser est indiquée sur les emballages.

Noms commerciaux : nombreuses spécialités commerciales en jardineries et chez les spécialistes de la VPC (voir p. 251).

Algues calcaires

Les algues calcaires sont extraites de la mer en Bretagne et dans le Sud de la

France. Le lithothamne est pêché en mer encore vivant, le maërl est le squelette calcaire de l'algue, récolté sur les plages.

Utilisation

Les algues calcaires en poudre sont surtout utilisées pour l'amélioration des sols acides, principalement pour relever leur pH.

Les poudrages d'algues calcaires sur le feuillage renforcent la résistance contre diverses maladies cryptogamiques et certains insectes (tavelure, oïdium, mildiou, doryphore, mouche du poireau, mouche du chou, etc.). On utilise 200 à 300 grammes à l'are en poudrage ou mélangé à 20 à 30 litres d'eau. Il ne faut pas surestimer l'efficacité des algues. Des poudrages trop fréquents peuvent entraver la respiration des feuilles. On trouve dans le commerce différents types d'algues dont la composition varie légèrement.

Noms commerciaux : lithothamne, maërl.

Fournisseurs : spécialistes de la VPC (voirp. 251).

Autres préparations à base de plantes

On trouve dans le commerce diverses préparations à base de plantes sauvages, d'algues marines et de minéraux finement moulus. Les essais systématiques en vue de vérifier leur efficacité sont encore peu nombreux. Les modes d'emploi de la plupart de ces mélanges sont souvent trop généraux (comme pour une tisane). On ne peut les employer de façon ciblée puisque aucune recherche sur leur efficacité ou leur spécificité n'a été officiellement menée. Ceci va probablement changer dans les années à venir car les conditions d'agrément deviennent de plus en plus strictes.

Sur la base des essais entrepris jusqu'ici on peut déjà dire que :
– la plupart des plantes rentrant dans ces préparations sont utilisées en médecine humaine, et elles ne posent pas de problème de toxicité ;
– l'efficacité des produits à base de plantes est nettement inférieure à celle des produits phytosanitaires de synthèse ;
– dans de nombreux cas, l'efficacité repose sur une stimulation des mécanismes de défense propres aux plantes, par exemple une croissance plus vigoureuse, une couche cireuse plus épaisse, la formation par les plantes de substances secondaires (phytoalexines). Ces produits doivent donc être utilisés préventivement ;
– les produits à base de plantes sont peu stables et se décomposent donc rapidement, d'où la nécessité de faire des traitements répétés ;
– les produits à base de plantes ne sont pas efficaces contre toutes les espèces de champignons ; par exemple, les champignons responsables de l'oïdium et du mildiou réagissent différemment.

Procédés utilisés en agriculture biodynamique

Les bases de l'agriculture biodynamique ont été définies en 1924 par Rudolf Steiner, lors d'un cycle de conférences connu sous le nom de « Cours aux agriculteurs ». Les techniques proposées sont issues moins des découvertes des sciences biologiques que des connaissances de la science spirituelle. Rudolf Steiner a attiré l'attention sur les nombreuses interactions entre les phénomènes cosmiques et les processus intervenant dans les sols.

La méthode biodynamique part du principe que les rendements et la qualité dépendent, d'une part, de facteurs liés à la terre (par exemple, la vie du sol) et, d'autre part, de facteurs liés au cosmos, comme la lumière, la chaleur et les rythmes cosmiques (influence de la lune et des planètes).

Nous ne pouvons donner ici que quelques indications sur ces interactions et sur les techniques de protection des cultures qui en découlent. Si des maladies des plantes apparaissent, on les explique par la perturbation de l'équilibre terre-cosmos au profit de facteurs purement terrestres.

On s'efforce, à l'aide d'un ensemble de préparations obtenues selon des procédés bien spécifiques, de corriger ces perturbations, de rendre la croissance des plantes plus harmonieuse et de favoriser les processus biologiques dans le compost, dans le sol et dans les plantes.

Deux de ces préparations, la « bouse de corne » et la « silice de corne », sont utilisées en pulvérisations, six autres sont ajoutées au compost. C'est aux praticiens de la méthode biodynamique que l'on doit l'expérience acquise avec la prèle, dont nous avons parlé précédemment. Les préparations biodynamiques n'ont pas de rôle fertilisant au sens habituel du terme, mais de nombreuses observations, issues de la pratique et d'expériences scientifiques récentes, démontrent une action positive sur la croissance des plantes, les rendements et la qualité nutritive.

La préparation bouse de corne (préparation 500), préparée à partir de bouse de vache, favorise les processus biologiques dans le sol ; on la pulvérise directement sur le sol avant, pendant ou peu après le semis ou la plantation.

La préparation silice de corne (préparation 501), préparée à partir de quartz finement moulu, est pulvérisée en cours de végétation pour favoriser les processus d'assimilation et de maturation.

Ces deux préparations doivent impérativement être brassées pendant une heure, selon une technique spécifique, avant leur utilisation. Les dates d'apport sont déterminées en tenant compte de la position de la lune et du soleil dans les constellations du zodiaque.

Pour favoriser la décomposition du compost et la préparation du purin, on leur ajoute six préparations à base de plantes (préparations 502 à 507). Elles sont préparées à partir des matières premières suivantes : fleur de l'achillée mille-feuille, fleur de camomille, ortie, écorce de chêne broyée, fleur de pissenlit et extrait de fleurs de valériane. Les préparations sont faites en tenant compte de divers facteurs liés aux conditions naturelles et à la saison.

Depuis les temps les plus reculés, toutes les civilisations ont prêté attention à l'influence des constellations sur les processus biologiques. Les expériences de L. Kolisko, de Maria Thun et d'autres chercheurs ont démontré que, dans les sols cultivés selon la méthode biodynamique, la croissance des plantes est influencée non seulement par le soleil, mais également par la position de la lune par rapport aux constellations du zodiaque. Selon l'organe de la plante utilisé (racine, feuille, fleur, fruit), on aura intérêt à choisir telle ou telle constellation pour la date du semis, les travaux culturaux et la récolte.

En matière de parasitisme, des essais sont effectués avec la méthode de l'incinération. On brûle les animaux, les insectes ou leurs larves (ou on les laisse se décomposer), et on répand leurs cendres plusieurs années de suite, en vue d'inhiber le développement des espèces correspondantes. Des quantités très faibles semblent suffisantes. Certaines constellations ayant une action nette sur le cycle de développement propre à chaque espèce, on doit en tenir compte lors de l'utilisation de cette technique. Selon la même théorie, on brûle et on répand sur le sol les semences de mauvaises herbes.

Des recherches scientifiques sont en cours en Allemagne et en Suisse, mais on dispose encore de peu de résultats.

On trouvera des détails complémentaires sur la méthode biodynamique dans les ouvrages spécialisés (voir p. 250).

Moyens de lutte mécaniques

Il existe de nombreux moyens de lutte mécaniques utilisables dans les jardins, moyens qui furent souvent très utilisés jadis et sont, pour cette raison, considérés comme « dépassés ». Ils exigent souvent davantage de travail, mais présentent le gros avantage de ne pas laisser de résidus.

Ce sont des moyens qui empêchent les parasites de venir sur les plantes ou qui les tuent mécaniquement. On peut se les procurer, pour la plupart, chez les grainetiers ou dans les drogueries.

Filets anti-insectes

Pour empêcher les insectes de venir pondre sur les plantes, on peut tendre, au-dessus des planches cultivées, pendant la période des vols, des filets anti-insectes. Ils doivent être soigneusement maintenus en contact avec le sol sur les côtés, par exemple avec des lattes de bois. De bons résultats ont été obtenus avec la mouche du navet, la mouche du chou et la mouche de la carotte. La dimension des mailles ne doit pas dépasser 1,2 mm pour la mouche de la carotte et 1,8 mm pour la mouche du navet (photo 97).

Ces filets présentent d'autres avantages, par exemple une augmentation de la précocité et un moindre fendillement du sol grâce à l'ombre qu'ils procurent. On peut également les utiliser pour ombrager les semis, notamment ceux de mâche.

Fournisseurs : coopératives agricoles, jardineries, spécialistes de la VPC (Magellan, Nutrisol, Profertyl, voir p. 251).

Grillages et clôtures contre le gibier

Un grillage entourant complètement le jardin le protégera contre les lièvres et le gros gibier. Dans les régions concernées (à proximité des forêts), le grillage doit avoir au moins 1,50 mètre de hauteur et davantage dans les zones fortement enneigées.

Pièges à mulots et campagnols

L'utilisation de pièges pour capturer les mulots et les campagnols est une vieille méthode qui a fait ses preuves lorsqu'on sait l'utiliser. Il existe de nombreux modèles dans le commerce. Il est souhaitable de se faire conseiller par un praticien.

Filets et bandes contre les oiseaux

Des bandes d'aluminium, des bandes en plastique coloré et des filets sont efficaces pour protéger les arbustes à baies, les cerisiers et les cultures précoces (par exemple les pois) contre les oiseaux. Mais les oiseaux s'habituent vite aux bandes : les filets offrent une meilleure protection. Les bandes de couleur bleue semblent plus efficaces que les autres.

Barrières anti-limaces

Placées autour des jardins et des plates-bandes, elles les protègent efficacement contre les limaces, notamment en bordure des prairies. On trouve dans le commerce des grillages métalliques ou des clôtures électrifiées (non disponibles en France ; vendues notamment en Suisse). Il faut veiller à ce que les plantes ou les mauvaises herbes ne dépassent pas la hauteur de la barrière.

Pièges à limaces

On n'utilisera les appâts que lorsque l'on peut pratiquer très systématiquement le ramassage des limaces. Ces dernières étant surtout actives la nuit, c'est le soir ou le matin tôt qu'il faut les ramasser. Le plus simple est de disposer les appâts sous des planches, des pots en terre, de vieux sacs en jute, des cartons, etc., où les limaces se réfugient pendant la journée. On doit choisir des endroits tels que les limaces soient attirées hors des planches cultivées.

Les pièges à limaces, tels que les récipients remplis de bière et enterrés en sorte que leur bord supérieur soit au niveau du sol, attirent effectivement les limaces, mais seulement 10 % d'entre elles se noient. Les carabes et d'autres insectes venant également se noyer, ce type de piège n'est pas à recommander, sinon veiller à ce que les pièges dépassent le sol d'un centimètre.

Ramassage des parasites

Au jardin, le ramassage des chenilles et des coléoptères nuisibles, ainsi que la destruction, en les écrasant, de ravageurs plus petits peuvent empêcher leur multiplication.

Ramassage des parties de plantes atteintes

Le ramassage immédiat des premières parties de plantes atteintes, par exemple par l'oïdium ou les pucerons des arbres fruitiers, prévient une multiplication ultérieure, surtout si on pratique en même temps des pulvérisations à base de plantes pour renforcer les tissus. Les parties de plantes atteintes doivent être détruites et non pas compostées.

Bandes-pièges

Les bandes-pièges sont mises autour des troncs des arbres fruitiers à environ 1 mètre de hauteur. Elles sont conçues de manière à constituer un refuge pour différents types d'insectes. Lorsque les bandes sont enlevées et détruites au bon moment, c'est-à-dire avant que les insectes ne les aient quittées, on se débarrasse des insectes qui y sont cachés. On remarquera que les coccinelles et les forficules ne sont pas détruites, mais restent sur les arbres.

Bandes-pièges simples : Prendre une bande de carton ondulé de 10 cm de largeur, la recouvrir sur ses deux faces de papier goudronné ou de plastique et la fixer sur le tronc. Les insectes se réfugient dans les ondulations. On badigeonnera éventuellement la face externe de glu (mais il y a un certain danger pour les oiseaux).

On pose les bandes en mars-avril contre l'anthonome du pommier, et fin mai contre le carpocapse.

Pièges à carpocapses (vers des fruits) : Prendre une bande de papier fort (20 cm de largeur), y coller de la fibre de bois et recouvrir la face externe d'un matériau résistant à l'humidité, par exemple du plastique. Plier le bord supérieur vers l'intérieur et fixer solidement la bande au tronc. La bande de papier doit rester ouverte dans sa partie inférieure pour permettre aux insectes de s'y introduire. On peut ainsi capturer une partie des larves (photo 101).

Fournisseurs : spécialistes de la VPC (voir p. 251).

Anneaux de glu

Des anneaux de glu sont mis autour des troncs, pour attraper les insectes (par exemple, les cheimatobies) qui montent et descendent le long des troncs. Sur les arbres adultes, on peut mettre la glu directement sur le tronc. On polit l'écorce sur une largeur de 10 cm et on l'enduit de glu. Pour les jeunes arbres, on fixe solidement sur le tronc, en haut et en bas, une bande de papier fort ou de toile de jute de 15 cm de largeur. Les bandes de papier doivent bien adhérer au tronc. Pour éviter que la glu ne tombe, on relève la partie inférieure du papier pendant que l'on badigeonne. Les anneaux de glu ne doivent être laissés sur les arbres que de septembre à décembre. Les insectes attrapés par la glu peuvent étouffer les oiseaux qui les absorbent (photo 102).

On trouve également dans le commerce des bandes de glu et de la glu en bombes. La glu vendue pour les pièges à mouche de la cerise peut également être utilisée.

Pulvérisation d'eau chaude et d'eau froide contre les insectes ravageurs

La pulvérisation répétée d'un puissant jet d'eau froide sur les parties atteintes peut suffire à lutter contre les pucerons.

La pulvérisation d'eau chaude, méthode utilisée depuis plusieurs décennies, s'avère efficace contre les pucerons, le puceron lanigère, les araignées rouges, etc. L'eau doit être à 45 °C lorsqu'elle atteint les parasites. Des températures plus élevées détruisent les tissus végétaux.

Utilisation d'organismes utiles dans la régulation des nuisibles

Les ennemis naturels et les agents pathogènes peuvent être utilisés pour limiter les attaques de ravageurs.

On peut principalement citer :
- l'introduction de prédateurs non autochtones (par exemple, les chalcidiens contre les pucerons) ;
- les lâchers périodiques de prédateurs et de parasites, ou d'agents pathogènes multipliés en grand nombre (guêpes parasites, acariens prédateurs, chrysopes, nématodes, champignons, bactéries, etc.) ;
- les moyens de lutte biotechnique agissant en faisant intervenir la réaction naturelle des ravageurs à des stimulants physiques ou chimiques spécifiques ;
- régulation et contrôle d'une attaque parasitaire à l'aide de pièges, par

Recettes de glu

700 g de goudron de bois
500 g de colophane
500 g de savon noir
300 g d'huile de poisson

Chauffer le goudron et la colophane au bain-marie, remuer jusqu'à obtention d'un mélange homogène, puis ajouter le savon et l'huile et continuer à remuer jusqu'à ce que le mélange soit refroidi.

2 500 g d'huile de colza
200 g de saindoux
200 g de térébenthine
200 g de colophane

Faire cuire l'huile et le saindoux jusqu'à réduction aux deux tiers. Ajouter la térébenthine et la colophane en continuant à remuer. Le produit obtenu doit pouvoir être facilement appliqué au pinceau.

exemple pièges colorés (pièges pour la mouche de la cerise) ou pièges à base de substances sexuelles (phéromones).

Virus de la granulose contre le carpocapse des pommes

Cette préparation contient des virus présents dans la nature, qui s'attaquent particulièrement aux carpocapses des pommes et à quelques autres insectes de la même famille. Comme ce virus est sensible à la lumière, on ajoute au liquide de pulvérisation 0,25 % de poudre de lait écrémé. L'addition de 0,5 % de sucre stimule l'absorption par les larves.

Emploi : pulvériser la suspension juste avant la sortie des larves afin qu'elles l'absorbent avant de s'introduire dans les pommes.

Nom commercial : Carpovirusine.

Fournisseurs : Magellan (voir p. 251).

Bacillus Thuringiensis

Des préparations ont été élaborées à partir de différentes souches de la bactérie *Bacillus Thurengiensis* afin de lutter spécifiquement contre les chenilles de la piéride du chou, la cheimatobie, l'hyponomeute, la cochylis et l'eudémis de la vigne, ainsi que les larves du doryphore.

Utilisation

Les chenilles qui mangent les feuilles traitées avec cette poudre meurent rapidement. Il faut généralement faire plusieurs traitements. L'efficacité est meilleure lorsque la température est supérieure à 12 °C.

Concentration : 0,06 à 0,1 %.

Toxicité : non toxique.

Délai d'emploi avant récolte : en Suisse, 7 jours pour les légumes et les arbres fruitiers, 21 jours pour la vigne. En France : pas de délai avant récolte.

La préparation peut être utilisée en poudre ou en granulés. On augmente l'efficacité en ajoutant du sucre ou de la mélasse (0,2 %).

Noms commerciaux : Dipel, Bactospéine (où le *Bacillus Thuringiensis* peut être associé à des pyrèthrines naturelles synergisées).

Fournisseurs : jardineries et par correspondance (Magellan, Nutrisol, Profertyl, voir p. 251).

Champignon de la larve du hanneton *(Beauvaria brongnianti)*

Ce champignon est un agent pathogène naturel permettant de lutter contre les larves de hanneton. Il se propage dans le sol et s'attaque aux larves.

Utilisation

Des grains d'orge couverts de champignons sont incorporés dans le sol, à deux centimètres de la surface, au printemps où a lieu le vol et au printemps suivant. Pour les fraises et autres cultures du même type, ainsi que pour les jeunes arbres, renouveler l'opération une fois au cours du printemps.

Toxicité : non toxique.

Ce produit n'est pas homologué en France et n'est donc pas disponible.

Nématodes

Depuis quelques années, on élève diverses espèces de nématodes, chacune ayant ses proies spécifiques. Ces petits vers filiformes microscopiques pénètrent dans le nuisible et produisent des bactéries qui entraînent sa mort.

Les nématodes ne sont utilisés qu'en cas de contamination, sinon ils risquent de mourir de faim. Comme il s'agit d'organismes vivants, on ne les trouve dans le commerce que dans les périodes à risques. Suivre très précisément le mode d'emploi.

Nématodes contre les larves d'otiorrhynques

On peut lutter contre les larves d'otiorrhynques nuisibles avec des nématodes du genre *Heterorhabditis* ou *Steinernema.* Ces petits vers filiformes, longs de moins de 1 mm, pénètrent dans les larves et excrètent des bactéries qui les tuent. Mais ces nématodes ne doivent être utilisés que dans des conditions très précises, car ils ne peuvent survivre que 3 jours environ sans nourriture (larves). Cette méthode suscite un grand intérêt car on ne connaît aucun moyen de lutte chimique contre les otiorrhynques (voir « Otiorrhynques » p. 65,, et « Nématodes », p. 19).

Utilisation

Les nématodes sont placés dans une fine poudre de roches et conditionnés en petits sachets. Avant l'emploi, il faut les dissoudre dans l'eau. Ils sont efficaces de fin avril à début juin, et de mi-septembre à mi-octobre. La température du sol ne doit pas être inférieure à 10 °C.

Nom commercial : Nemasys.

Fournisseurs : produit disponible en France par correspondance (Magellan, Nutrisol, voir p. 251). En Suisse : en graineterie.

Nématodes contre les limaces

En Angleterre, depuis quelques années, on utilise des nématodes pour lutter contre la limace grise *(Phasmarhabditis hermaphrodita).* Après avoir été contrôlé par les organismes compétents, ce produit est maintenant autorisé en Suisse et en Allemagne. Le produit commence à agir 5 jours après l'utilisation de la suspension, et son action dure pendant quelques semaines. Les nématodes ne survivent qu'en présence de limaces. Ils ne peuvent donc pas être utilisés à titre préventif.

Nom commercial : Nemaslug.

Fournisseurs : disponible en France par correspondance (Magellan, Nutrisol, voir p. 251).

Acariens prédateurs contre acariens nuisibles

L'acarien prédateur *Phytoseiulus persimilis* est utilisé contre les acariens nuisibles. La plupart des expériences ont été faites sur le concombre de serre, car, à une température supérieure à 16 °C, les acariens prédateurs se multiplient plus vite que les acariens nuisibles (voir « Acariens », p. 43).

Utilisation

Si les acariens apparaissent précocement sur les concombres, on peut utiliser les acariens prédateurs élevés sur des feuilles de haricots. Ces dernières sont déposées sur les feuilles de concombres, en particulier celles qui sont attaquées. En général un ou deux lâchers suffisent. Les cultures doivent être ombragées en cas de forte chaleur, afin que les auxiliaires puissent se développer plus rapidement.

Fournisseurs : disponible en France par correspondance (Magellan, Nutrisol, voir p. 251).

Guêpes parasites contre les mouches blanches (aleurodes)

L'espèce de guêpe parasite *Encarsia formosa* est utilisée contre la mouche blanche, en particulier sur la tomate et le concombre de serre (voir « Guêpes parasites », p. 41).

Utilisation

Deux méthodes sont utilisées : le lâcher aux premiers signes d'attaque ou l'utilisation de plantes comme réservoirs d'auxiliaires.

Avec la première technique – la plus utilisée –, on apporte dans les cultures des « momies » de mouches blanches parasitées par les guêpes et collées sur des bandes de carton (au moins une bande pour 40 pieds de tomate). Les insectes éclosent au bout de 7 à 10 jours et commencent à pondre. Il faut faire au moins deux lâchers à 12 jours d'intervalle. On ne voit le résultat au plus tôt que 3 semaines après le premier lâcher, lorsque les premières « momies » de mouches blanches parasitées sont visibles à la face inférieure des feuilles.

La seconde méthode consiste à disposer, dans les cultures de tomates ou de concombres, des plantes cultivées (une pour 100 m^2) fortement colonisées par des larves de mouches blanches parasitées. Après 8 à 10 semaines, de nombreuses guêpes parasites sont présentes dans toute la serre.

Fournisseurs : disponible en France par correspondance (Magellan, Nutrisol, voir p. 251).

Autres organismes utiles

On trouve dans le commerce (en Allemagne et en Suisse) les espèces suivantes d'insectes et de champignons, destinées à la lutte contre les ravageurs :

- les cécidomyies prédatrices *(Aphidoletes aphidimyza)* contre les pucerons en serre et en plein air.
  Fournisseurs : disponible en France par correspondance (Magellan, Nutrisol, voir p. 251).
- les chrysopes *(Chrysopa carnea)* contre les pucerons en serre.
  Fournisseurs : disponible en France par correspondance (Magellan, Nutrisol, voir p. 251).
- les guêpes parasites *(Trichogramma brassicae)* contre la pyrale du maïs, l'encarsia *(Diglyphus isaea* et *Dacnusa sibirica)* contre les mouches mineuses qui infestent les serres ;

– le champignon *Verticilium lecanii* contre le puceron du poivron et du chrysanthème en serre.

Source : certaines espèces sont disponibles exclusivement pour les professionnels. Se renseigner auprès des fournisseurs spécialisés : Koppert, Biobest, Biosystèmes (voir p. 251).

Pièges pour insectes

Des pièges ont été conçus pour repérer très tôt certains insectes nuisibles et leur période de vol. Ces pièges ont une couleur particulière ou une odeur de phéromone (substance de nature sexuelle) qui attirent les insectes. Dans les lieux clos, comme les serres et les vérandas, ces pièges permettent de lutter contre les nuisibles. Les placer peu avant la date prévue pour l'envol et les enlever peu après.

Plaques jaunes

La couleur jaune de ces plaques attire la mouche blanche, la mouche mineuse et d'autres insectes.

Les plaques orange permettent de détecter l'envol de la mouche de la carotte, et de prendre à temps les mesures de protection nécessaires.

Utilisation

On trouve des plaques de glu prêtes à l'emploi dans le commerce : disposer au milieu des cultures une grande plaque tous les 10 à 20 m^2, ou une petite pour 1 à 5 m^2. Les plaques jaunes peuvent également être utilisées dans des espaces clos.

Fournisseurs : Nutrisol et pour les professionnels Biosystèmes (voir p. 251).

Piège pour la mouche de la cerise

Un piège a été spécialement mis au point en Suisse en vue de contrôler le vol de la mouche de la cerise ; ce piège est bien adapté à la lutte sans produits chimiques au niveau du verger familial. Il est constitué d'une feuille enduite de glu qui attire les insectes grâce à sa couleur jaune fluorescente.

Les mouches de la cerise restent collées au piège, ce qui empêche la ponte des œufs sur les fruits. Malheureusement, on attrape également d'autres insectes (photo 103). L'efficacité est meilleure avec deux plaques entrecroisées (visibles sous tous les angles) et avec des pièges contenant un attractif.

Utilisation

Suspendre 2 à 4 pièges par arbre (selon la taille de l'arbre) peu avant le début des vols de la mouche et surtout du côté sud. Les enlever pendant la récolte.

Fournisseurs : station de recherche agronomique. Les expéditions sont faites peu avant le début des vols. En Suisse : Eidg. Forschungsanstalt für Obst-, Wein- und Gartenbau - CH-8820 - Wädenswil.

Plaques bleues

Placées dans les serres, les plaques bleues permettent de détecter très tôt les attaques de thrips. Suffisamment rapprochées les unes des autres et couplées aux acariens prédateurs *(Amblyseius)*, elles peuvent suffire à la régulation des thrips.

Fournisseurs : disponible en France par correspondance chez Nutrisol (voir p.. 251).

Plaques blanches

Ces plaques de glu sont employées pour le contrôle du vol de l'hoplocampe du pommier, de l'hoplocampe du prunier, ainsi que du ver des framboises. Attirés par les fleurs, ces insectes se laissent leurrer par la couleur blanche.

Utilisation

Mettre les plaques bien en vue à la cime des arbres, ou dans les framboisiers, au moins une semaine avant la floraison, et les retirer après la floraison. Prévoir 2 à 4 pièges pour deux plantes (4 pour les espèces les plus menacées), et les placer bien visiblement : à 2 mètres de hauteur pour les arbres et à 1 m pour les framboisiers.

Fournisseurs : pour les professionnels Biosystèmes, Koppert (voir p. 251).

Piège à alcool pour l'anobie (la vrillette)

Ces pièges sont utilisés contre les bostryches. Juste sous la plaque de glu rouge se trouve une bouteille d'appât liquide (94 % d'alcool éthylique et 1 % de toluol).

Utilisation

Si l'on souhaite surveiller le vol, utiliser 1 à 2 pièges par hectare, de début avril à début juin ; si on veut limiter une attaque, placer dans les cultures 8 à 10 pièges par hectare. Un litre d'alcool suffit pour 8 pièges. Par temps chaud, recharger tous les 3 à 4 jours.

Fournisseurs : pour les professionnels Biosystèmes, Koppert (voir p. 251).

Moyens de lutte contre les maladies cryptogamiques

Il n'est guère possible, même en culture biologique, de se passer de moyens spécifiques pour lutter contre les maladies, surtout en viticulture et en arboriculture, lorsqu'on a des variétés sensibles et un climat défavorable. Il en va autrement du verger familial, où l'on peut, jusqu'à un certain point, tolérer la tavelure.

Parmi les très nombreux fongicides disponibles, seuls le cuivre et le soufre sont tolérés en agriculture biologique. Le cuivre et le soufre ont une action préventive, c'est-à-dire que les plantes se trouvent recouvertes d'une substance qui tue le tube germinatif des champignons.

A l'inverse, les fongicides dits « systémiques » pénètrent dans les tissus de la plante et dans la sève et tuent les filaments des champignons. De tels produits sont interdits en agriculture biologique, en raison de leur toxicité. On constate également que certaines souches de champignons deviennent résistantes à ces fongicides. Jusqu'à présent, il n'a été observé aucun phénomène de résistance vis-à-vis du soufre et du cuivre. Cependant, utilisés trop intensivement, le soufre peut tuer des auxiliaires et le cuivre s'accumuler dans le sol. Certaines variétés de fruits sont sensibles à l'emploi de ces produits (phytotoxicité). En agriculture biodynamique, le cuivre n'est pas utilisé.

Huile de fenouil *(Oleum foeniculi)*

L'huile de fenouil vendue dans le commerce a une action fortifiante sur les plantes et prévient la formation d'oïdium et de rouille. En Suisse, elle est testée et actuellement autorisée pour lutter contre l'oïdium et la rouille des baies et de cucurbitacées. Elle est aussi partiellement efficace contre l'oïdium de la vigne et des plantes d'ornements.

Utilisation

Pulvériser l'huile de fenouil le soir ou par temps couvert, sur les deux faces des feuilles, jusqu'à ce que le produit perle sur la plante. On peut l'utiliser conjointement à d'autres produits, exception faite du soufre mouillable et de l'argile. On l'emploie d'avril à septembre. Ne pas dépasser le dosage indiqué (sous peine de brûler les feuilles).

Toxicité : non toxique.

Intervalles d'utilisation : 3 jours pour les cucurbitacées et 3 semaines pour les fruitiers.

Produits du commerce : en Suisse. Ce produit n'est pas homologué en France.

Lécithine

Les préparations à base de lécithine (lécithine de soja garantie non transgénique dans la plupart des cas) ont un effet préventif contre le mildiou de la vigne, des cucurbitacées et des plantes d'ornement.

Utilisation

Dès l'apparition des premiers indices d'attaque, traiter à intervalles de 7 à 10 jours.

Concentration : 0,15 %.

Toxicité : non toxique.

Produit disponible uniquement en Suisse.

Préparations à base d'argile (avec ou sans adjonction de soufre)

Comme le soufre et le cuivre, les préparations à base d'argile sulfurisée activée (ions activés d'oxyde d'aluminium ou d'oxyde de silicium) ont une action préventive contre la tavelure et la maladie criblée du cerisier, l'oïdium des arbres fruitiers et de la vigne, ainsi que le mildiou de la vigne. Comme elles agissent aussi à des températures inférieures à 15 °C, elles sont une alternative aux préparations à base de cuivre. De plus, dans le cas des variétés de fruits sensibles à la rouille, elles sont mieux supportées que le soufre ou le cuivre. S'il pleut abondamment, la couche protectrice doit être renouvelée.

Utilisation

Ces préparations sont incompatibles avec le savon noir ou les préparations à base de cuivre, de pyrèthre et du virus de la granulose.

Concentration : 0,5 à 0,8 %.

Additionner de soufre mouillable (0,2 à 0,5 %) pour les variétés sensibles. Traitements préventifs toutes les semaines ou tous les quinze jours, suivant le temps qu'il fait (recommencer le traitement après 25 mm de pluie car la couche protectrice est lessivée). Ces préparations ne conviennent pas vraiment pour une application avant la récolte car elles laissent de légères traces.

Toxicité : non toxique.

Délai d'utilisation avant récolte : 3 semaines.

Ce produit n'est pas homologué en France et n'est donc pas disponible.

Produits à base de plantes avec adjonction de soufre

Ces produits renferment des plantes finement moulues (ortie, prèle. Alliacées, etc.), des algues, des poudres de roches et 20 à 30 % de soufre. Ils exercent une action protectrice. Ils sont surtout utilisés en arboriculture contre l'oïdium et, avec une efficacité relative, contre la tavelure et la maladie criblée. Ils ont également une action préventive vis-à-vis des autres maladies cryptogamiques. En cas de besoin, par exemple contre le mildiou de la pomme de terre ou la maladie des taches noires du rosier, on peut ajouter du cuivre.

Comme alternative aux produits du commerce, on peut mélanger un produit à base de soufre à une décoction de prèle ou à toute autre préparation de ce type (20 grammes/10 litres d'eau).

Concentration : voir les indications données par le fabricant. En général : 0,6 à 0,8%.

Toxicité : non toxique.

Délai d'utilisation avant récolte : 3 semaines.

Noms commerciaux : Bio S).

Fournisseurs : Hector (voir p. 251).

Soufre (S)

Le soufre est utilisé depuis de nombreuses années, en association avec un mouillant, pour lutter contre la tavelure et l'oïdium. Lorsque la température est inférieure à 16 °C, l'efficacité est inférieure à celle du cuivre, au-dessous de 10 °C le souffre n'a presque plus d'effet. L'utilisation de soufre mouillable associé à des substances végétales ou minérales s'est avérée efficace.

Attention : pour certaines variétés de fruits (par exemple Cox-Orange), on peut provoquer le « russeting ». Appliqué lorsqu'il fait plus de 28 °C, le soufre peut provoquer des brûlures. Le soufre est toxique pour les Anthocorides (punaises prédatrices) et, à un moindre degré, pour les coccinelles et les acariens prédateurs (seulement lors d'une concentration élevée, au dessus de 320 grammes/10 litres d'eau, 0,23 % pour 100 m^2).

Après de fortes pluies (dépassant 25 mm), la couche protectrice doit être reconstituée.

Concentration : voir les indications sur les emballages. Traitement avant floraison en arboriculture : 0,5 %, après floraison : maximum 0,3 % (pour épargner les auxiliaires).

Toxicité : non toxique.

Délai d'utilisation avant récolte : 3 semaines (Suisse). France : pas de délai.

Noms commerciaux : on trouve dans le commerce de nombreux produits, qui ont sensiblement la même efficacité.

Silicate de soude

Le silicate de soude est un produit liquide, riche en silice et alcalin. On peut l'utiliser, surtout en été, à titre préventif, contre les maladies cryptogamiques en arboriculture et en viticulture.

Concentration : environ 0,5 à 2 % (voir p. 247).

Toxicité : classe 4 (en Suisse) (voir p.233).

Délai d'utilisation avant récolte : 3 semaines (Suisse). En France n'est pas répertorié comme produit phytosanitaire, mais est autorisé en agriculture biologique.

Noms commerciaux : silicate de soude.

Fournisseurs : droguistes et par correspondance (Magellan, voir p. 251).

Cuivre (Cu)

Le cuivre était déjà utilisé très anciennement pour lutter contre les maladies cryptogamiques de la vigne. Certaines méthodes d'agriculture biologique autorisent le cuivre à faible concentration, mais sans l'associer à d'autres produits chimiques.

On l'utilise contre le mildiou de la vigne, la tavelure (surtout par temps froid et avant la floraison) et contre le mildiou de la pomme de terre et de la tomate.

A des concentrations trop élevées et, surtout lors d'un traitement pendant – ou immédiatement après – la période de pleine floraison, le cuivre provoque le « russeting » sur les fruits à pépins et il peut inhiber le développement de certains êtres vivants du sol. C'est pourquoi ce produit n'est pas autorisé par la méthode biodynamique et ne doit être utilisé que lorsqu'on ne peut pas faire autrement.

Concentration : voir indications sur les emballages. Utiliser le cuivre avec une extrême parcimonie et ne pas dépasser le seuil annuel préconisé : 30 à 40 grammes de cuivre pur (par ex. 60-80 grammes d'oxychlorure de cuivre) sont considérés comme un maximum pour 100 m2. Pour les fruits à pépins, on considère que 15 grammes pour 100 m^2 suffisent. La plupart des préparations à base de cuivre contiennent 30-50 % de cuivre pur.

En arboriculture : 0,04 à 0,05 % avant la floraison, en diminuant jusqu'à 0,015 %.

En viticulture : 0,2 % contre l'oïdium.

En maraîchage : maximum 0,2 %.

Toxicité : classe 4 (Suisse).

Délai d'utilisation avant récolte : 3 semaines (en Suisse).

Noms commerciaux : différents sels de cuivre sont utilisés : oxychlorure de cuivre, sulfate de cuivre, carbonate de cuivre, bouillie bordelaise (sulfate de cuivre + chaux), acétate de cuivre (ou Verdet), bouillie bourguignonne. Les marques commerciales sont très nombreuses.

Permanganate de potassium

Il s'agit d'un sel de potassium riche en manganèse, utilisé également en médecine humaine. Il a une action stimulante sur la végétation en raison de l'oxygène qu'il contient, et une action désinfectante et inhibitrice sur le développement des champignons. C'est pourquoi il est utilisé (en arboriculture biologique surtout) comme additif au soufre mouillable.

Le permanganate de potassium est également considéré comme efficace en traitement de semences. Ceci n'a cependant pas encore été testée de manière systématique. A des concentrations trop élevées, il provoque des taches sur les produits.

Concentration : 0,1 à 0,15 % (voir p. 247).

Toxicité : classe 3 dans le commerce ; non classé à la concentration de 0,1 % (Suisse).

Délai d'utilisation avant récolte : 3 semaines (Suisse), 4 semaines (France).

Noms commerciaux : permanganate de potassium.

Fournisseurs : coopératives agricoles et par correspondance (Magellan, voir p. 251).

Moyens de lutte contre les ravageurs

Les insecticides à base de plantes agissent principalement par contact. Les substances actives traversent la peau et paralysent les fonctions organiques. Les substances déposées sur les feuilles par le traitement agissent également sur les insectes volants. Du point de vue de leur mode d'action, les insecticides à base de plantes ne se distinguent pas des insecticides chimiques de synthèse agissant par contact. Toutefois, ils se dégradent très rapidement et, aux concentrations utilisées, ils sont inoffensifs pour les animaux à sang chaud et pour l'homme.

Les insecticides chimiques de synthèse, interdits en culture biologique, agissent non seulement par contact, mais également par inhalation et ingestion. Parmi les insecticides agissant par ingestion, principalement contre les insectes suceurs (par exemple les pucerons), on trouve également des produits systémiques, qui pénètrent dans les tissus des plantes. Du fait que ces produits systémiques ne sont ingérés par les insectes qu'avec la sève des plantes, certains d'entre eux sont inoffensifs pour les auxiliaires, mais les risques de trouver des résidus toxiques dans les plantes sont accrus.

Les insecticides non systémiques – y compris les insecticides à base de plantes – peuvent être dangereux pour des insectes inoffensifs et pour les poissons. C'est pourquoi les insecticides végétaux ne doivent être utilisés qu'avec une grande prudence. On évitera de traiter aux périodes de grande activité des abeilles et on traitera de préférence le soir. Pour certaines cultures particulièrement menacées, à période de végétation courte (légumes), on devra, dans certains cas, intervenir par un traitement avant l'apparition des ennemis naturels du parasite.

En arboriculture, surtout lorsqu'il s'agit de vieux arbres, on peut plus facilement attendre et observer si les processus naturels de régulation jouent leur rôle.

Tanaisie *(Tanacetum vulgare* ou *Chrysanthemum v.)*

La tanaisie, appelée encore herbe-au-coq, est une composée. Les tiges, hautes de 1 à 1,50 mètre, portent des feuilles découpées. Les fleurs, jaunes et hémisphériques, sont disposées en ombelles aux extrémités des tiges. La plante, fortement odorante, contient des huiles essentielles et des substances amères ; on l'utilisait comme vermifuge et contre les varices. A dose élevée, elle provoque des empoisonnements.

La tanaisie pousse volontiers à l'état spontané dans les zones pierreuses et sur les terrains vagues. Elle pousse facilement dans les jardins, mais il faut la planter un peu à l'écart car elle a une action inhibitrice sur la croissance des plantes. Il ne faut pas non plus la mettre sur le compost, car elle perturbe les processus de fermentation (photo 100).

Utilisation

Cueillir les fleurs et les feuilles de juin à septembre et les utiliser en décoction ou en infusion. La tanaisie donne quelques résultats contre différents insectes, notamment les fourmis, les tenthrèdes, les pucerons, les pucerons des racines, les acariens ; son odeur forte lui confère également une certaine efficacité contre la mouche de la carotte, la piéride du chou et contre le carpocapse (voir les conditions d'utilisation p. 243).

Absinthe *(Artemisia absinthum)*

L'absinthe est une plante médicinale utilisée contre les vers, les maux d'estomac, ainsi que pour le foie et la bile. Les tiges, rondes et cannelées, sont ramifiées. Les feuilles, allongées, d'un vert grisâtre, sont fortement divisées à la partie inférieure de la tige et deviennent de plus en plus simples en allant vers le sommet de la tige. Les petites fleurs jaunes forment des panicules.

L'absinthe pousse spontanément dans les endroits pierreux et ensoleillés. Au jardin, il faut la planter, comme la tanaisie, à l'écart, et ne pas la mettre sur le compost (voir « Tanaisie » p. 229).

Utilisation

Cueillir les fleurs et les feuilles de juin à

septembre. On utilise l'infusion d'absinthe contre la rouille du groseillier. La décoction d'absinthe a un effet préventif contre les fourmis, les pucerons, les phytoptes de la ronce ; on l'utilise aussi, en raison de son odeur, contre la piéride du chou, la mouche de la carotte et le carpocapse (voir les conditions d'utilisation p. 240).

Neem *(Melia azadirachta)*

En Inde, les feuilles, les fleurs, les graines et l'écorce de cet arbre sont utilisés depuis des siècles pour la lutte contre les ravageurs. Depuis des millénaires, l'homme a constaté que lors des invasions de sauterelles cet arbre était toujours épargné.

La substance azadirachtine retarde le développement et la reproduction des insectes nuisibles. C'est pourquoi l'effet sur les pucerons ne se voit qu'une à trois semaines plus tard. Les produits à base de neem ont une action en partie systémique, et sont principalement absorbés par des insectes qui sucent ou mangent les plantes. Des effets phytotoxiques peuvent se produire sur certaines variétés de poires. Veiller à bien cibler les plantes à traiter. Pour autant qu'on le sache, ce produit n'est toxique ni pour l'homme ni pour les animaux.

On trouve dans le commerce un extrait de graines de neem mélangé à des tensioactifs. Il a été testé et agréé en Suisse pour lutter contre le puceron cendré du pommier et les pucerons mauves. Il n'agit pas contre le puceron vert migrant ni contre le puceron vert du pommier. Des tests sont en cours pour d'autres ravageurs.

Concentration : 0,3 %, utiliser 3 à 6 litres par hectare.

Toxicité : non toxique.

Ce produit n'est pas encore homologué en France pour les légumes (seulement pour les plantes ornementales).

Pyréthrines

Les pyréthrines naturelles sont extraites des fleurs du pyrèthre, plante du genre Chrysanthème, qui pousse dans les pays chauds. Elles se dégradent rapidement et perdent toute leur efficacité en 48 heures. Il est difficile, pour cette raison, de les stocker longtemps. Le pyrèthre est un insecticide de contact, qui pénètre dans le corps de l'insecte par la peau et agit comme poison du système nerveux. Il provoque une paralysie rapide (« action de choc »), parfois suivie de la reviviscence des insectes.

Utilisation

Le pyrèthre est utilisé seul ou associé à la roténone. Souvent, il est mélangé à une substance chimique (pipéronylbutoxide) qu'il faut éviter dans la mesure du possible. Le pyrèthre permet de lutter contre les pucerons, les aleurodes, la mouche du chou, et aussi contre les acariens. Le pyrèthre est toxique pour tous les insectes, y compris les auxiliaires, lorsqu'il les atteint directement. Il est fortement toxique pour les poissons. Il est inoffensif pour les animaux à sang chaud. L'utilisation d'eau à 40 °C augmente l'efficacité des préparations à base de pyrèthre par temps frais. L'addition d'argile diminue son efficacité.

Précisons que les pyréthrinoïdes de synthèse (ou pyréthroïdes) que l'on trouve dans le commerce ne sont pas autorisés en culture biologique, car leur vitesse de dégradation et leurs effets secondaires sont encore insuffisamment connus. De plus, le risque que les insectes traités aux pyréthroïdes synthétiques développent des résistances est très important.

Concentration : les préparations commerciales ne contiennent pas toutes les mêmes quantités de substances actives. Suivre les indications des fabricants.

Toxicité : classe 5 ou 5 S (Suisse).

Délai d'utilisation avant récolte : 7 jours pour les légumes, 3 semaines pour les fruits. En France : utilisable jusqu'à la récolte.

Noms commerciaux : en Suisse : Ledax-wg, Biocid, Savoplant Biospritzmittel, Gesal Naturinsektizid, Algopur (poudre) ; en France : Fogox, Kapo (en bombe), Pistal.

Roténone *(Derris)*

La roténone est extraite des racines de légumineuses poussant dans les zones tropicales (*Derris*, *Lonchocarpus*). La substance active est un roténoïde.

Utilisation

La roténone agit par contact et par ingestion. Elle provoque des paralysies mortelles pour les petits insectes. Les insectes de plus grande taille réussissent en partie survivre. Son action est un peu plus lente, mais plus forte que celle des pyréthrines, et elle est irréversible. Elle est utilisée en poudrage ou en pulvérisation (parfois associée au pyrèthre), contre les thrips, les doryphores, les pucerons, le psylle, la piéride du chou, la cheimatobie.

La roténone se dégrade plus lentement dans l'eau que dans l'air et est, pour cette raison, fortement toxique pour les poissons. Elle est inoffensive pour les animaux à sang chaud. Elle perd de son efficacité après un stockage prolongé.

Concentration : voir les indications du fabricant.

Toxicité : classe 4 (roténone et pyrèthre), classe 5 (roténone) (Suisse).

Délai d'utilisation avant récolte : 7 jours pour les légumes, 3 semaines pour les fruits (Suisse). En France : utilisable jusqu'à la récolte.

Noms commerciaux : en Suisse : Sicid, Parexan (avec pyrèthre) ; en France : Agri 2001, Phytojardin, Biophytoz, Phytolinsect (roténone + pyrèthre), etc.

Quassia *(Quassia amara)*

Cette substance est extraite du bois amer du quassia (plante tropicale). L'infusion de bois de quassia est un poison paralysant, moins fort que les pyréthrines, qui agit par contact et par ingestion sur les insectes.

Utilisation
Elle est inoffensive pour l'homme et est utilisée contre divers ravageurs (puceron vert du pêcher, en particulier). Son efficacité est inférieure à celle du pyrèthre. Le bois de quassia est utilisable plusieurs fois et l'infusion peut être préparée à l'avance.

Concentration : voir p. 240. les conditions d'utilisation.

Toxicité : non toxique.

Délai d'utilisation avant récolte : au moins 3 semaines (Suisse). En France : n'est pas homologué et ne figure pas sur l'index phytosanitaire de l'ACTA.

Huiles minérales

Ces produits, particulièrement les émulsions d'huiles minérales, détruisent la couche cireuse qui recouvre la peau des insectes et les protège contre l'humidité et l'évaporation, où ils obstruent leurs organes de respiration.

Utilisation
On les utilise dans certaines méthodes d'agriculture biologique, pour les traitements d'hiver des arbres fruitiers. Les traitements effectués après la floraison et à une concentration trop élevée peuvent provoquer des taches et altérer le goût des fruits. Des expériences ont montré qu'il est souvent possible de remplacer les huiles minérales par des huiles essentielles à base de plantes, qui ont pour effet d'éloigner les parasites.

Attention : utiliser exclusivement des huiles minérales pures à base d'huiles paraffinées, sans insecticides synthétiques (pas d'huile jaune).

Concentration : voir p. 247.

Toxicité : non toxique ou classe 5 S (Suisse). En France n'est pas répertorié comme produit phytosanitaire, mais est autorisé en agriculture biologique.

Délai d'utilisation avant récolte : au moins 3 semaines (Suisse).

Noms commerciaux : huile minérale ou huile blanche.

Fournisseurs : coopératives agricoles, jardineries et par correspondance (Magellan, voir p. 251).

Huile de colza

L'huile de colza agit plus modérément que les huiles minérales pures. Des expériences ont montré un effet partiel contre le tétranyque tisserand, la cochenille, la mouche blanche et les pucerons (à l'exception du puceron cendré du chou et du puceron cendré du pommier).

Concentration : en règle générale 2 % ; répéter le traitement 5 à 7 jours après.

Toxicité : non toxique.

Savon noir, savons à base de potasse (acides gras)

Leur efficacité est semblable à celle des huiles minérales. Les préparations savonneuses à base d'acides gras naturels et de sels potassiques ont une efficacité partielle contre les acariens et les insectes suceurs, à l'exception du puceron lanigère, du phytopte du poirier, de la mouche blanche, du puceron cendré du chou, et des pucerons des conifères. Seul le savon noir à la potasse est autorisé en bio. Ne pas utiliser ceux fabriqués à partir de soude.

Concentration : 2 % en règle générale, répéter les pulvérisations à intervalles de 7 jours.

Toxicité : non toxique.

Fournisseurs : drogueries et par correspondance (Magellan, Nutrisol, voir p. 251).

D'autres préparations à base de plantes peuvent être également utilisées avec une certaine efficacité, par exemple le purin de fougère contre le puceron lanigère, l'infusion d'ail ou de rhubarbe, etc. (voir tableau p. 240).

Prescriptions officielles pour l'emploi des moyens de protection des plantes

Dans de nombreux pays, l'usage des produits phytosanitaires est réglementé.

En France, les produits phytosanitaires doivent être homologués par le ministère de l'Agriculture. Leur liste est publiée chaque année dans l'*Index phytosanitaire* de l'ACTA (voir p. 250).

Cet *Index* recence essentiellement les produits chimiques de synthèse (insecticides, fongicides, désherbants) avec un petit chapitre pour les produits de lutte biologique. La plupart des produits préconisés dans ce livre n'y figurent pas et n'ont pas de classement toxicologique. On les retrouve par contre dans la liste des produits autorisés pour la lutte contre les parasites et maladies dans le cadre des règlements français et européens sur l'agriculture biologique.

En Suisse, la responsabilité d'autoriser les produits de traitement incombe aux stations de recherche. La liste des produits autorisés est publiée dans des index périodiques.

Les produits nouveaux ne sont autorisés que lorsque non seulement leur efficacité, mais également les risques de résidus toxiques pour l'homme, ont été testés. Les délais avant récolte (durée minimum entre le dernier traitement et la récolte) et les tolérances de résidus (quantité de résidus tolérée) sont établis de manière à assurer une protection efficace des récoltes et à apporter des garanties au niveau de la toxicité.

Les produits autorisés peuvent être efficaces contre des maladies ou des parasites qui ne sont pas indiqués dans l'index, mais ils ne doivent pas être recommandés pour ces usages tant que ce type d'effet n'a pas été prouvé officiellement.

Pour éviter les accidents et les erreurs d'utilisation, les règlements en usage pour les substances toxiques s'appliquent aux produits phytosanitaires.

En Suisse, tous les produits phytosanitaires commercialisés doivent être déclarés aux services de santé de la Confédération. Chaque produit est classé, en fonction de sa toxicité, dans l'une des 5 classes de la liste des produits toxiques ; s'ils ne sont pas dangereux, ils peuvent être commercialisés sans être inscrit sur la liste des produits toxiques.

Pour mieux différencier les produits commercialisés, on utilise des couleurs différentes. Les produits des classes 1 et 2 (noir) ne peuvent être obtenus que sur présentation d'un bon délivré par la commune. Pour les produits de la classe 3 (jaune), le vendeur doit délivrer un reçu. Les produits des classes 4 et 5 (rouge) peuvent être achetés sans formalités. Les produits de la classe 5 S peuvent également être vendus en self-service.

Malheureusement, la toxicité, établie par des expériences sur le rat, ne prend en compte que les effets directs et immédiats sur l'homme par ingestion, contact ou inhalation. La détermination de la toxicité ne tient pas compte de la quantité et du danger potentiel des résidus dans le sol et dans les plantes, ni des effets sur les auxiliaires.

La classification en classes de toxicité repose avant tout sur la concentration en matière active dans la préparation commerciale, mais aussi sur le type de conditionnement. Si un produit est conditionné sous la forme « sans danger pour les enfants », il peut être mis dans une classe différente (en Suisse).

Nous ne reviendrons pas sur ce que nous avons dit p. 9 à propos de l'utilisation de produits phytosanitaires chimiques de synthèse autorisés officiellement. Mais il faut rappeler ici que, en dépit des prescriptions officielles, on trouve des résidus de toutes sortes dans les organes et les tissus des plantes, des animaux et de l'homme. L'homme, dernier maillon de la chaîne alimentaire, est particulièrement menacé. Un contrôle rigoureux de tous les aliments est impossible. Pour éviter de prendre des risques, on n'utilise, en règle générale, en culture biologique, aucun produit chimique de synthèse. Cela ne veut pas dire que les produits minéraux ou à base de plantes peuvent être utilisés sans précautions. Mais les risques sont considérablement diminués par le fait que ces produits sont peu toxiques et se dégradent rapidement.

Dans l'agriculture biologique professionnelle, des contrôles sont organisés pour donner aux consommateurs la garantie que les cahiers des charges sont respectés.

Précautions à prendre dans l'emploi des produits phytosanitaires

Bien qu'il ne soit question ici principalement que de produits non toxiques, il faut tout de même prendre quelques précautions, notamment pour l'utilisation des moyens de lutte directe.

Concentrations et doses d'emploi

La nécessité de respecter les concentrations demeure valable pour les produits à base de plantes. Il faut se conformer aux indications données par les fabricants. Des concentrations trop élevées peuvent provoquer des brûlures sur les feuilles. Pour les légumes, il faut apporter environ 6 litres pour 100 m^2. Pour les arbustes, on compte 10 à 20 litres pour 100 m^2.

Date des traitements

Pour bien choisir le moment du traitement, il faut connaître le mode de vie du parasite ou de la maladie. Un traitement effectué trop tardivement (trop peu de temps avant la récolte) peut avoir une influence sur la qualité et le goût des légumes ou des fruits. Pour les produits vendus dans le commerce, le délai d'utilisation est indiqué sur les emballages ; pour les préparations à base de plantes, ce délai est de 7 jours.

Stockage

Conformément à la loi sur les produits toxiques, les substances toxiques doivent être stockées dans leur emballage d'origine dans des locaux fermés à clef et à l'écart de tout produit alimentaire.

Restes de produits de traitement

Les restes de produits ne doivent pas être jetés au tout-à-l'égout ou dans les cours d'eau. En Suisse, les commerçants qui vendent des produits phytosanitaires sont dans l'obligation de reprendre les restes gratuitement. Mais le mieux est de calculer la quantité préparée avec assez de précision pour que la totalité du produit soit utilisée.

Réglementations et cahiers des charges de l'agriculture biologique

Dans les pays membres de l'Union européenne (UE), les appellations « écologique » et « biologique », appliquées aux produits de l'agriculture ou du maraîchage, sont protégées. Le décret 2092/91 élaboré en 1991 par l'UE ne réglemente pas seulement la culture, le commerce et la transformation des produits de l'agriculture biologique, mais fixe aussi le cadre des réglementations nationales : le cahier des charges de l'agriculture biologique en Autriche (Kodex) ou celui de Suisse (Bio-Verordnung), par exemple. Le décret de l'Union européenne établit entre autres une liste de l'ensemble des agents actifs autorisés en agriculture écologique ou biologique. D'ailleurs, les produits indiqués dans notre livre ont été choisis en se référant à cette liste. Les normes de culture des diverses organisations indépendantes œuvrant pour l'agriculture biologique sont souvent nettement plus strictes. En outre, chaque pays fait des choix différents en ce qui concerne l'acceptation de tel ou tel produit.

Pour offrir aux consommateurs et consommatrices la garantie que le cahier des charges des cultures sera respecté, des contrôles indépendants sont régulièrement effectués dans les exploitations travaillant selon les principes de l'agriculture biologique/écologique.

Les labels des organisations de producteurs reconnues en agriculture biologique/écologique servent de point de repère.

En France, les cahiers des charges de Nature et Progrès ou du syndicat d'agriculture biodynamique, par exemple, sont beaucoup plus précis et restrictifs que les textes réglementaires. Tous les producteurs et les entreprises doivent respecter la réglementation française, faire l'objet de contrôles par un organisme indépendant agréé au niveau européen et d'une certification, ce qui leur permet d'utiliser le logo AB.

En Suisse, presque toutes les entreprises biologiques sont adhérentes de Bio-Suisse (Union des organisations d'agriculture biologique suisses). Elles sont contrôlées et agréées par des laboratoires indépendants (par exemple la bio-Inspecta de Frick).

Préparation et utilisation des produits

Produits à base de plantes

Cueillette des plantes

Lors de la cueillette, on n'utilisera que des plantes vigoureuses et on éliminera les plantes fanées ou malades. Ne pas cueillir de plantes mouillées par la pluie ou la rosée. Sur les sites dans lesquels poussent des plantes sauvages, ces dernières ne doivent pas être décimées ou exterminées par une cueillette intempestive. Les plantes seront étalées sur un papier ou un tissu dans un endroit chaud et aéré (par exemple, un grenier), mais jamais en plein soleil. Le séchage au four détruit les substances actives, car la température ne doit pas dépasser 25 ou 30 °C. Les plantes séchées doivent être conservées dans un local sec, dans des sacs en tissu ou en papier, ou encore dans des cartons.

La teneur des plantes en substances actives est très variable selon le lieu, la période de l'année et les conditions climatiques. C'est pourquoi les quantités indiquées dans les recettes ne sont qu'approximatives.

Purins de plantes

Purin fermenté : les parties de plantes cueillies sont enfermées dans un sac perméable lesté par un poids ; on met ce sac dans un récipient dans lequel on ajoute de l'eau de pluie. On recouvre le récipient d'une planche, en sorte que l'air puisse circuler. On remuera le purin chaque jour et on pourra ajouter une poignée de poudre de roches et éventuellement quelques gouttes d'extrait de valériane ou de camomille pour atténuer l'odeur.

Lorsque le purin est devenu foncé et ne mousse plus (après 1 à 2 semaines), il est prêt à être utilisé. Les purins doivent être dilués et sont apportés, dans la plupart des cas, sur le sol, en arrosage au pied des plantes. Pour une pulvérisation sur le feuillage, ils doivent être très dilués.

Purin en fermentation : les plantes, principalement les orties, sont immergées pendant 4 jours dans de l'eau de pluie, au soleil.

Ce purin « mordant » est utilisé contre plusieurs espèces d'insectes (voir p. 240 « Les conditions d'utilisation »).

Infusions, décoctions, macérations et extraits

Infusions : on met les plantes fraîches ou séchées dans de l'eau bouillante et on les laisse infuser 24 heures. L' « infusion de prêle » doit être préparée comme une décoction.

Décoctions : on met les plantes fraîches ou séchées à tremper pendant

24 heures, puis on les fait bouillir pendant 20 minutes, on les couvre et on les laisse refroidir.

Macérations de plantes : les plantes fraîches ou séchées ne doivent pas fermenter ; on les laisse au maximum 3 jours dans l'eau et on les passe.

Extraits de fleurs : utiliser des fleurs qui viennent d'éclore, les couper, les humidifier et les réduire en petits morceaux à l'aide d'un mixer ou d'un hachoir ; mettre la bouillie obtenue dans un sac en étoffe fine et extraire le liquide en pressant. Cet extrait peut être conservé au frais dans des bouteilles munies d'un bouchon en liège.

Lors du traitement, ajouter un peu d'eau argileuse pour augmenter l'adhérence.

Les traitements avec des infusions ou des décoctions ne doivent pas être faits sous la pluie ou par grand soleil. Les préparations à base de prèle font exception : elles doivent être pulvérisées par temps ensoleillé.

Tous les restes de ces produits sont encore utilisables, même s'ils ont fermenté. On les verse au pied des plantes traitées et on utilise les plantes pour couvrir le sol ou dans le compost.

Trempage des semences

Le traitement des semences par l'eau chaude ou les extraits végétaux agit préventivement contre les maladies et les parasites, et il favorise la germination. Pour certaines semences, une immersion de 20 à 30 minutes dans de l'eau à 45 ou 50 °C est efficace.

Extrait de plantes

Les préparations suivantes donnent de bons résultats :

- infusion ou extrait de camomille pour le pois, le haricot, le radis d'hiver ;
- extrait de fleurs de valériane pour la tomate, l'oignon, le poireau ;
- prèle contre la fonte des semis, en particulier pour les céréales ;
- raifort contre la fonte des semis ;
- ail contre les maladies bactériennes et cryptogamiques.

Mettre quelques gouttes (1 à 2 cm^3) dans un litre d'eau et bien remuer. Au bout de 24 heures, pendant lesquelles on agite de temps en temps, suspendre les graines (enfermées dans un petit sac en tissu) pendant 10 à 15 minutes dans la solution. Puis étaler les semences à l'ombre pour les faire sécher ou les semer le jour même ou le lendemain.

Trempage des racines

On favorise la reprise des plants en trempant leurs racines dans un purin d'ortie très dilué ou dans une solution d'extrait d'algues ; on peut aussi utiliser ces solutions pour arroser le trou de plantation. Le trempage des racines dans de l'eau argileuse donne également de bons résultats.

Badigeonnage des arbres

Le badigeonnage des arbres les protège contre le gel et a un effet bénéfique sur l'écorce. Il favorise la croissance du cambium, inhibe le développement des mousses et des lichens et participe à la lutte contre les cochenilles.

Badigeon pour arbres (d'après V. Lust)

5 kg d'argile
3 kg de bouse de vache
500 g de poudre de roche ou de lithothamne
0,5 litre de décoction de prèle ou de silicate de soude
500 g de cendres de bois (ou de potasse à 50 %).

Mélanger tous les ingrédients dans 10 litres d'eau chaude et en badigeonner, avec un gros pinceau, le tronc et les grosses branches. Auparavant, il faut débarrasser les arbres des mousses. L'application doit être faite en novembre et en février, lorsqu'il ne gèle pas (voir p. 240).

Noms commerciaux : Ledax-stamm (en Suisse), Preicobakt, diffusé par Hector en France (voir p. 251).

Produits pour la cicatrisation des blessures

En cas de chancre ou de feu bactérien, après ablation des parties malades, il est bon d'appliquer un produit pour cicatriser les blessures. De même, après la taille, on mettra un cicatrisant sur les blessures de taille les plus importantes.

Contre le chancre des arbres fruitiers et le feu bactérien, il faudra au préalable traiter avec un produit à base de cuivre. Il faut demander expressément des produits sans adjonction de matières actives chimiques de synthèse.

Noms commerciaux : en France : mastic à greffer, goudron de Norvège ; en Suisse : Baumwachs (Gaschell, Galopp et autres), Lac Balsam.

Tableaux d'utilisation des produits

Voir pages suivantes.

PRÉPARATION, UTILISATION ET EFFICACITÉ DES PRODUITS À BASE DE PLANTES

Nom	Préparation	Utilisation Epoque	Utilisation Partie traitée	Concentration	Effet recherché
Prèle *(Equisetum arvense)*	Plante entière sauf racine 1 kg/10 l d'eau (plante fraîche) 150 g/10 l d'eau (plante sèche) employer le matin, temps ensoleillé, 3 jours de suite	Régulièrement toute l'année	Sol	Dilué 5 fois	Contre les maladies cryptogamiques du sol
Décoction	éventuellement avec 0,5-1 % soufre mouillable	Avant débourrement et plusieurs fois au printemps et en été	Plantes	Dilué 5 fois	Contre oïdium, mildiou, monilia, rouille, tavelure, cloque du pêcher, septoriose de la tomate
	50 g/l d'eau (plante séchée) avec 0,3 % de savon noir		Semences	Non dilué	Contre la fonte des semis
		Toute l'année	Plantes	Dilué 5 fois	Contre les pucerons, acariens (araignée rouge)
Purin	Avec purin d'ortie	Toute l'année	Sol	Dilué 5 fois	Pour renforcer les plantes
Rumex à feuilles obtuses *(Rumex obtosifolium)* Extrait	Racines 150 g/10 l d'eau	Printemps	Plantes	Non dilué	Contre oïdium du concombre et du pommier
Valériane *(Valeriana officinalis)*	Fleurs pressées pour obtenir un jus 1 goutte d'extrait pour 1 l d'eau : remuer 5 minutes	Printemps	Fleurs d'arbres fruitiers, fleurs	Non dilué	Favorise formation des fleurs et des fruits, protège contre le gel (pulvériser l'après-midi précédant une nuit où le gel menace)
Extrait	10 gouttes pour 1 l d'eau : remuer 15 minutes		Semences	Non dilué	Contre la fonte des semis

Nom	Préparation	Epoque	Utilisation Partie traitée	Concentration	Effet recherché
Consoude *(Symphytum officinalis)* Purin	Plante entière 1 kg/10 l d'eau (plante fraîche) 100-150 g/10 l d'eau (plante séchée)		Voir ortie		Stimule les croisements A ajouter au compost en cas de carence en potasse
Ortie *(Urtica dioica)* *(Urtica urens)*	Plante entière Environ1 kg/10 l d'eau (plante fraîche) 200 g/10 l d'eau (plante séchée)	Toute l'année	Plante	Dilué 20 fois	Stimulation de la croissance, arroser les jeunes plants, tremper les racines, arroser les sillons avant le semis
Purin fermenté		Toute l'année A l'éclosion des bourgeons	Sol Jeunes rameaux	Dilué 10 fois Dilué 20 fois	Stimule la croissance Contre la chlorose des feuilles
			Plantes en pot (tremper le pot entier)	Dilué 10 fois	Empêche la plante de faner
		Toute l'année	Compost	Non dilué	Favorise la décomposition
Purin en fermentation	Ajouter 1/2 l de décoction de prèle à 1 l de purin	Avant formation des feuilles et des fleurs	Rameaux et feuilles	Dilué 50 fois	Renforce les plantes ; contre les pucerons, les acariens (araignée rouge)
Macération	1 kg/10 l d'eau, laisser reposer 12 heures	Toute l'année	Rameaux et feuilles	Non dilué	Contre les pucerons lanigères
Camomille (Matrierca chamomilla) infusion décoction	Fleurs 50 g de fleurs séchées pour 10 l d'eau	Eté	Plantes	Non dilué	Pour renforcer les plantes, traiter les semences, ajouter au compost

Nom	Préparation	Utilisation			Effet recherché
		Epoque	Partie traitée	Concentration	
Fougère mâle *(Dryopteris filix-mas)*	Feuilles 1 kg / 10 l d'eau (plante fraîche) 100 g / 10 l d'eau (plante séchée)	Pulvérisation d'hiver	Plantes	Non dilué	Contre les pucerons lanigères, les cochenilles
Fougère aigle *(Pteridium aquilinum)*		Début du printemps	Plantes	Dilué 10 fois	Contre les pucerons
Purin		Toute l'année	Plantes, sol	Non dilué	Contre les limaces, apporter au compost en cas de carence en magnésie
Extrait	5 g/1/2 l d'eau de pluie - mettre dans une bouteille et boucher	Toute l'année	Tronc, branches, rameaux	Non dilué	Contre les pucerons lanigères Brosser les foyers
Ail *(Allium sativum)* Infusion, extrait	Bulbes hachés 75 g/10 l d'eau	Début mai, 3 fois à 3 jours d'intervalle ; répéter après la récolte	Plantes, sol	Non dilué	Contre le tarsonème du fraisier, les acariens, les pucerons, les maladies cryptogamiques
	100 g/litre d'eau, laisser ramollir 1 heure		Semences	Non dilué	Fonte des semis
solution	150 g d'ail finement haché, 2 cuillères à café de paraffine ; laisser ramollir 24 heures, dissoudre 100 g de savon noir dans 10 l d'eau, bien mélanger le tout, filtrer	En cas d'attaque	Plantes, racines	Non dilué	Contre les maladies bactériennes et comme insecticide
Pissenlit *(Taraxacum officinale)*	Plantes en fleurs, y compris la racine - 1,5 à 2 kg / 10 l d'eau (plante fraîche)	Printemps	Plantes	Non dilué	Stimule la croissance ;
purin	150 à 200 g / 10 l d'eau (plante séchée)	Automne	Sol	Non dilué	ajouter au compost

Nom	Préparation	Utilisation			Effet recherché
		Epoque	Partie traitée	Concentration	
Raifort *(Armoracia rusticana)* Infusion	Feuilles et racines 300 g/10 l d'eau	Pendant la floraison	Dans les fleurs	Non dilué	Contre la moniliose
Extrait	100 g/litre d'eau laisser ramollir 24 heures		Semences	Non dilué	Fonte des semis
Quassia *(Quassia amara)* Décoction	150 g 0 l d'eau avec éventuellement 250 g de savon noir dilué dans 10 l d'eau	Du printemps à l'automne	Plantes	Non dilué	Contre les pucerons et d'autres insectes
Tanaisie fourmis, *(Tanacetum vulgare)* Infusion	Feuilles, tiges et fleurs 300 g 0 l d'eau (plante fraîche) 30 g 0 l d'eau (plante séchée)	Toute l'année	Plantes	Non dilué	Contre les insectes, les les noctuelles, les pucerons des feuilles et des racines
ronce		Printemps Automne	Plantes	Non dilué	Contre les acariens de la et du fraisier
Décoction	Mêmes proportions	Au moment du vol	Plantes	Non dilué	Contre la mouche du chou, le carpocapse
Rhubarbe Infusion	Feuilles 500 g/3 l d'eau 1000 g/10 l d'eau		Plantes	Non dilué	Contre le ver du poireau, le puceron noir de la fève
Tomate Extrait	Pousses et feuilles Bien piler deux poignées, les laisser 2 heures dans l'eau	Au moment du vol	Plantes	Non dilué	Contre la piéride du chou

Nom	Préparation	Utilisation			Effet recherché
		Epoque	Partie traitée	Concentration	
Absinthe *(Artemisia absinthum)* Purin	Herbe et fleurs 300 g/l d'eau (plante fraîche) 30 g/l d'eau (plante séchée) mélanger éventuellement avec 1% de silicate de soude	Printemps	Plantes	Non dilué	Contre les fourmis, les chenilles, les pucerons, la rouille du groseillier
Infusion		Printemps Automne	Plantes	Non dilué	Contre les acariens des ronces et du framboisier
Décoction		Au moment des vols	Plantes	Non dilué	Contre la mouche de la carotte, le carpocapse de la pomme, la piéride du chou
Oignon **Ail** Seuls ou en mélange	Peaux et feuilles Environ 500 g/10 l d'eau (plante fraîche) 200 g/10 l d'eau (plante séchée)	En cas d'attaque	Sol autour des arbres	Dilué 10 fois	Renforce les plantes contre les maladies cryptogamiques, par ex. du fraisier et de la pomme de terre
Purin fermenté		Au moment des vols	Plantes	Non dilué	Contre la mouche de la carotte

PRÉPARATION, UTILISATION ET EFFICACITÉ DES PRODUITS NON VÉGÉTAUX

Nom	Préparation	Utilisation			Effet recherché
		Epoque	Partie traitée	Concentration	
Permanganate de potassium	3 g / 10 l d'eau	Toute l'année	Racines des plantes en pots, semences	Non dilué	Désinfectant, inhibe les champignons
Argile (pour badigeonner les arbres)	Emietter de l'argile dans une décoction de prèle et de fougère, ajouter un peu de fumier de vache, une poignée de poudre de roche ou de poudre de silice ; remuer jusqu'à ce que le mélange soit fluide et homogène ; laisser reposer 24 heures ; bien remuer avant l'emploi	Automne, ou, de préférence, printemps	Tronc des arbres Branches	Non dilué Dilué 5 fois	Guérit les blessures, assainit l'écorce ; contre les chancres des arbres augmente la fertilité
Petit lait Pulvérisation	1 l/1 l d'eau (petit lait frais non pasteurisé)	Une fois par semaine pendant la première moitié de la croissance	Plantes	Non dilué	Contre les maladies cryptogamiques, certaines maladies à virus de la tomate
Hepar sulfuris	20-40 g / 10 l d'eau ; ajouter éventuellement du savon comme adhésif (dans ce cas, ne mettre que 20 g/10 l d'eau)	Pulvérisation d'hiver	Plantes	Non dilué	Contre les maladies cryptogamiques ; faire attention avec les variétés de fruits sensibles au soufre ; ne pas pulvériser en plein soleil

Nom	Préparation	Utilisation			Effet recherché
		Epoque	Partie traitée	Concentration	
Savon noir	Dissoudre 150 à 300 g de savon noir dans 10 l d'eau	Toute l'année	Plantes	Non dilué	Contre les pucerons
	Bien mélanger 40 g de savon noir avec 1/8 l de pétrole dans de l'eau chaude (couleur laiteuse) ; ajouter 25 l d'eau froide ; bien mélanger.	Avant la formation du fruit	Plantes	Non dilué	Contre les pucerons, les cochenilles, les acariens (araignée rouge)
Solutions	100-300 g de savon noir, 1/2 l d'alcool à brûler, 1 c. à soupe de chaux, 1 c. à soupe de sel, 10 l d'eau ; bien mélanger	En cas de forte attaque	Plantes	Non dilué	Contre les chenilles
Sulfate d'aluminium	Dissoudre 200 g dans 1 l d'eau ; avant l'emploi, mélanger à 9 l d'eau avec un balai de fagots	En cas d'attaque	Arbres et arbustes	Non dilué	Contre les cochenilles, la mouche blanche
Solution Théobald	– Dissoudre 5 kg de potasse à 60 % dans 40 l d'eau ; – Dissoudre 5 kg de chaux vive dans 40 l d'eau ; – Dissoudre 0,5 à 1 l de silicate de soude dans 20 l d'eau ; – Ajouter le lait de chaux, en le filtrant dans un linge, à la solution de potasse, puis ajouter le silicate de soude ; – Ajouter 3 - 5 kg de bentonite pour le soin de l'écorce	En fin d'hiver, jusqu'au gonflement des bourgeons	Arbres	Non dilué	Contre les larves et insectes, et les œufs qui hivernent ; contre les mousses et les lichens

Plans de traitement contre la tavelure et la maladie criblée en arboriculture

Les plans de traitement donnés pages suivantes ont avant tout pour but de diminuer les attaques de tavelure sur les fruits à pépins, et de maladie criblée sur les fruits à noyaux. Les moyens de lutte spécifiques contre les parasites animaux sont donnés p. 240.

Seulement pour les variétés sensibles et par temps humide, il est nécessaire d'effectuer régulièrement des traitements préventifs. Bien entendu, la condition préalable est un bon entretien du sol et une taille correcte. Pendant la floraison, aucun traitement ne sera effectué, à l'exception du traitement contre la moniliose.

Si le risque de tavelure est faible, il suffit de traiter avec une préparation à base d'argile (sans ajout de soufre) avant et après la floraison. Une décoction de prèle sert à renforcer la plante au démarrage de la végétation et en automne, après la chute des feuilles, elle favorise la décomposition des feuilles mortes. En cas de perturbation de la croissance à la suite d'une période de froid, il est possible de traiter la plante après la floraison avec des extraits d'algues ou du purin d'ortie bien dilué.

En agriculture biodynamique, on pulvérise la préparation de bouse de corne au démarrage de la végétation et après l'apport de mulch ; ce traitement, effectué sur le sol, l'après-midi, favorise le développement des racines et la vie du sol. Pour stimuler les processus métaboliques et hâter la maturité, on pulvérise sur les arbres la préparation silice de corne ; le traitement est effectué le matin, lorsque les fruits atteignent la taille d'une noisette, puis l'après-midi lorsque la maturité approche. Sur le tronc et les branches, on applique un badigeon, auquel on ajoute éventuellement la préparation silice de corne.

Les jardiniers amateurs qui sont très exigeants quant à l'absence de tavelure sur leurs produits pourront s'inspirer des plans de traitement ci-après, établis pour les vergers professionnels.

Variantes de plans de traitement contre la tavelure et la maladie criblée

La première variante est une suite de traitements au soufre. Les variantes 2 et 3 utilisent, à côté du soufre, d'autres produits. Les traitements sont effectués toutes les 2 à 3 semaines.

Les concentrations sont indiquées en pourcentage. Par exemple : 1 % = 1 litre de produit pour 100 litres d'eau. Pour 100 m^2 (environ 10 arbres en basse tige), on utilise environ 20 litres de solution.

Epoque du traitement Stade de développement	Variante 1 Soufre mouillable (év. avec une trace de cuivre **)	Variante 2 Produits à base d'argile avec du soufre	Variante 3 Produits à base d'argile avec du soufre mouillable (SM)
Hiver (dès la fin février)	*	*	*
1. Avant floraison	0,5 %**	1,0 %	0,5-0,8 %+0,3 % SM
2. Avant floraison	0,5 %**	1,0 %	0,5-0,8 %+0,3 % SM
3. Avant/pleine floraison	0,4-0,5 %**	0,8 %	0,5-0,8 %+0,2-0,3 % SM
1. Après floraison	0,4 %	0,8 %	0,5-0,8 %+0,2 % SM
2. Après floraison	0,4 %	0,8 %	0,5-0,8 %+0,2 % SM
3. Après floraison	0,4 %	0,8 %	0,5-0,8 %+0,2 % SM
1. Traitement d'été	0,2-0,3 %	0,6 %	0,2 % SM
2. Traitement d'été	0,2 %	Variante 3***	0,2 % SM***
3. Traitement d'été	0,15-0,2 %***	Variante 3***	0,2 % SM***
Traitements supplément. pour variétés sensibles	Comme ci-dessus	= variante 3***	Comme ci-dessus
Fin automne	*	*	*

* Pour renforcer l'écorce au moment de la formation des pousses, ou à la fin de l'automne, ajouter 1 à 2 % de bentonite et 1 à 2 % de silicate de soude.
** Dans les cultures à but commercial, si les espèces sont très sensibles, ou si les températures sont fraîches (inférieures à 15 °C), on ajoutera avant la floraison un peu de cuivre (0,05% de cuivre pur). Dans les jardins familiaux, il est conseillé de remplacer le cuivre par de l'acétate d'alumine (argile activée) (variantes 2 ou 3).
*** Combinés avec la régulation biologique du carpocapse du pommier, les traitements d'été réussissent très bien (plus d'acétate d'alumine sous peine de diminuer l'efficacité contre le carpocapse).

Avant floraison, en cas de risque élevé de tavelure, certaines méthodes d'agriculture biologique ajoutent un produit à base de cuivre (par exemple, 0,02 à 0,5 % d'oxychlorure de cuivre), surtout par temps frais. Les produits à base d'acétate d'alumine (argile activée) sont une bonne alternative à ces produits à base de cuivre.

Pour les fruits à noyaux, on ne fait ni le deuxième traitement avant floraison, ni le traitement d'automne.

L'utilisation du mélange NAB (d'après V. Lust) donne également de bons résultats. Ce mélange, constitué de 1/3 de soufre mouillable, 1/3 de lithothamne finement moulu et de 1/3 de bentonite, est utilisé contre la tavelure pour les traitements après floraison, à des concentrations décroissantes.

Pour les variétés de pommes sensibles au soufre (par exemple Cox Orange), il faudra être prudent dans les traitements au soufre ou au Bio-S (brûlures sur

Variante 4 (d'après V. Lust)		
Epoque	**Produit**	**Concentration (%)**
Hiver (février)	Kaolin ou bentonite	5
	Potasse à 50 %	3
	Soufre	0,5
	Silicate de soude	1
1. Avant floraison	Soufre	1
	Silicate de soude	0,5
2. Avant floraison	Soufre	0,8-1
	Silicate de soude	0,4-0,5
1. Après floraison	Soufre	0,8-1
	Silicate de soude	0,5-1
2. Après floraison	Mélange NAB	0,5-1
Eté	Mélange NAB	0,4-0,5
Novembre	Kaolin ou bentonite	5
	Potasse à 50 %	3
	Soufre	0,5
	Silicate de soude	1

feuilles, russeting), c'est-à-dire diminuer la concentration. Traiter le soir.

Techniques de pulvérisation et de poudrage

Les produits de traitement doivent être répartis aussi régulièrement que possible sur les plantes traitées, à moins que le traitement ne vise spécifiquement un parasite localisé. On veillera à ce que la face inférieure des feuilles et la couronne des arbres soient suffisamment mouillées.

– Pour les traitements au pulvérisateur, on mélange bien le produit à de l'eau à la concentration indiquée. La finesse du brouillard dépend du type de buse et de la pression fournie par la pompe. On prendra garde au fait qu'un brouillard trop fin se dépose mal sur les plantes et est facilement emporté par le vent.

– Pour les traitements à l'atomiseur, le produit est dispersé par un courant d'air obtenu à l'aide d'un ventilateur entraîné par un moteur à essence. Cette technique permet d'utiliser des quantités d'eau plus faibles. Mais il faut multiplier par 5 ou par 10 la concentration.

– Pour les poudrages (par exemple poudres de roches), on peut utiliser au jardin une petite poudreuse à main. Les poudrages sont plus faciles à pratiquer que les pulvérisations, mais ils nécessitent davantage de produit. Par ailleurs, les poudres restent moins longtemps sur les feuilles que les produits liquides.

Bibliographie

Ouvrages sur le jardinage biologique

Aubert (C.), *Le Jardin potager biologique,* Le Courrier du Livre, Pans,1975.

Collectif, *Jardiner bio, c'est facile,* Terre vivante, Mens, 2000.

Readman (J.), *La Bonne Terre de jardin,* Terre vivante, Mens, 1992.

Readman (J.), *Ces herbes qu'on dit mauvaises,* Terre vivante, Mens,1993.

Sulzberger (R.), Jardiner en hiver, Terre vivante, Mens, 1996.

Thorez (J.-P.), *Le Guide du jardinage biologique - Potager et verger,* Terre vivante, Mens, 1998.

Von Heynitz (K.), *Le Compost au jardin,* Terre vivante, Mens, 1985.

Von Heynitz (K.), Merckens (G.), *Le Jardin biodynamique,* Ulmer, Stuttgart, 1987.

Ouvrages pour la description des auxiliaires, des parasites et des moyens de lutte

ACTA : *Index phytosanitaire* - ACTA, 149, rue de Bercy, 75579 Paris cedex 12 (indications sur tous les insecticides, fongicides, herbicides chimiques ; utilisation, toxicité, marques, etc. mais également sur les produits de lutte biologique).

ACTA, *Guide pratique de défense des cultures,* régulièrement réédité.

ACTA, *Les Auxiliaires - Ennemis naturels des ravageurs des cultures,* Le Carrousel, Paris, 1984.

Boullard (B.), *Vie intense et cachée du sol,* Flammarion, Paris.

Bovey (R.), *La Défense des plantes cultivées,* Payot, Lausanne, 1979 (diffusé en France par La Maison Rustique).

CTIFL, *Reconnaître les auxiliaires en vergers et vignes,* CTIFL, Paris, 1996.

Fretey (J.), *Guide des reptiles et batraciens de France,* Hatier, Pans.

Geroudet (P.), *La Vie des oiseaux* (6 vol.), Delachaux et Niestlé, Lausanne.

Hainard (R.), *Mammifères sauvages d'Europe* (2 vol.), Delachaux et Niestlé, Lausanne.

OILB, *Les Organismes auxiliaires en verger de pommiers* (diffusé par l'ACTA).

Peterson (R.), Mountford (G.), Hollom (P.), *Guide des oiseaux d'Europe,* Delachaux et Niestlé, Lausanne.

Sellier (R.), *Les Insectes utiles,* Payot, Lausanne, 1959.

Chinery (M.), *Insectes d'Europe occidentale,* Arthaud, Paris, 1988.

Périodiques d'agriculture et de jardinage biologiques

En France :

Les Quatre Saisons du jardinage, revue pratique de jardinage biologique, 6 numéros par an, Domaine de raud, BP 20, 38710 Mens.

Nature et Progrès, revue de l'Association européenne d'agriculture et d'hygiène biologiques, bimestriel, 68, bd Gambetta, 30700 Uzès.

Du sol à la table, 8, place de la République, 49320 Brissac-Quincé.

Alter-Agri, revue de l'Institut technique d'agriculture biologique, 149, rue de Bercy, 75595 Paris cedex 12.

Biodynamis, bulletin du Mouvement de culture biodynamique, 5, place de la gare, 68000 Strasbourg.

En Suisse :

Der Biologische Land- und Gartenbau, bimestriel, Dubsstrasse 33, CH-8003 Zürich.

Bio aktuel, Fibl, CH-5070 Frick AG. Tél. (0041) 62 86 57 272.

Beitrage der biologisch-dynamischen Wirtschaftsweise, mensuel, Margrit Bührer, Kyburgerstrasse 4, CH-5000 Aarau.

Adresses utiles

Organisations d'agriculture et de jardinage biologiques

En France :

Terre Vivante, BP 20, 38710 Mens. Tél. 04 76 34 80 80.

Nature et Progrès (association européenne d'agriculture et d'hygiène biologiques), 68, bd Gambetta, 30700 Uzès.

Syndicat d'agriculture biodynamique, Les 4 routes, 19510 Masseret.

Fédération nationale d'agriculture biologique des régions de France, 40, rue de Malte, 75011 Pans.

Institut technique de l'agriculture biologique, 149, rue de Bercy, 75595 Paris cedex 12.

Ecocert (contrôle et certification en agriculture biologique), La Motte, 32600 L'Isle-Jourdain.

En Suisse :

Institut de recherche en agriculture biologique - Fibl, CH-5070 Frick AG.

Laboratoires d'analyses de sols

En France :

Institut national de la recherche agronomique, Laboratoire d'analyse de sols, 273, rue de Cambrai, 62000 Arras. Tél. 03 21 21 86 00.

Laboratoires d'analyses agricoles, route de Junchas, 26460 Bourdeaux. Tél. 04 75 53 31 43.

Laboratoire Europe sols, 45, rue de Gironis, 31000 Toulouse. tél. 05 62 20 06 07.

Fournisseurs

Vente par correspondance de produits pour le jardinage biologique :

Hector, 22A, rue Claire-Oster, 57200 Sarreguemines. Tél. 03 87 95 33 20.

Magellan, ZA Les Landes, 24290 La Chapelle-Aubareil. Tél. 05 53 51 22 25.

Nutrisol-Natura, 2, rue d'Hanoï, 58000 Nevers. Tél. 03 86 61 08 28.

Profertyl, BP 115, 14200 Hérouville-Saint-Clair. Tél. 02 31 47 15 90.

Produits de lutte biologique pour professionnels :

Biobest, Isle velven, 18, B-2260 Westerlo. Tél. (00 32) 14 23 17 01.

Biosystèmes France, BP 227, Eragny, 95614 Cergy-Pontoise cedex.Tél. 01 34 48 99 26.

Koppert France, Lot. du Puits des Gavottes, 147, avenue des Banquets, 84300 Cavaillon. Tél. 04 90 78 30 13.

En Suisse :

Biocontrol Andermatt AG, Unterdorf, CH-6146 Grossdietwil. Tél. (0041) 62 92 72 840. (Préparations à base d'argile activée, huile de fenouil, lécithine...)

Ledona AG, Postfach 262, CH-6030 Ebikon. Tél. (0041) 41 44 01 001. (Produits Ledax.)

Définition des termes techniques

ALCALIN A réaction chimique basique (le contraire d'acide) ; pH supérieur à 7.

ANTIBIOTIQUE Produit du métabolisme de bactéries ou de champignons, qui inhibe ou tue des agents pathogènes.

BIODYNAMIQUE Méthode d'agriculture biologique basée sur l'enseignement anthroposophique (Rudolf Steiner).

BIOLOGIQUE Conforme à la vie, à la nature.

CAMBIUM Zone de multiplication cellulaire des plantes, importante pour l'augmentation du diamètre.

CHANGEMENT D'HÔTE Certains parasites et certains agents pathogènes changent de plante hôte au cours de leur développement.

CHLOROPHYLLE Substance verte contenue dans les cellules des plantes, qui permet l'utilisation de la lumière pour des processus chimiques (photosynthèse).

COCON Enveloppe de la nymphe d'un insecte.

COMPACTAGE DU SOL Mauvaise aération du sol, structure non grumeleuse.

COMPOST (du latin *componere* = mettre ensemble) ; fertilisant organique résultant de la décomposition naturelle d'un mélange de matières organiques animales et végétales.

CONIDIE Organe de reproduction asexuée des champignons.

COUVERTURE DU SOL Action de recouvrir le sol avec des matières végétales fermentescibles (mulching).

CRUCIFÈRES Importante famille de plantes, comprenant notamment le chou, la moutarde, le navet, les radis, la giroflée.

CULTURES ASSOCIÉES Culture simultanée de plusieurs espèces sur la même planche.

DÉGRADATION Diminution de la toxicité d'une substance active par transformation chimique.

DRAINAGE Evacuation de l'excès d'eau.

ECOLOGIE Science des rapports entre les êtres vivants et l'environnement.

ENGRAIS MINÉRAUX Engrais fabriqués à partir de matières premières minérales. Les substances minérales qu'ils contiennent peuvent être rendues plus solubles par des traitements chimiques.

ENGRAIS VERTS Plantes cultivées uniquement pour fertiliser et améliorer le sol.

FILTRAT Liquide obtenu après filtration d'une préparation.

FONGICIDE Produit utilisé pour lutter contre les champignons.

GALLES Excroissances rondes sur des plantes, provoquées par les excrétions de certains ravageurs.

HERBICIDE Produit chimique utilisé pour lutter contre les mauvaises herbes.

HÔTE D'ÉTÉ Voir « plantes hôtes ».

HÔTE INTERMÉDIAIRE Voir « changement d'hôte ».

HÔTE PRINCIPAL Voir « plantes hôtes ».

HUMUS Constituant de la couche superficielle du sol riche en éléments nutritifs et provenant de la décomposition de substances végétales et animales.

IMAGO Forme adulte de l'insecte (insecte parfait).

INSECTICIDE Produit utilisé pour lutter contre les insectes.

KIESELGUR Roche blanchâtre et pulvérulente provenant du squelette d'algues siliceuses du tertiaire (diatomées).

LARVE Stade de développement qui prend place après l'éclosion de l'œuf.

LÉGUMINEUSES Famille de plantes ayant la propriété de fixer l'azote de l'air par l'intermédiaire des bactéries contenues dans les nodosités des racines.

LENTICELLES Orifices dans les tissus des plantes permettant les échanges gazeux.

MÉTABOLISME Ensemble des transformations chimiques et biologiques qui s'accomplissent dans les organismes vivants.

MULCHING (de l'anglais *to mulch*) ; couverture du sol avec des matières végétales fermentescibles.

MYCÉLIUM Tissu des champignons.

NÉCROSE Altération d'un tissu consécutive à la mort de ses cellules.

NYMPHE Stade de développement entre la larve et l'insecte adulte.

OLIGO-ÉLÉMENTS Eléments présents dans les êtres vivants en très petites quantités, par exemple le bore, le manganèse, le cuivre, le zinc.

ORGANIQUE Qui appartient à la nature vivante.

ORGANISME Entité vivante, une ou multiple ; être vivant.

ORGANO-BIOLOGIQUE Méthode d'agriculture biologique du Dr H. Müller et du Dr H.P. Rusch.

PAPILIONACÉES Légumineuses. Grande famille de plantes, à laquelle appartiennent le haricot, le pois, le trèfle, le lupin, la vesce.

PARTHÉNOGENÈSE Reproduction par un œuf non fécondé.

PESTICIDE Terme général pour désigner les produits de lutte contre les ennemis des plantes.

pH Mesure de l'acidité d'une solution, exprimée par sa concentration en ions hydrogène.

PLANTES HÔTES Plantes sur lesquelles certains êtres vivants se développent.

PLANTES INDICATRICES Plantes spontanées qui donnent des indications sur les caractéristiques du sol et sur la fertilisation.

PLANTES-PIÈGES Plantes (par exemple salades) semées ou plantées pour servir d'appâts à des parasites.

POISON PAR INGESTION Substance dont la toxicité agit par le tube digestif.

POISON RESPIRATOIRE Produit ayant un effet toxique sur les voies respiratoires.

POPULATION Etres vivants appartenant à la même espèce ou à la même race et vivant dans un espace limité.

PUSTULE Petite protubérance ou vésicule.

RAMEAUX À FRUITS Rameaux des arbres fruitiers sur lesquels se forment des fruits.

ROTATION Succession de différentes espèces cultivées sur un même sol.

RUSSETING Roussissement annulaire, taches liégeuses superficielles causées par des virus.

SOLANÉES Famille de plantes, comprenant notamment la pomme de terre, la tomate, le poivron, l'aubergine, la belladone.

SP., SSP (latin : *species*) = espèce ; ssp (pluriel) = espèces.

TOXICOLOGIE Science des substances toxiques et de leur toxicité.

Index

Imprimerie Louis-Jean - 05003 Gap
Dépôt légal : 406 - Juin 2000